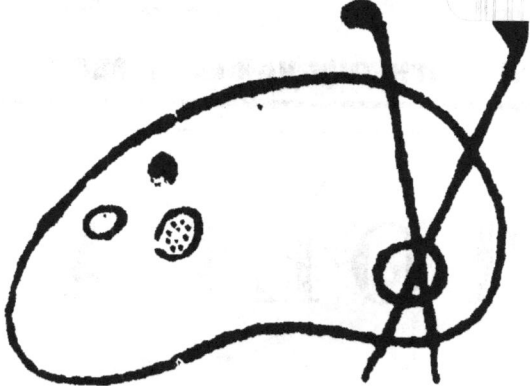

Début d'une série de documents en couleur

BIBLIOTHÈQUE VARIÉE, 3ᵉ SÉRIE

TOLLA

PAR

EDMOND ABOUT

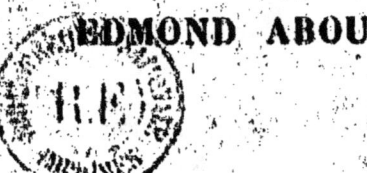

CINQUANTE-SIXIÈME MILLE

PARIS
LIBRAIRIE HACHETTE ET Cⁱᵉ
79, BOULEVARD SAINT-GERMAIN, 79

1900

A LA MÊME LIBRAIRIE

ÉDITIONS DE GRAND LUXE

Tolla. 1 vol. petit in-4, illustré de 10 planches hors texte, gravées sur bois d'après F. de Myrbach, d'un portrait de l'auteur d'après P. Baudry et de 93 ornements par A. Giraldon, gravés sur bois et tirés en trois tons.

Il a été tiré 900 exemplaires numérotés : 10 exemplaires de choix sur papier du Japon (1 à 10) (souscrits); 5 exemplaires sur papier de Chine (11 à 15) (souscrits); 140 exemplaires sur papier du Japon (16 à 155) avec trois suites des planches hors texte. Couverture en velours de Gênes. 100 fr.

145 exemplaires sur papier vélin du Marais (156 à 300) avec deux suites des planches hors texte. Couverture en velours de Gênes. 130 fr.

Il ne reste plus qu'un petit nombre de ces exemplaires.

600 exemplaires sur papier vélin du Marais (301 à 900) avec deux suites des planches hors texte. Prix, broché. 80 fr.

Trente et quarante. 1 vol. in-8 jésus, contenant des dessins de H. Vogel, et des ornements de A. Giraldon, gravés à l'eau-forte typographique. Broché. 40 fr.

Il a été tiré 90 exemplaires numérotés :

16 exemplaires sur papier de Chine, avec 16 eaux-fortes dont les planches seront détruites après le tirage. 500 fr.

20 exemplaires sur papier du Japon. 200 fr.

54 exemplaires sur papier de Chine. 120 fr.

Coulommiers. — Imp. Paul BRODARD. — 10-1900.

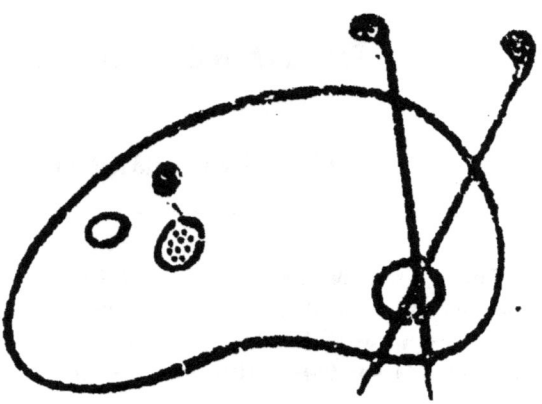

Fin d'une série de documents
en couleur

TOLLA

8·Y² 20062

OUVRAGES DU MÊME AUTEUR
PUBLIÉS PAR LA LIBRAIRIE HACHETTE ET Cie

BIBLIOTHÈQUE VARIÉE

ALSACE (1871-1872); 8e édition. Un vol.
LA GRÈCE CONTEMPORAINE; 11e édition. Un vol.
 Le même ouvrage, édition illustrée, 4 fr.
LE TURCO. — LE BAL DES ARTISTES. — LE POIVRE. — L'OUVERTURE AU CHATEAU. — TOUT PARIS. — LA CHAMBRE D'AMI. — CHASSE ALLEMANDE. — L'INSPECTION GÉNÉRALE. — LES CINQ PERLES; 8e édition. Un vol.
NAPOLÉON; 11e édition. Un vol.
THÉÂTRE IMPOSSIBLE : Guillery. — L'Assassin. — L'Éducation d'un prince — Le Chapeau de sainte Catherine; 2e édition. Un vol.
L'A B C DU TRAVAILLEUR; 5e édition. Un vol.
LES MARIAGES DE PROVINCE; 9e édition. Un vol.
LA VIEILLE ROCHE. Trois parties qui se vendent séparément :
 1re partie : *Le Mari imprévu*; 6e édition. Un vol.
 2e partie : *Les Vacances de la Comtesse*; 5e édit. Un vol.
 3e partie : *Le marquis de Lanrose*; 4e édition. Un vol.
LE FELLAH; 6e édition. Un vol.
L'INFAME; 3e édition. Un vol.
LE ROMAN D'UN BRAVE HOMME; 55e mille. Un vol.
 Prix de chaque volume in-16, broché, 3 fr. 50.

GERMAINE; 65e mille. Un vol.
LE ROI DES MONTAGNES; 83e mille. Un vol.
LES MARIAGES DE PARIS; 84e mille. Un vol.
L'HOMME A L'OREILLE CASSÉE; 53e mille. Un vol.
TOLLA; 50e mille. Un vol.
MAITRE PIERRE; 12e édition. Un vol.
TRENTE ET QUARANTE. — SANS DOT. — LES PARENTS DE BERNARD 48e mille. Un vol.
 Prix de chaque volume, broché, 2 francs.

FORMAT IN-8

LE ROMAN D'UN BRAVE HOMME. 1 vol. illustré de 52 compositions par *Adrien Marie*; broché, 7 fr.; — relié, 10 fr.
L'HOMME A L'OREILLE CASSÉE. 1 vol. illustré de 61 compositions par *Eugène Courboin*; broché, 7 fr.; — relié, 10 fr.
TOLLA. 1 volume petit in-4°, illustré de 10 planches hors texte, gravées sur bois d'après F. DE MYRBACH, d'un portrait de l'auteur d'après P. BAUDRY et de 35 ornements par A. GIRALDON, gravés sur bois et tirés en trois tons. Il a été tiré 900 exemplaires numérotés, dont 600 exemplaires sur papier vélin du Marais (301 à 900) avec deux planches hors texte. Prix, broché............................ 80 fr.
TRENTE ET QUARANTE. 1 vol. in-8 jésus, contenant des dessins de *Vogel* et des ornements d'A. *Giraldon*, gravés à l'eau-forte typographique. Broché, 40 fr. — Relié.................................... 50 fr.

TOLLA

PAR

EDMOND ABOUT

CINQUANTE-SIXIÈME MILLE

PARIS
LIBRAIRIE HACHETTE ET Cie
79, BOULEVARD SAINT-GERMAIN, 79

1900

Droits de traduction et de reproduction réservés.

A MADAME

DAVID D'ANGERS.

Vous connaissez les Italiens, Madame, et vous savez qu'à leurs yeux le monde est peuplé de bonnes et de mauvaises influences. Pour moi, je crois surtout aux bonnes, et je me persuade qu'un grand nom doit porter bonheur à un petit livre, et que le patronage d'une belle âme, saine et vigoureuse, est un puissant renfort pour un esprit hésitant et à peine formé. C'est dans cette superstition que j'ose vous dédier l'histoire de Tolla.

EDM. ABOUT.

AU LECTEUR.

Si j'avais mis une préface à la première édition de ce petit livre, je me serais épargné bien des ennuis.

Lorsqu'il parut pour la première fois, il y a neuf mois environ, il ne déplut pas aux lecteurs de la *Revue des Deux Mondes*, public difficile parce que Mme Sand et M. Mérimée l'ont gâté. On me pardonna des longueurs impardonnables chez un écrivain, excusables chez un homme qui apprend à écrire. Personne ne me fut sévère, et on fit une large part à l'âge et à l'inexpérience.

Dans les derniers jours de mai, un ami vint en courant m'avertir d'un danger sérieux : une revue de grand format devait me dénoncer comme plagiaire et apprendre au public que *Tolla* n'était que la traduction d'un roman italien intitulé · *Vittoria Savorelli.*

Il est vrai que les personnages de Lello et de Tolla, et les principaux traits de cette histoire, m'ont été fournis par un livre italien imprimé à Paris. Ce livre, qui n'est pas un roman, contient une grande partie de la correspondance originale des deux amants. Tolla a vécu à l'époque où je la fais vivre. Lello, qui est encore de ce monde, appartient à une famille princière, presque royale, du nord de l'Italie. Les lettres de Lello et de Tolla ont été publiées par la famille Savorelli qui avait à se venger. Si ce livre eût été un roman, on l'aurait laissé circuler en Italie ; mais c'était un dossier : on fit tout ce qu'on put pour détruire l'édition entière. Cependant je connais à Rome une douzaine d'exemplaires de *Vittoria Savorelli*. Il en existe plusieurs à Paris, comme j'ai pu m'en assurer. C'est un libraire de Paris qui m'a vendu le mien.

Les faits indiqués dans le volume de *Vittoria Savorelli* sont d'un intérêt médiocre. L'intrigue qui a séparé les deux amants est un complot anonyme dont les auteurs sont restés inconnus. C'est la société romaine tout entière qui a découvert le secret de leurs amours ; l'orgueil de la famille de Lello a fait le reste. Une traduction de ce livre serait plus qu'ennuyeuse ; elle serait presque illisible. On n'y trouverait d'excellent que quatre ou cinq lettres où la douleur s'élève jusqu'à l'éloquence : il est inutile d'ajouter que ce sont les lettres de Tolla. Je les ai traduites en les abrégeant. Mes emprunts à cette correspondance forment un peu plus de quinze pages de cette nouvelle édition.

Ma part d'invention se compose de l'éducation de Tolla, qui n'est nullement italienne, et de son portrait, qui n'est pas ressemblant ; de tous les caractères que j'ai groupés autour d'elle, et de tous les incidents, malheureusement trop rares, qui animent le récit. La marquise et Pippo, le colonel et Rouquette, la générale et sa fille; Menico, Amarella, Cocomero, n'ont jamais existé que dans mon imagination. Il en est de même des comparses, tels que le docteur Ély, Mlle Sarrazin, le cardinal Pezzato, l'abbé Fortunati et les autres. Lello ne s'est jamais jeté dans le Tibre : l'histoire affirme qu'il était au bal le jour de la mort de Tolla. Cocomero n'a jamais cassé la tête de Menico, puisque ni l'assassin ni la victime n'ont existé.

J'avoue que je me suis permis de puiser dans un dossier authentique les premiers éléments d'une œuvre d'imagination : beaucoup d'autres l'ont fait, sur qui l'on n'a pas crié haro. J'ai emprunté un peu et ajouté beaucoup. Aux choses que j'empruntais, j'ai essayé de donner *la forme*, sans laquelle les œuvres de l'esprit ne sont rien. Cependant il me resterait un scrupule si j'avais caché la source où j'ai puisé.

Bien loin de dissimuler l'existence du volume de *Vittoria Savorelli*, et l'usage que j'en avais fait, j'ai montré le livre à mes amis, aux indifférents, et à tous ceux que je connaissais. Le rédacteur en chef d'une revue spéciale, qui a pour but de réprimer la contrefaçon et le plagiat, a vu plus d'une fois *Vittoria Savorelli* sur mon bureau; il l'a dit au public longtemps avant que personne songeât à m'attaquer [1]. J'ai remis moi-même à l'honorable direc-

---

1. La *Propriété littéraire et artistique*, numéro du 16 mai, article de M. Guiffrey

teur de la *Revue des Deux Mondes* mon exemplaire de *Vittoria Savorelli*, avant d'avoir été accusé par personne. Enfin, le manuscrit original de *Tolla*, que la *Revue des Deux Mondes* a conservé, contient le passage suivant :

« Ce recueil forme un volume in-8° de 316 pages imprimé chez Béthune et Plon, publié chez Daguin frères, sous ce titre : VITTORIA FERALDI, *istoria del secolo XIX....* » et plus loin : « Le volume dont je me suis servi a été découvert à Paris par M. Leclère fils, commissionnaire en livres, boulevard Saint-Martin, en face du Château-d'Eau. »

Ce n'est pas ainsi que s'expriment les plagiaires. Malheureusement ce passage a été supprimé sur les épreuves. M. Buloz me fit observer que ces détails bibliographiques n'étaient pas à leur place dans le corps du récit, au verso de la mort de Tolla. Il remarqua de plus que je ne pouvais ni altérer le titre du livre en l'intitulant *Vittoria Feraldi*, ni afficher le véritable nom de la famille Savorelli. J'effaçai donc ces deux phrases sur l'épreuve, sans toucher au manuscrit qui n'était pas sous ma main, et je les remplaçai par cette note moins explicite, mais qu'un plagiaire se serait gardé d'ajouter :

« Vittoria, istoria del secolo XIX. *Paris*, 1841. »

Avec ce renseignement et le *Journal de la Librairie*, le bibliomane le plus inexpérimenté aurait retrouvé en cinq minutes l'éditeur, l'imprimeur, et ce titre complet de *Vittoria Savorelli*.

Et cependant, le 1ᵉʳ juin, la *Revue de Paris* me disait :

« Apprenez, monsieur, qu'il existe un livre intitulé « *Vittoria Savorelli*. »

Je répondis. J'avais répondu d'avance en racontant, le 31 mai, dans la *Revue Contemporaine*, comment et avec quels matériaux j'avais fait *Tolla*. Mais quatre ou cinq journaux petits et grands se déchaînaient déjà contre moi. L'un m'appelait simplement plagiaire, l'autre me traitait plus familièrement de voleur, et une *Revue* hebdomadaire qui s'est mise sous le patronage de Minerve, m'accusait d'avoir vendu la dignité de l'homme de lettres à un marchand d'habits-galons.

Je puis parler sans amertume de toutes ces brutalités qui m'ont fait payer cher un peu de succès : les mauvais temps sont passés. Mais si j'avais eu le malheur de perdre courage, si je m'étais laissé abattre, si je ne m'étais tenu sur la brèche, il ne me resterait plus qu'à jeter mon écritoire par la fenêtre, à changer de nom, et à apprendre un métier.

Le tout parce que j'avais caché l'existence de *Vittoria Savorelli !*

Je pris le parti de solliciter un jugement de la Société des gens de lettres. J'écrivis au président :

« J'aspire à l'honneur d'être des vôtres; les livres que j'ai faits ne sont rien; mais j'ai été brutalement calomnié : voilà mon titre le plus sérieux à votre choix » Le Comité des gens de lettres, sur un rapport éloquent du bibliophile Jacob, me reçut à l'unanimité.

Pendant ces débats, *Tolla* était reproduite par tous les grands journaux des départements et par l'*Indépendance belge*; contrefaite à Berlin, traduite en allemand, en danois, en suédois et en anglais. Aucun journaliste, aucun éditeur, aucun traducteur ne s'avisa de publier *Vittoria Savorelli*. Je proposai à deux grands journaux de leur en faire une traduction : on me renvoya bien loin.

Le tumulte apaisé, les journaux et les revues me jugèrent de sang-froid. Le premier mot fut dit par l'*Indépendance belge* : « Il n'y a pas de quoi fouetter un chat. » Le dernier par l'*Illustration* : « *Much ado about nothing*, beaucoup de bruit pour rien. » Dans l'intervalle, la *Revue de Genève*, la grande *Revue de Westminster*, la *Gazette d'Augsbourg*, le *Leader*, l'*Émancipation belge*, etc., s'étaient prononcés en ma faveur : j'ai eu de quoi me consoler.

Je sais qu'il me reste encore quelques incrédules à convaincre et que la paternité de ce roman me sera acquise lorsque j'en aurai fait d'autres. Je me lève matin, et j'écris un peu tous les jours pour prouver que je ne suis pas un plagiaire, et pour mériter votre amitié, ami lecteur.

TOLLA.

I

La famille Feraldi n'est pas princière, mais elle marche de pair avec bien des princes. Alexandre Feraldi, comte du Saint-Empire, baron de Vignano, chevalier de l'ordre de Constantin, est un des soixante patriciens inscrits sur les tables du Capitole. Il n'a jamais voulu entrer dans l'armée pontificale, où son père était lieutenant-colonel. Une santé délicate, l'instruction sérieuse qu'il a reçue au collège de Nazareth, et, par-dessus tout, la nécessité de rétablir les affaires de sa famille, lui a fait embrasser l'étude des lois et de la jurisprudence. Le temps n'est plus où l'on trouvait dans chaque Romain l'étoffe d'un soldat, d'un laboureur et d'un jurisconsulte; mais les patriciens ont conservé le respect des trois arts glorieux qui firent la grandeur de leurs ancêtres. Le comte Feraldi, docteur en droit sans déroger, se maria en 1816 à Catherine Mariani, fille du marquis de Grotta Ferrata. Vers la même époque, deux de ses cousins germains, du même nom que lui, épousèrent des princesses, une Odescalchi et une Barberini. Alexandre Feraldi ne fut pas insensible à l'honneur de ces alliances, qui relevaient le nom de sa famille. Trois mois après, une succession inespérée, qui vint le surprendre pendant la grossesse de sa femme, le mit pour toujours au-dessus du besoin, en portant son revenu à vingt-cinq ou trente mille francs. Jamais homme ne fut plus heureux que le comte Feraldi dans la première année de son mariage. Ce petit homme aimable, vif et sautillant, très-brun, sans que sa physionomie présentât rien de noir; très-fin et très-subtil, avec beaucoup de franchise et d'ouverture de cœur, remplissait de sa joie et animait de sa gaieté le palais délabré de ses ancêtres. Sa femme, assez belle, mais d'une beauté sèche et pour ainsi dire indigente, l'aimait éperdument. Ses amis le plaisantaient quelquefois sur l'excès de son bonheur. « Où s'arrêtera, disait-on avec emphase, la fortune des Feraldi? Le Pactole court dans leur jardin; les rejetons des familles princières viennent se greffer sur leur arbre généalogique. Nous te prédisons, ô trop heureux Alexandre, que ta femme avant deux mois accouchera d'un pape ! »

Le 1er septembre 1816, la comtesse mit au monde une fille qui fut baptisée sous le nom de Vittoria. Un an plus tard, Vittoria eut un frère qu'on appela Victor. Le triomphant petit comte Alexandre n'avait pas trouvé de noms plus modestes pour ses enfants. C'était plaisir de l'entendre demander si son fils Victor avait pris le sein, et sa fille Vittoria avait mangé sa bouillie. La comtesse et les gens de la maison appelaient tout bonnement le petit garçon Toto et la petite Tolla.

Le palais Feraldi est situé dans un des plus nobles quartiers de Rome, à deux pas de l'ambassade de France. Il n'est ni très-grand ni très-beau : il n'a ni la vétusté originale du palais de Venise, ni l'immensité du palais Doria, ni la majesté du palais Farnèse; mais il a un jardin. Tolla fut élevée au milieu des arbres et des fleurs. Une grande allée, abritée contre le vent du nord par une muraille de cyprès, était sa promenade d'hiver. A l'âge de sept ou huit mois, elle fit la connaissance d'un vieux citronnier en fleur qui devint son meilleur ami. Elle tendait vers lui ses petits bras ; elle arrachait à belles mains les longues fleurs et les gros boutons violacés, et elle les portait à sa bouche. Le médecin de la maison, le docteur Ely, permit que dès les premiers jours d'avril où la gardât une heure ou deux au jardin, étendue en liberté sur un tapis, à l'ombre de son citronnier, ou sous un chêne vert, autre ami vénérable. L'été venu, c'est au jardin qu'elle prit ses premiers bains, dans une eau que le soleil avait eu soin de chauffer. La liberté, le mouvement, le grand air et les parfums généreux qui s'exhalent des arbres, tout concourut à fortifier ce jeune corps: Tolla grandit avec les plantes qui l'environnaient, sans effort et sans douleur. Une promenade au jardin l'endormait en quelques minutes; en s'éveillant elle souriait à la vie, à ses parents et à son jardin. Le travail des premières dents, si redouté des mères, se fit en elle sans qu'on s'en aperçût, et un beau matin la comtesse, qui la nourrissait, poussa un cri de surprise en se sentant mordue par deux petites perles bien aiguisées.

Tous les ans, au mois d'août, le comte s'embarquait pour Capri, où il possédait un beau vignoble. Tandis qu'il surveillait ses vendanges, la comtesse allait vivre à l'Ariccia, en bon air, dans une jolie *villa* où, de mémoire d'homme, personne n'avait pris les fièvres. Son mari venait bientôt l'y rejoindre. Ils y restaient avec leurs enfants jusqu'aux froids, et ne retournaient jamais à Rome avant d'avoir vu cueillir les olives.

Tolla passa à l'Ariccia les plus beaux jours de son

enfance. Elle y était plus libre qu'à Rome, quoiqu'on l'eût placée sous la haute main du petit Menico, fils d'un fermier de son père. Menico, c'est-à-dire Dominique, avait cinq ans de plus que Tolla et six ans de plus que Toto, mais il n'abusa jamais de l'autorité que lui donnaient son âge et la confiance de la comtesse. Il ne savait rien refuser à Tolla. En dépit de toutes les recommandations de prudence et d'abstinence qu'on ne lui avait pas ménagées, il hissait lui-même sa petite élève sur tous les ânes du village, et il maraudait à son intention dans les jardins les mieux enclos. Plus d'une fois on surprit le mentor éclatant de rire à la vue de Tolla qui mordait à belles dents une lourde grappe de raisins jaunes, ou qui se barbouillait les joues avec une grosse figue violette. Les jardins, les bois, les ânes et Menico furent pendant douze ans les seuls précepteurs de Tolla. Sa mère lui apprit un peu de religion et de musique. Comme on ne la força jamais de se mettre au piano, elle y vint toujours volontiers. Ses petits doigts aimaient à courir sur les touches d'ivoire. Il se trouva qu'elle avait l'oreille juste, et même, ce qui est plus rare chez les enfants, le sentiment de la mesure. Le célèbre maestro Terziani, qui l'entendit un jour par hasard, déclara que c'était grand dommage de ne lui point donner un maître, mais on le laissa dire.

La religion, et surtout ce catholicisme splendide qui règne à Rome, trouva chez elle une âme bien préparée. La pompe des cérémonies, les parfums de l'encens, l'or, le marbre, la musique sacrée, l'attirèrent invinciblement, comme ce citronnier fleuri auquel elle tendait les bras. Son imagination avide s'empara du premier aliment qui lui fut offert. Elle s'éprit d'une passion filiale pour la madone, cette dame vêtue de bleu et d'or qu'on lui disait si bonne et qu'elle voyait si belle. L'enthousiasme puéril qu'elle conçut pour certaines images se changea peu à peu en dévotion. A force de prier dans la chambre de sa mère devant une *Sainte Famille* de Sassoferrato, elle se lia tout particulièrement avec saint Joseph : elle lui envoyait des baisers, comme à un vieux et respectable parent de la maison. « Tu verras, lui disait-elle, comme je t'embrasserai, si je vais au ciel ! » Cette âme aimante n'eut pas besoin d'apprendre la charité. A quatre ans, elle déchirait ses habits, parce qu'elle avait remarqué qu'on les donnait aux petits pauvres lorsqu'ils étaient déchirés. Elle émiettait son déjeuner aux oiseaux du jardin. « Ne sont-ils pas notre prochain ? disait-elle. Je nourris mes frères ailés. » Sa charité s'étendait jusqu'aux morts. Un jour, sa mère la conduisit à l'église des Jésuites, où l'on prêchait pour les âmes du purgatoire. C'était dans l'octave de

Saint-Ignace, un mois environ avant qu'elle eût accompli sa sixième année. Pendant tout le sermon, Toto n'eut d'yeux que pour la statue colossale en argent massif posée sur un globe de lapis-lazuli; il demanda plusieurs fois à sa mère si le bon Dieu était aussi riche que saint Ignace, et s'il avait en quelque endroit du monde une aussi belle statue. Tolla écouta le prédicateur. Quand la première quêteuse passa près d'elle, elle jeta dans la bourse une petite pièce de monnaie que sa mère lui avait donnée pour cet usage ; mais lorsqu'on vint quêter devant elle pour la seconde fois, comme elle n'avait plus d'argent, elle détacha vivement son petit bracelet de corail et le donna aux âmes du purgatoire. On ne s'en aperçut que le soir en la déshabillant.

« Tu n'aurais pas dû, lui dit sa mère, donner ton bracelet sans ma permission. »

Elle répliqua vivement :

« Vous n'avez donc pas entendu, maman, comme ces pauvres âmes ont soif? »

A treize ans, Tolla savait lire et écrire, monter à cheval, grimper aux arbres, sauter les fossés, jouer du piano, aimer ses parents et prier Dieu. Son père s'aperçut qu'avec ses petits talents, sa parfaite ignorance et ses grandes qualités, elle ne ressemblait pas mal à un buisson d'aubépine en fleur. On résolut de la mettre en pension. L'établissement en vogue en ce temps-là était l'institut royal de Marie-Louise, à Lucques. Les élèves y accouraient du fond de l'Italie et même des pays d'outre-mer et d'outre-monts. Le bruit des concours annuels qui s'y faisaient et des récompenses qui y étaient décernées retentissait dans toute la péninsule, de Naples à Venise. Le comte Feraldi espéra que l'amour de la gloire éveillerait chez sa fille le goût du travail, et que l'appât de ces couronnes tant enviées lui ferait regagner le temps perdu. Il la conduisit à la surintendante de l'institut royal, comtesse Trebiliani.

Tolla, jetée sans transition dans les habitudes régulières et presque monastiques d'une grande communauté, n'eut pas le temps de regretter sa liberté, sa famille et les bois de l'Ariccia. Elle s'éprit pour l'étude d'une passion soudaine, mais où la curiosité avait plus de part que l'émulation. Elle se souciait médiocrement de paraître savante, mais elle conçut un incroyable désir de savoir. Toutes les facultés sérieuses de son esprit, brusquement éveillées, entrèrent en travail, et l'on crut reconnaître que l'oisiveté où elle avait vécu avait centuplé ses forces. Son esprit ressemblait à ces terres incultes du nouveau monde qui n'attendent qu'une poignée de semence pour révéler leur inépuisable fécondité. Ignorante comme elle l'était, tout lui parut nouveau, tout piquait sa curiosité ; elle ne dédaignait rien, rien ne lui semblait usé ni banal. Les histoires les plus insipides, les abrégés les plus nauséabonds avaient pour elle autant d'attraits que des romans. La géographie lui parut une science curieuse et attachante : en feuilletant un atlas, elle éprouvait les émotions du voyageur qui découvre des Amériques à chaque pas. Pour tout dire en un mot, rien ne la rebuta, pas même l'arithmétique; elle fut charmée de ces petits raisonnements secs et précis; elle saisit au premier coup d'œil tout ce qu'ils ont d'ingénieux dans leur simplicité, et je ne sais s'il s'est trouvé personne, depuis Pythagore, à qui la table de Pythagore ait fait autant de plaisir.

A la fin de l'année 1831, Tolla, sans avoir songé un seul instant à se couvrir de gloire, suivant les intentions de son père, se trouva la première de sa classe et reçut la croix d'or, aux applaudissements de toute la cour. Elle maintint sa supériorité, sans y penser, jusqu'à l'âge de dix-sept ans. Dans l'automne de 1834, un décret du duc de Lucques supprima l'institut royal et rendit les élèves à leurs familles. Tolla parlait assez élégamment le français et l'anglais; elle avait amassé la petite somme de connaissances qu'un pensionnat peut offrir à une jeune fille; un excellent maître avait cultivé sa voix et changé en talent ce qui n'était chez elle que l'instinct de la musique; ses parents la trouvèrent parfaite, et son père glorieux se hâta de la conduire dans le monde.

Elle y fit une entrée triomphale, et Rome se souvient encore de sa présentation chez la marquise Trasimeni. Les mères de famille, intéressées à lui trouver des défauts, avaient armé leurs yeux de la curiosité la plus malveillante. Elle subit sans s'en douter ce formidable examen où tous les juges étaient prévenus contre elle : elle en sortit à son honneur. L'aréopage des femmes de quarante ans décida à l'unanimité qu'elle avait une petite figure française assez gentille. Les hommes la proclamèrent de prime saut la plus jolie fille de Rome.

Sa beauté était de celles qui découragent les statuaires et leur font cruellement sentir l'impuissance de leur art. Ses mains, sa figure et ses épaules avaient la pâleur mate du marbre, et cependant le marbre le plus fidèle n'aurait jamais pu passer pour son image. Rien n'était plus facile que de rendre la finesse aristocratique de ce nez imperceptiblement arqué, la courbe fière des sourcils, l'ampleur un peu dédaigneuse des lèvres, le modelé délicat des joues, où deux imperceptibles fossettes se dessinaient par instants ; mais David lui-même, le sculpteur de la vie, aurait été incapable d'exprimer le mouvement, la santé, et comme la joie secrète qui animait ces traits adorables. La jeunesse dans toute sa force éclatait à travers cette enveloppe délicate; la pâleur de son visage était saine et robuste. Elle ressemblait à ces lampes d'albâtre qu'une flamme intérieure fait doucement resplendir. Ses yeux châtains, mais qui paraissaient noirs, avaient le regard doux, étonné et un peu farouche d'une jeune biche qui écoute les échos lointains du cor. Sa chevelure longue, épaisse et soyeuse, s'entassait sur sa tête et débordait en deux boucles pesantes jusque sur ses épaules. Son corps mignon, souple, frêle, et cependant vigoureux, ressemblait à ces statues antiques dont la vue n'inspire que de hautes pensées et de nobles désirs, quoiqu'elles se montrent sans voiles et qu'elles ne soient vêtues que de leur chaste beauté. Ses mains étaient petites, et son pied aurait été remarqué à Séville ou à Paris.

Tolla fut d'autant plus admirée à Rome qu'elle n'avait pas une beauté romaine. Cette nation vigoureuse qui se baigne dans les eaux jaunes du Tibre a conservé, quoi qu'on dise, une assez bonne part de l'héritage de ses ancêtres. Les hommes ont toujours cet air mâle et sérieux, cette noble prestance et cette dignité extérieure qui distinguaient jadis un Romain d'un Grec ou d'un Gaulois; les femmes sont encore ces belles et massives créatures parmi lesquelles le vieux Caton choisissait la gardienne de son foyer et la mère de ses enfants. Les jeunes Romaines, avec leur front bas, leur face brillante, leurs puissantes épaules, leurs bras charnus, leurs jambes épaisses, leurs pieds solides et leur large et opulente beauté, semblent si bien prédestinées aux devoirs de la famille, qu'il est difficile de voir en elles autre chose que des mères et des nourrices futures : elles ont la physionomie plantureuse et féconde de cette brave terre d'Italie qui a nourri sans s'épuiser tant de fortes générations. Leur regard, leur sourire, et jusqu'à leur coquetterie ont quelque chose de tranquille, de positif et de convenu, comme le mariage et le ménage. Au milieu de cette foule un peu banale, Tolla surprenait l'admiration par une grâce plus âpre, par des mouvements plus vifs, par je ne sais quel charme bizarre et inusité. Son entrée produisit sur les regardants une impression analogue à celle que vous éprouveriez, si dans un boudoir tout imprégné de poudre à la maréchale quelque brise soudaine apportait les fraîches senteurs d'une forêt. Dès ce moment, tous les sourires parurent fades, excepté le sien, et toutes les beautés robustes au milieu desquelles elle glissait au bras de son père ne furent plus que des poupées majestueuses.

Elle avait choisi pour son début une toilette extrêmement simple, qui fut copiée dès le lendemain par toutes les brunes, et qui resta à la mode pendant deux ou trois mois. C'était une robe de tarlatane avec un dessous de taffetas blanc, un camélia blanc au corsage, un large velours ponceau dans les cheveux, et une longue épée d'argent plantée horizontalement dans la natte, suivant la mode des filles de la campagne et des *minintes* du Transtevère. Cette coiffure rustique inspira au fameux improvisateur Benzio un sonnet qui se terminait ainsi :

« D'où viens-tu? De la cour imposante d'un roi ou de la modeste chaumière d'un berger? Est-ce *contessina* (petite comtesse) que l'on te nomme? ou faut-il t'appeler *contadina* (paysanne)?

« Si tu es *contessina*, tous les bergers vont s'armer contre la noblesse; si tu es *contadina*, tous les comtes vont acheter des guêtres de cuir et des vestes de velours. »

Tolla supporta sans aucune gaucherie le petit triomphe qui lui fut décerné. On sait combien il est difficile d'essuyer, sans perdre contenance, une averse de compliments. Cette épreuve, très-rude en tout pays, est formidable en Italie, dans la patrie de l'hyperbole. Tolla s'entendit comparer à ce que les trois règnes de la nature renferment de plus exquis : on lui décerna à bout portant la qualification d'astre, de merveille et de divinité. Les femmes elles-mêmes prirent part à ce concert, toutes prêtes à la proclamer vaniteuse si elle acceptait les louanges, et sotte si elle les repoussait. Mais elle trouva dans l'enjouement naturel de son esprit un refuge contre l'une et l'autre accusation : elle ne reçut ni ne rejeta les flatteries sous lesquelles on espérait l'accabler. Tantôt elle les accueillit en badinant et d'un ton qui voulait dire : « J'écoute par politesse les sottises que la politesse vous a inspirées; » tantôt elle les renvoya plaisamment à leurs auteurs, quand leurs auteurs étaient des femmes. Elle payait leurs louanges avec usure, et rendait des diamants pour des cristaux, des soleils pour des étoiles. Ces innocentes malices de la naïveté obtinrent les applaudissements muets, mais unanimes, de tous les hommes; il est si difficile de résister aux charmes de la jeunesse! C'est ainsi que la plus jolie fille de Rome, sans chercher l'esprit, sans faire *de mots* et sans médire de personne, gagna haut la main son brevet de femme d'esprit.

Si Tolla n'avait eu pour elle que son esprit et sa beauté, elle aurait trouvé un épouseur; mais comme elle avait une dot, il s'en présenta quarante. Le comte Feraldi ne se faisait pas faute de dire à qui voulait l'entendre : « Il y a vingt mille sequins ou cent mille francs de bon argent dans un coffre de ma connaissance pour le brave garçon que choisira la plus jolie fille de Rome. » Tolla dansa pendant deux hivers avec toute la jeunesse des États pontificaux sans choisir personne. Ses parents ne la pressaient pas. « Prends ton temps, lui disait son père. Je conviens qu'il n'est pas facile de trouver un homme digne de toi : pour ma part, je n'en connais point. » La comtesse, à qui ses bonnes amies demandaient, par pure charité, pourquoi Tolla, avec sa beauté, son esprit et sa dot, était arrivée à l'âge de dix-neuf ans sans se marier, leur répondait sans malice aucune : « Nous ne sommes pas de ces parents qui grillent de se débarrasser de leurs filles. » Tolla dans le monde était l'orgueil de son père; Tolla dans sa famille était la vie et la bonne humeur de la maison. Entre un bal et une promenade à cheval avec son frère, qui venait de terminer ses études, elle partageait avec sa mère les travaux domestiques et les soins du ménage; elle revoyait les comptes du *ministre*, c'est-à-dire de l'intendant; elle traçait à sa femme de chambre, qui lui servait de lingère et de couturière, le dessin d'un col ou d'une paire de manches; elle présidait à quelque arrangement nouveau dans son cher jardin, où elle travaillait en chantant à un bel ouvrage de tapisserie. Elle était présente partout, voyait tout, savait tout, disposait tout, commandait, souriait et plaisait à tout le monde. Cette petite personne mondaine, cette danseuse infatigable, cette écuyère intrépide qui sautait les barrières et les fossés, pratiquait au palais Feraldi toutes les gracieuses vertus d'une mère de famille.

II

Le 30 avril 1837, l'élite de la noblesse de Rome était réunie chez la marquise Trasimeni. Les jeunes gens dansaient au piano dans le salon des tapisseries; quelques mères de famille surveillaient nonchalamment les plaisirs de leurs filles; les papas jouaient au whist dans le boudoir de la marquise; le jardin, de plain-pied avec l'appartement, était peuplé d'une douzaine de fumeurs qui promenaient dans l'obscurité la lueur de leurs cigares. On jouissait des premières douceurs du printemps et des derniers plaisirs de l'hiver.

Mme Assunta Trasimeni avait alors la maison la plus agréable et la moins bruyante de Rome. Les étrangers ne s'y faisaient point présenter, ou s'y ennuyaient mortellement, faute de pouvoir comprendre le charme intime et la grâce silencieuse de ces réunions; mais les Romains auraient regardé comme une calamité publique la suppression des jeudis de la marquise. Ce haut salon, dont la voûte, peinte à fresque par un élève de Jules Romain, portait quatre grandes figures un peu effacées représentant Rome, Naples, Florence et Venise; ces belles tapisseries du xvi⁰ siècle, dont le temps avait adouci et fondu les couleurs; ces meubles d'ébène imperceptiblement fendillée; ce vieux lustre de cristal de roche; ce piano de Vienne, dont les sons étaient amortis par les tentures, tout respirait une bonhomie grandiose et un peu triste. Les domestiques, enfants de la maison, vêtus de livrées héréditaires, présentaient si cordialement les verres de limonade, que pas un des invités ne songeait à regretter les réceptions fastueuses et la prodigalité banale de tel prince ou de tel banquier.

Le salon, les meubles, les habitudes douces et régulières de la maison, tout encadrait merveilleusement la figure de la marquise. Elle touchait à sa quarantième année; elle était grande, un peu maigre, et blonde avec d'admirables yeux noirs. Sa beauté était faite de dignité, de bienveillance et de tristesse. Elle portait invariablement une robe de velours noir, et personne ne se souvenait de l'avoir vue autrement vêtue, même dans sa jeunesse et du vivant de son mari. Quoique sa mère lui eût laissé de beaux diamants, on ne lui vit jamais d'autres bijoux qu'une petite bague d'or, presque usée, qui n'était pas un anneau de mariage. Cette digne et sérieuse personne ne riait jamais; son sourire avait je ne sais quoi de résigné. Elle n'aimait ni le jeu, ni la conversation, ni la musique, excepté quelques vieux airs qu'elle jouait sur son piano lorsqu'elle était seule; elle avait renoncé à la danse dès l'âge de dix-neuf ans, une année avant son mariage. Sa position et la fortune de son mari l'avaient condamnée à recevoir et à aller dans le monde; cependant ni dans le monde ni chez elle aucun homme ne lui avait fait la cour. Une heure d'entretien lui avait toujours suffi pour éteindre les passions que sa beauté avait allumées. L'amour le plus intrépide aurait reculé devant le spectacle de ce cœur brisé, de cette sensibilité éteinte, de cette âme pleine de ruines mystérieuses. Elle n'aimait, après Dieu, que son fils Philippe, un beau jeune homme de vingt ans, qui venait d'entrer dans la garde noble. Elle ne haïssait personne : le seul homme dont elle évitât la rencontre était un ancien ami de son mari, le colonel Coromila. Sa vie égale et monotone était comme un tissu de prières et de bonnes actions. Toutes ses matinées se passaient à l'église des Saints-Apôtres, sa paroisse; le soir, elle allait dans les salons, comme une sœur de charité dans les mansardes, pour soutenir les faibles et soulager les affligés. Elle excellait à consoler les amours malheureux et à guérir ces secrètes blessures de l'âme pour lesquelles le monde a si peu de pitié. Elle s'employait, avec une prédilection visible, à marier les jeunes filles et à aplanir les obstacles que l'inégalité des fortunes élève entre ceux qui s'aiment. La marquise avait détaché de son revenu une somme assez forte destinée à doter annuellement quatre filles pauvres ; mais, en dehors de cette fondation pieuse, il lui arriva, dit-on, plus d'une fois de compléter la dot d'une fille de noblesse. Ses petites soirées du jeudi ont fait en une année plus de mariages que les grands bals du prince Torlonia n'en feront en dix ans. Elle ne recevait cependant que de huit heures à minuit. Sa santé ne lui permettait pas les longues veilles, et ce n'était pas sans dessein qu'entre tous les jours de la semaine elle avait choisi le jeudi. Les invités se retiraient à minuit moins un quart, de peur d'empiéter sur le vendredi, jour de mortification, où les théâtres font relâche dans toute l'Italie.

C'était un préjugé répandu dans Rome que toutes les unions contractées sous les auspices de la marquise étaient nécessairement heureuses, et lorsqu'on voulait désigner un mauvais ménage, on disait : « Ils n'ont pas été mariés par la Trasimeni. »

Quoique cette sainte femme fût un objet de vénération pour tous et d'admiration pour quelques-uns, la curiosité publique, qui ne perd jamais ses droits, cherchait encore, après plus de vingt ans, le secret de sa tristesse; mais personne ne connaissait le chagrin qui avait assombri une si belle vie. La comtesse Feraldi, son amie d'enfance, se rappelait que la belle Assunta avait refusé deux ou trois fois la main du marquis Trasimeni, sans que rien pût expliquer cette répugnance. Le jour du mariage, on avait eu beaucoup de peine à lui faire quitter le noir pour lui faire prendre le costume traditionnel des mariées. Elle avait dit à sa mère en partant pour l'église : « J'entre dans le mariage comme dans un couvent. » De ces souvenirs très-vagues, dont l'authenticité même était fort contestée, quelques personnes avaient pu conclure que la marquise portait le deuil d'un premier amour.

Au moment où commence cette histoire, Mme Trasimeni était assise dans un coin du grand salon, entre la comtesse Feraldi et une étrangère établie depuis plusieurs années à Rome, la générale Fratief. Tout en causant, ces trois mères regardaient avec une satisfaction visible un quadrille où leurs enfants étaient réunis. Philippe ou Pippo Trasimeni dansait avec Tolla, en face de Nadine Fratief, toute fière d'avoir pour cavalier le lion des bals de Rome, le roi de la jeunesse dorée, Lello Coromila, des princes Coromila-Borghi.

Pour un homme averti, les physionomies de ces quatre jeunes gens auraient été un spectacle curieux. Lello Coromila paraissait causer très-vivement avec sa danseuse, qui semblait plaisanter et rire sans arrière-pensée, avec tout l'abandon de la jeunesse. Pippo lutinait Tolla pour avoir une petite rose pâle qu'elle avait attachée à son corsage, et Tolla, qui ne céda qu'à la dernière figure de la contredanse, était très-animée à la défense de son bien. Ni Mme Feraldi, ni la générale, ni même la bonne marquise, avec sa pénétration maternelle, ne devinaient les sentiments cachés sous cette surface de gaieté et d'indifférence; mais, à mieux surveiller les visages, elles auraient reconnu que les yeux de Lello dévoraient Tolla; que Tolla, confuse, inquiète et presque heureuse, se débattait contre un sentiment nouveau pour elle; que Pippo, leur ami commun, les regardait l'un et l'autre en homme qui voudrait les voir l'un à l'autre; et que Nadine, malgré une expérience prématurée de l'art de feindre, laissait percer dans ses yeux un peu d'amour, beaucoup d'ambition, et une de ces haines concentrées dont les femmes seules sont capables.

Manuel ou Lello Coromila était le fils cadet du

prince Coromila-Borghi. Les Coromila, si l'on en croit leur arbre généalogique, datent de la guerre de Troie. L'histoire de leur famille remplit trois volumes in-quarto, publiés à Parme en 1780 par l'admirable imprimerie de Bodoni. Le tome premier s'arrête à l'ère chrétienne, le second à l'an 1000; le troisième, qui est presque entièrement authentique, contient la gloire sérieuse de la famille. Ser Tita Coromila, grand amiral de la république de Venise et père du doge Bartolomeo Coromila, remporta, à la fin du xve siècle, la victoire navale de Naxie, qui arrêta l'élan de la flotte turque et assura à Venise la domination de l'Archipel. Giuseppe Coromila était le chef de l'ambassade qui vint complimenter le roi de France Henri IV, à son avénement au trône. En mai 1797, lorsque le gouvernement aristocratique de Venise abdiqua en faveur du peuple, Lodovico Coromila quitta sa patrie et vint s'établir à Rome avec sa famille. Les domaines de cette grande maison sont situés, partie dans la Romagne, partie dans le royaume lombard-vénitien. Leur palais du Corso est le plus magnifique de tous ceux qu'on admire à Rome; leur villa d'Albano a des jardins aussi vastes et plus variés que ceux de Versailles, et ils conservent à Venise quatre palais sur le grand canal. Les trois branches de la famille réunissent entre elles une fortune territoriale évaluée à près de cinquante millions; les Coromila-Borghi possèdent un peu plus du quart de ce fabuleux patrimoine.

Tandis que l'héritier des doges s'avançait, pour la pastourelle, au-devant de Nadine et de Tolla, la grosse générale Fratief couvait des yeux les millions qu'elle voyait danser en sa personne, et répétait pour la centième fois un panégyrique uniforme des perfections de Lello. Elle s'obstinait à l'appeler le prince Lello, quoiqu'on lui eût redit à satiété que Lello n'était et ne serait jamais prince. Le seul prince Coromila Borghi était son père, le vieux Luigi, après qui le titre passait à l'aîné. Lello devait se résigner, comme son oncle le colonel, à n'être jamais que le chevalier Coromila; mais la générale ne regardait point les choses de si près. Chaque fois qu'il lui arrivait de se méprendre, elle alléguait que chez elle, en Russie, tous les enfants d'un prince sont princes, le prince eût-il une douzaine d'enfants.

La personne de Lello Coromila, sans justifier le lyrisme maternel de la générale, n'était point faite pour déplaire. Sa taille était haute, ses épaules larges, son attitude prépondérante. Il avait véritablement une physionomie romaine. Ses grands yeux à fleur de tête ne manquaient pas d'un certain feu; son oreille rouge, son teint fleuri, sa voix sonore révélaient une santé excellente et une organisation robuste; sa barbe noire, qui n'avait jamais été rasée, frisait légèrement sur ses joues; ses cheveux presque bleus s'enlevaient vigoureusement sur un cou plus blanc que celui d'une femme. Il avait les mains fortes et peu effilées; mais elles étaient si blanches, si grasses et si fermes, que leur carrure inspirait la sympathie et la confiance. A tout prendre, Lello était un fort beau jeune homme de vingt-deux ans.

De son esprit la générale n'en disait mot : les choses de l'esprit n'étaient pas du domaine de la générale. Elle s'extasiait sur sa grâce, son élégance, sa gaieté, ses folies, sa piété. Lello était le boute-en-train de la jeunesse romaine. Jusqu'à l'âge de vingt et un ans, il avait vécu sous la surveillance sévère de son aïeul maternel; mais depuis une année il s'était donné carrière. Il était l'organisateur de tous les plaisirs, l'inventeur de tous les bons tours, le roi de tous les bals, le conducteur de tous les *cotillons*. Du reste, il entendait la messe tous les jours, récitait le rosaire en famille tous les soirs, recevait les sacrements à tout le moins deux fois par mois, et s'agenouillait sur le passage de la procession des quarante heures.

Il était bien rare que la générale, entraînée par sa préoccupation dominante ne mêlât point à son panégyrique l'éloge du palais Coromila, de la galerie estimée deux millions, des écuries revêtues de marbre blanc comme une église, des voitures, des livrées et des cent cinquante serviteurs qui peuplaient la maison. Elle assaisonnait ces propos d'un certain nombre de *ah!* prononcés avec une aspiration gutturale particulière aux gens du Nord. Dans sa bouche, cette exclamation était je ne sais quoi de mitoyen entre *ah!* et *ach!*

Lorsqu'elle eut tout dit, elle passa, suivant sa coutume, à l'éloge de sa fille, qu'elle appelait majestueusement « mademoiselle ma fille. » Elle abusait de la patience inaltérable de la marquise et de Mme Feraldi pour redire les perfections de Nadine, ses talents, la dépense qu'on avait faite pour son éducation à Paris et à Rome, les inquiétudes qu'elle avait données dans son enfance, la crainte qu'on avait eue de la voir scrofuleuse comme presque toutes les jeunes filles de l'aristocratie russe, les sirops amers qu'elle avait pris, les beaux résultats qu'on avait obtenus, ses os raffermis, sa taille redressée, les appareils de Valérius devenus inutiles, sa beauté de jour en jour plus brillante, les succès qu'elle avait eus dans le monde, les partis qu'elle avait refusés (le plus modeste était d'un million), les triomphes qui l'attendaient à Pétersbourg, les bontés de l'empereur Nicolas, qui la regardait comme sa fille adoptive et lui destinait le *chiffre* des demoiselles d'honneur, enfin la belle entrée qu'elle ferait à la cour de Russie avec une robe traînante de velours ponceau, un *kakochnick* brodé d'or et de perles, et le chiffre en diamants sur l'épaule gauche.

Mme Fratief parlait comme les autres crient. Elle joignait à ce petit défaut l'habitude de se répéter souvent et d'inventer quelquefois; mais il était convenu qu'elle avait bon cœur. D'ailleurs sa qualité d'étrangère, le train qu'elle menait et le soin qu'elle avait pris d'élever sa fille dans la religion romaine la faisaient tolérer dans la plus haute société. On lui savait gré d'avoir amené dans le giron de l'Église la fille d'un général russe, et dérobé au schisme grec une âme de qualité. Le manége désespéré auquel elle se livrait pour attirer l'attention du jeune Coromila n'inquiétait personne. On savait que Lello n'était pas encore à marier, et d'ailleurs sa famille lui destinait une princesse. Mme Trasimeni laissa donc à la générale tout le temps d'achever les deux portraits qu'elle recommençait tous les soirs pour avoir le plaisir de les enfermer dans le même cadre. Lorsqu'on fut au *kakochnick* et au chiffre en diamants, qui formaient la péroraison habituelle, la marquise après un petit compliment à l'adresse de Nadine, se tourna vers Mme Feraldi : « Et Tolla ? »

— A propos ! c'est vrai, ajouta la générale. On dit que vous la mariez, j'en serai bien heureuse.

— Cela n'est pas encore fait, reprit vivement Mme Feraldi. Tu sais, ma chère, dit-elle à la marquise, que dans les premiers jours du mois dernier, nous avons reçu deux lettres, l'une de mon frère d'Ancône, l'autre de mon cousin de Forli, qui proposaient, chacun de son côté, un mari pour Tolla. Le jeune homme de Forli a vingt-quatre ans ; il est fils unique, et il aura vingt mille francs de rente.

— Mais c'est magnifique, chère comtesse ! interrompit la générale, et j'espère bien que Tolla....

— Tolla a vu celui qu'on lui proposait. C'est un beau garçon, grand, blond et parfaitement élevé. Elle l'a refusé net.

— Sans dire pourquoi ?

— Elle a dit qu'il lui était antipathique. L'autre n'est pas encore venu à Rome, et il ne viendra que si nous lui donnons des espérances. On le dit fort bien de sa personne ; il n'a pas trente ans. Il est plus riche que notre prétendant de Forli. Nous nous sommes informés de sa réputation : nous n'en avons appris que du bien. Il sait quelle est la dot de Tolla, et il vient d'écrire à mon mari qu'il en était très satisfait, qu'il se serait contenté de moitié. « Ce que « je cherche, disait-il en terminant, c'est une amie, « une femme aimante, une bonne mère de famille, « une personne enfin qui sache me pardonner mes « innombrables défauts. »

— Ah! c'est beau! c'est admirable! c'est sublime! s'écria la générale, et, dans un siècle comme le nôtre, où les jeunes gens sont devenus plus égoïstes que les vieillards! Le digne jeune homme! j'espère bien que Tolla ne le refusera pas!...»

La générale en était là de ses exclamations, lorsqu'un murmure aussi léger, aussi rapide, aussi dru et aussi précis que le bruit du vent dans les feuilles sèches, se répandit dans le salon, dans le jardin, dans la salle de jeu, dans tous les coins de la maison, et vint enfin bourdonner autour de ce trio de mères de famille. Une nouvelle imprévue, et qui les frappa toutes les trois comme un coup de foudre, arriva jusqu'à elles sans qu'on pût savoir d'où elle était venue. C'était une de ces rumeurs agiles et discrètes qui semblent se répandre d'elles-mêmes et par leur propre force, et qui entrent dans toutes les oreilles sans qu'on les ait vues sortir d'aucune bouche. Lorsqu'elle s'abattit sur le divan de la marquise, des émotions bien diverses, mais également violentes, se peignirent sur le visage des trois mères qui causaient ensemble. La générale rougit comme une apoplectique : le désappointement, la jalousie, l'avarice déçue, l'ambition détrônée, la crainte du ridicule, la résolution de combattre, la confiance dans ses forces, et au pis aller l'espoir de la vengeance, en un mot toutes les passions haineuses passèrent avec la rapidité de l'éclair sur cette large figure empourprée. Mme Feraldi, surprise par un coup de bonheur auquel elle n'était point préparée, s'arrêta bouche béante, aussi stupéfaite qu'un aveugle qui recouvrerait la vue devant un feu d'artifice. La bonne marquise, qui avait vu naître Tolla, qui l'appelait tendrement « ma fille », et qui n'avait consenti à recevoir un Coromila dans sa maison que sur les instances de Philippe, réprima un mouvement de surprise douloureuse et fit rentrer deux grosses larmes, lorsqu'elle entendit murmurer cette terrible nouvelle : « Savez-vous ? Lello aime Tolla ! »

La comtesse et la générale, en femmes du monde, furent promptes à cacher leur émotion. La générale surtout escamota si vivement son dépit, que l'œil d'une ennemie n'aurait rien vu. La conversation se prolongea sans incident jusqu'à onze heures trois quarts, et l'on ne s'entretint que de la pluie et des sermons de l'abbé Fortunati, qui faisait merveille aux Saints-Apôtres. Tolla conduisit le *cotillon* avec Lello. M. Feraldi, qui bouillait d'impatience en attendant l'heure du départ, gagna cinquante-deux fiches à son oncle le cardinal Pezzato. Tout le monde se retira à l'heure ordinaire, et la générale, en remerciant la maîtresse de la maison, suivant l'usage établi en Russie, assura qu'elle n'avait jamais passé une soirée plus délicieuse.

En arrivant au grand escalier, Tolla voulut prendre le bras de son père ; mais, sur un signe du comte, elle partit devant avec Toto. Elle trouva sous le vestibule un colosse hâlé qui l'enveloppa maternellement dans une lourde pelisse. C'était son ancien pédagogue de l'Ariccia, le fidèle Menico. « Il pleut un peu, lui dit-il, et, quoique la maison ne soit pas loin, Amarella m'a envoyé. Mais qu'avez-vous, mademoiselle? Il vous est arrivé quelque chose!

— Tu crois, mon Menico?

— J'en suis sûr, mademoiselle. Il y a deux choses au monde que je connais bien, c'est le ciel et votre visage. Ici et là, je sais quand l'orage doit venir.

— J'ai donc la figure à l'orage?

— Non, mais il me semble que vous êtes à la fois heureuse et fâchée. Est-ce vrai, mademoiselle?

— Peut-être ; mais pourquoi veux-tu que je te dise mes secrets, mon pauvre Dominique? Ce sont choses où tu ne peux rien.

— Pardonnez-moi, mademoiselle, je puis toujours *faire finir* celui qui voudrait vous fâcher. Venez, que je vous débarrasse de votre manteau: nous sommes arrivés. »

Le comte et la comtesse accouraient sur les pas de leurs enfants après une conférence d'une minute. Toto se retira discrètement, sans faire allusion à ce qu'il avait entendu dans la soirée. Le comte embrassa sa fille et sa femme et rentra chez lui. Menico alla se coucher à l'écurie, où un palefrenier lui prêtait la moitié de son lit. Mme Feraldi reconduisit Tolla dans sa petite chambre, la fit asseoir sur le seul canapé qui s'y trouvât, s'y jeta vivement à côté d'elle, l'embrassa avec effusion et lui dit : « Raconte-moi tout ! Il t'aime ?

— Je le crois.
— Depuis quand ?
— Qui sait ? Peut-être depuis le commencement de l'hiver.
— Te l'a-t-il dit ?
— Jamais. La seule preuve d'amour qu'il m'ait donnée pendant six mois, c'est de m'inviter à danser de préférence à toutes les autres. On me l'enviait assez ! La Russe a fait des pieds et des mains pour obtenir un *cotillon* avec lui ; elle n'y est jamais parvenue. Moi, je ne regardais cette préférence que comme un hommage rendu à la sagacité avec laquelle j'exécutais les nouvelles figures que nous inventions ; mais ces demoiselles avaient de meilleurs yeux que moi : il y a longtemps qu'elles ont remarqué le plaisir qu'il éprouve à me faire danser, l'empressement avec lequel il me cherche en entrant dans un salon, sa joie dès qu'il m'aperçoit, son

désappointement si je n'y suis pas. D'ailleurs il a parlé.

— A qui?

— A ses amis. Il n'a jamais osé me dire qu'il m'aimait, mais il a eu l'imprudence de le laisser voir aux cinq ou six étourdis qui composent sa cour. Ceux-là l'ont appris à d'autres; ils se sont mis à me persécuter de cet amour, ils ont prétendu que je le partageais, et je ne danse pas avec l'un d'entre eux sans qu'il me dise : « Lello vous aime. »

— Lello vous aime ! répéta Mme Feraldi en serrant sa fille dans ses bras. Et que leur répondais-tu ?

— Moi? La première fois que Pippo Trasimeni s'amusa à me dire que j'étais aimée et que j'aimais, je lui répondis avec vivacité : « Comment
« m'estimez-vous assez peu pour croire que je m'a-
« muserais à faire l'amour par passe-temps? — Je
« ne dis pas cela, reprit-il. — Pardonnez-moi, vous
« le dites. Le caractère de M. Coromila est connu ;
« on sait que depuis la mort de son grand-père il
« a fréquenté des jeunes gens de toute sorte, au
« lieu de s'en tenir à ceux qui vous ressemblent,
« Pippo. On répète partout qu'il se joue de la chose
« du monde la plus sérieuse, l'amour ; qu'il est un
« de ces hommes qui n'ont d'autre occupation au

« monde que de tromper notre sexe, et qu'une liai-
« son avec lui ne saurait amener rien de bon. »

— Et Pippo t'a répondu ?

— Rien.

— Il te donnait raison.

— Oui ; mais le jeudi suivant je le retrouvai chez sa mère ; et il me dit : « Lello vaut mieux que vous « ne pensez ; il ne parle que de vous et il vous aime « à la folie. » C'est la seule fois qu'on m'ait dit du bien de Lello.

— Et qui est-ce qui t'en a dit du mal ?

— Toutes les femmes. Voici plus de quatre mois que les filles de mon âge se servent de son nom pour me persécuter. L'une vient me dire : « Enfin, « vous êtes amoureuse, et c'est Lello qui a fait ce « miracle-là ! » Une autre me félicite d'avoir fixé le plus volage des hommes. Mlle Fratief n'a-t-elle pas eu le front de me dire un jour à brûle-pourpoint : « Franchement, ma chère, comptez-vous vous faire « épouser par Lello ? » Une question si impertinente, venant d'une fille qui n'est pas mon amie et que je connais à peine, me saisit tellement que je restai un instant sans parole ; mais je revins à moi, et je lui répondis que j'étais incapable de m'intéresser à une personne qui n'aurait pas les vues les plus honnêtes. Elle répliqua vivement : « Ne vous fiez pas à Lello : il en a trompé plus

« d'une, et il change d'amour deux fois par mois. »
Je l'entendais décrier partout comme un homme
léger ; mais je ne savais comment concilier l'ef-
fronterie dont on l'accusait avec le respect qu'il témoignait pour moi. Jamais il n'a pris une de ces
libertés que les jeunes gens se permettent au bal ;
jamais il ne m'a serré la main en valsant. Quand nos
regards se rencontraient, il était plus prompt que
moi à détourner les yeux. Quelquefois j'enrageais
de penser qu'il affichait devant les autres un si
grand amour pour moi, sans m'en avoir donné la
moindre marque. Puis, songeant au respect qu'il me
témoignait, j'en étais touchée. Peut-être est-ce là
ce qui a pris mon cœur.

— Tu l'aimais ! Pourquoi ne m'en as-tu rien dit ?

— Je l'aimais peut-être ; mais, comme il ne
m'avait pas donné de marques visibles de son
amour, je n'osais pas m'avouer le mien à moi-
même. Il me semblait que c'était une folie d'aimer
sans savoir que j'étais payée de retour, sinon par
les bavardages des effrontés qu'il avait autour de
lui. C'est alors que vous avez fait cette petite maladie qui vous a retenue trois semaines à la maison,
et moi avec vous. Trois semaines sans le voir ! La
privation que je ressentis me donna la mesure de
mon amour. Pendant cette longue séparation, on
dansa trois fois chez la Trasimeni et deux fois à

l'ambassade de France. Ces jours-là je restai à ma fenêtre jusqu'à la fin de la soirée, pour avoir le plaisir d'entendre sa voix lorsqu'il sortirait avec ses amis. J'avais soin de me cacher dans l'ombre de mes rideaux : je serais morte de honte, s'il avait pu seulement soupçonner ma faiblesse. Quelquefois je l'entendais parler de moi avec ses camarades. Un soir, tandis que ses amis chantaient à tue-tête une grosse chanson dont le refrain était :

> L'acqua fa male,
> Il vino fa cantare,

je reconnus sa belle voix qui fredonnait cette chanson des pêcheurs de Sainte-Lucie :

> Io ti voglio ben assai,
> Ma tu non pensi a me!

et il lança en s'éloignant un soupir grave et puissant qui semblait sortir du fond de son cœur. Peut-être, s'il avait osé me déclarer sa passion, aurais-je su y résister et la combattre par le dédain; mais cette extrême timidité, si rare chez un homme, me subjugua.

— Mais, ce soir, qu'a-t-il fait? qu'a-t-il dit? Il s'est donc trahi?

— Mon Dieu! non. Ce soir, Pippo m'a demandé cette fleur que j'avais à mon corsage; je la lui ai donnée Après la contredanse, Lello a entraîné son ami dans le jardin, et, lorsqu'ils sont rentrés, Pippo n'avait plus la fleur à sa boutonnière. Je devinai le chemin qu'elle avait pris, mais j'eus l'air de ne rien savoir, et je demandai à Pippo ce qu'il en avait fait; il me répondit : « Lello m'a tant prié de la lui don-« ner, qu'il a bien fallu en faire le sacrifice ». Je feignis d'être piquée, mais j'aurais voulu sauter au cou de ce bon Pippo. Malheureusement on les avait suivis au jardin, on les avait écoutés, on a parlé, et voilà comment vous avez tout appris.

— Mieux vaut tard que jamais, ajouta la comtesse, trop heureuse pour formuler un reproche Maintenant, terrible enfant, écoute-moi. Tu aimes. Si nous t'abandonnons à tes inspirations, cet amour ne te donnera que des chagrins : j'en attends quelque chose de mieux. Me promets-tu de suivre mes conseils et ceux de ton père ?

— Oui, ma mère.

— Si Lello t'écrit, tu nous montreras ses lettres ?

— Oui, ma bonne mère.

— Tu ne lui répondras rien sans nous consulter?

— Rien.

— Toutes les fois que tu le rencontreras dans le monde, tu me répéteras ses paroles et les tiennes ?

— Je le promets.

— Et moi, je te promets que tu seras avant un an la femme de Lello. Bonne nuit, madame Coromita ! »

La comtesse courut retrouver le comte, qu'une préoccupation violente tenait éveillé. Ils passèrent la nuit à débattre un plan de campagne dont le résultat devait être le bonheur de leur fille et la grandeur de la maison Feraldi.

III

Tandis que Tolla se confessait à sa mère, Mme Fratief se faisait raconter par Nadine l'événement de la soirée et les amours de Lello. Elle lui reprocha amèrement de ne l'avoir pas tenue au courant de ce qui se passait. Si Nadine n'en avait rien dit, c'est qu'elle avait une confiance limitée dans le bon sens de sa mère : elle raisonnait comme ces chasseurs qui aiment mieux chasser sans chien qu'avec un chien mal dressé.

Mme Fratief, née Redzinska, était veuve du général Fratief, aide de camp de l'empereur Alexandre. Après la campagne de France, Fratief, qui n'était plus jeune et que les plaisirs faciles de Paris avaient vieilli autant que la guerre, fut nommé gouverneur de Varsovie. Il vit, au premier bal qui lui fut donné par la ville, la célèbre Sophie Redzinska, dont la beauté opulente lui rendit six mois de jeunesse. Il l'épousa sans dot et malgré les remontrances de la cour, qui se scandalisait de voir un général illustre, un ami de Souvarof et un favori du maître s'abaisser jusqu'à une Polonaise. Le vieux soldat, aiguillonné par un dernier amour, sut donner à ses faiblesses une couleur politique et persuader à l'empereur qu'une telle mésalliance rallierait la noblesse de Varsovie. Après une année de mariage, il mourut, comme le roi Louis XII, au milieu de son bonheur domestique. La générale resta veuve à vingt ans avec une fille de trois mois. Son mari laissait pour tout héritage une année de solde, quarante mille francs environ. Fils d'un petit marchand de la troisième guilde, il avait poussé sa fortune, franchi tous les grades de l'armée et escaladé tous les degrés de la noblesse, sans songer à s'enrichir. Mme Fratief, qu'on appelait à Varsovie *la belle et la bête,* avait si bien mis à profit la courte durée de son règne, elle avait regardé de si haut ses compatriotes et ses anciens amis, protégé si dédaigneusement sa famille et gouverné sa bonne ville d'un air si impertinent, qu'elle fit en peu de temps une ample provision d'ennemis. Toutes les autorités de la ville assistèrent par devoir aux funérailles du général, mais sa veuve ne reçut pas quatre visites. Le patriotisme polonais saisissait l'occasion de faire pièce à la Russie sans danger. La belle Sophie tira vanité de cette haine universelle, qui témoignait de son importance et du pouvoir qu'elle avait eu. Elle s'exila comme en triomphe d'une ville qui la repoussait, et partit pour Pétersbourg avec sa fille, ses quarante mille francs, sa beauté, ses diamants, son orgueil, sa sottise et ses espérances. Arrivée, elle vit avec surprise que la cour n'était pas venue au-devant de sa chaise de poste. Elle demanda une audience de l'empereur; elle l'obtint, et elle courut au palais d'Hiver, prête à verser ses chagrins, ses inimitiés et toutes ses confidences dans le cœur paternel d'Alexandre. L'empereur la reçut à son tour d'inscription, entre un gouverneur de province et un savant étranger; il lui débita avec bonté un petit compliment de condoléance, et promit de lui assurer, à elle et à sa fille, une existence honorable. Au sortir de cette audience, Sophie courut annoncer aux cinq ou six personnes qu'elle connaissait dans la ville que l'empereur l'avait reçue comme un père, qu'il avait pleuré en parlant de son fidèle Fratief, et qu'il avait fini par lui dire en propres termes : « Désormais, madame, vous faites partie de ma famille; j'adopte votre chère petite Nadine, je me charge de sa fortune et de la vôtre. Mon palais et mon cœur vous seront toujours ouverts : frappez, et l'on vous ouvrira ; demandez, et vous recevrez. »

Huit jours après, elle reçut deux brevets de quinze cents roubles argent, ou de six mille francs de pension, l'un pour elle et l'autre pour sa fille. C'est ce que la loi de l'empire accorde à toutes les veuves ou orphelines des aides de camp généraux. Chacune de ces deux pensions cessait de plein droit le jour du mariage de la titulaire. Sophie s'imagina qu'on lui faisait une injustice parce qu'on ne faisait point d'injustice en sa faveur ; mais elle avait trop de vanité pour se plaindre. Elle loua sur le canal Catherine un appartement de quatre mille francs, et commanda un mobilier de vingt mille. A ceux qui connaissaient le chiffre de sa fortune et la modicité de sa pension, elle donnait à entendre qu'elle avait dans l'amitié de l'empereur des ressources inépuisables. On la vit pendant trois ans à toutes les réunions de la cour, où le nom de son mari lui donnait les grandes et petites entrées. Sa beauté lui attira quelques déclarations et une ou deux demandes en mariage qu'elle repoussa, attendant mieux. Le grand-duc Michel la distingua pendant un mois ou deux ; il fut promptement rebuté non par sa pruderie, mais par sa sottise. Elle s'essaya sans succès dans le rôle des grandes coquettes : elle avait la figure sans l'esprit de l'emploi. Ses agaceries ne servirent qu'à la compromettre. Trop froide pour faire des sottises gratuites, trop maladroite pour en faire de profitables, elle ne sut ni se donner ni se vendre, et elle garda, sans savoir pourquoi, une vertu à laquelle on ne crut guère et dont personne ne lui sut gré. Après trois ans de ce manége, elle disparut subitement; ses ressources étaient épuisées. Son mobilier et ses diamants indemnisèrent à peine ses créanciers. Elle partit pour l'Allemagne, où elle vécut d'épargne et de jeu, courant les eaux, cherchant un mari, grossissant la liste des conquêtes qu'elle croyait avoir faites, et usant sur les grands chemins les restes de sa beauté, qui passa vite. En 1828, elle vint à Paris, et elle songea à l'éducation de Nadine, qui avait onze ans. Elle se logea rue de l'Université, et meubla péniblement un très-petit coin d'un très-grand hôtel. Pour se faire admettre dans les salons du faubourg Saint-Germain, elle s'avisa de conduire sa fille au catéchisme de Saint-Thomas d'Aquin. Nadine y fit sa première communion. Si on l'avait su à Pétersbourg, la mère et la fille auraient infailliblement perdu leur pension. Cette imprudence ne leur servit de rien, et personne à Paris ne leur en tint compte : la générale, à force de vanteries et de mensonges évidents, avait obtenu de passer pour une aventurière. L'éducation de Nadine fut un prodige d'économie mal entendue. Toutes ses leçons furent payées deux francs l'une dans l'autre. Une grande fille noirâtre, la plus disgraciée des élèves du Conservatoire, lui enseigna l'art de martyriser un piano. On lui déterra la plus rousse et la plus piteuse des maîtresses d'anglais, une image vivante de la misère, qui aurait pu passer pour la statue de l'Irlande. Ce fut un surnuméraire des bureaux de la préfecture qui lui apprit la langue et la littérature françaises, l'histoire, la géographie, l'arithmétique, la physique, et un peu de métaphysique. Son maître de danse est mort l'an dernier à l'hospice de La Rochefoucauld : il était le dernier de sa profession qui eût conservé l'usage de la pochette. Grâce au zèle de ces pauvres gens, que la générale appelait les premiers maîtres de Paris, Nadine oublia complétement le russe, le polonais et l'allemand, qu'elle avait sus dans son enfance ; elle écrivit assez correctement le français, sauf les participes, et elle déchiffra les premiers chapitres du *Vicar of Wakefield;* elle sut danser toutes les contredanses et en jouer une. Dans les intervalles de ses leçons, elle se donna à elle-même un supplément de connaissances positives en dévorant le fonds d'un petit cabinet de lecture de la rue de Poitiers. Les romanciers à la mode de 1830 à 1834 furent les vrais maîtres de son esprit. Les appareils orthopédiques de Valérius et les trapèzes du gymnase Amoros furent les précepteurs de sa beauté.

Nadine avait dix-sept ans, une jolie figure et la taille droite, lorsque sa mère, désespérant de la produire à Paris, se décida à la conduire en Italie. Un vieil émigré français, entré au service de la Russie comme les Modène et les La Ribeaupierre, le marquis de Certeux, gouverneur de la résidence impériale de Gatchina, lui envoya une lettre de recommandation pour sa sœur, Mme la chanoinesse de Certeux, qui la présenta à toute l'aristocratie romaine. Nadine eut du succès; elle était grande, grasse et blanche; on l'invita partout, on la fit danser, mais personne ne songea à demander sa main. La générale, qui était femme à prendre les épouseurs au collet, fit le guet pendant trois ans autour de sa fille sans pouvoir appréhender au corps le moindre millionnaire. Pour comble de douleur, elle fut forcée de reconnaître que la beauté de Nadine n'était pas dorée au feu, et qu'elle passerait bientôt. Cette fille de vingt ans luttait sans succès contre un embonpoint toujours croissant; ses corsets étaient des œuvres d'art qui attestaient les progrès de la mécanique au XIX° siècle; l'émail de ses dents se fendait, et sa mère, qui la coiffait elle-même, lui avait déjà arraché quelques cheveux blancs. Mme Fratief, qui avait reporté sur sa fille toutes ses espérances, et qui ne comptait plus que sur elle pour échapper à la médiocrité de ses douze mille francs de pension, s'endetta pour la faire belle. Nadine, dont le linge aurait fait sourire la plus modeste bourgeoise, portait des robes de velours d'Afrique et de taffetas chiné que Palmyre lui envoyait de Paris. Ces frais de toilette furent d'abord à l'adresse de tous les jeunes Romains qui avaient cinquante mille livres de rente et au-dessus; mais du jour où Lello Coromila, après la mort de son grand-père, fit son entrée dans le monde, la fille et la mère ne pensèrent plus qu'à lui. Il remarqua Nadine et s'en occupa quinze jours; il n'en fallait pas davantage pour qu'on fondât sur lui les espérances les plus sérieuses.

Cette revue rétrospective servira peut-être à expliquer pourquoi, le 30 avril 1837, Mme Fratief et sa fille regardaient Tolla comme un joueur malheureux regarde la carte qui doit achever sa ruine. Elles cherchèrent ensemble quel serait le moyen le plus sûr de reprendre le cœur qu'on leur avait dérobé.

Pour Lello, il rentra au palais Coromila en rêvant à un bon tour qu'il voulait jouer à un de ses amis. Il s'agissait de semer des pétards sous les pas d'un pauvre garçon qui courtisait une petite mercière et qui trahissait l'amitié en gardant le secret de ses amours. Rome a des habitudes de petite fille; les boutiques s'y ferment de bonne heure, et les jeunes gens y font des farces. Le fils des doges s'assura en rentrant qu'on lui avait apporté une petite boîte de poudre fulminante; puis il baisa la rose de Tolla, se regarda dans la glace, fredonna un air du *Barbier*, se laissa déshabiller par son valet de chambre, et se mit au lit en pensant à Tolla, à la mercière, à un cheval qu'il voulait acheter, et à la bonne figure que ferait son ami pataugeant à travers un feu d'artifice. Il dormit à franc étrier jusqu'à huit heures du matin. La marquise passa la nuit en prières. Tolla rêva qu'un certain citronnier de sa connaissance se couvrait, par exception, de fleurs d'oranger.

Le lendemain, comme Lello s'apprêtait à employer sa poudre fulminante, quelques grains égarés entre la boîte et le couvercle s'allumèrent par le frottement, et tout lui sauta au visage. Le bruit se répandit dans Rome qu'il avait les sourcils brûlés, trois ou quatre énormes ampoules, et qu'il garderait la chambre pendant une semaine ou deux. Mme Feraldi s'empressa d'envoyer chercher de ses nouvelles: il faut, pensait-elle, *que je rassure ma pauvre Tolla.* Le même jour Nadine dit à sa mère: «Victoire! *Il* s'est blessé à la figure. *Elle* ne le verra pas de quinze jours. Maintenant, ma bonne petite mère, veux-tu m'en croire? Envoie François savoir de ses nouvelles.

— Y songes-tu? nous le connaissons à peine; il n'est jamais venu nous voir.

— Précisément. Quand il saura que nous nous sommes inquiétées de sa santé, il nous devra une visite. »

Le courrier, l'intendant, le valet de chambre et le cuisinier de la générale, François, surnommé Cocomero ou le *Melon*, était un vigoureux Napolitain. Lorsqu'il revint du palais Coromila, il avait l'œil droit entouré d'une auréole bleue. Il s'était rencontré avec Menico sous le vestibule; il avait voulu prendre le pas, l'antipathie avait agi, et Menico lui avait montré le poing d'un peu trop près. Chacun des deux combattants garda scrupuleusement le secret de ses prouesses. Menico, qui n'était à Rome que pour quelques jours, craignait qu'on ne le renvoyât garder ses buffles; Cocomero avait trop d'amour-propre pour avouer une défaite. Il attribua à un coup d'air la couleur anormale de son orbite. Pendant les dix jours que Lello resta à la maison, la générale et la comtesse y envoyèrent Cocomero et Menico tous les matins; mais Cocomero avait trop de prudence pour s'exposer à un second coup d'air. Il descendait en droite ligne de ces guerriers napolitains qui répondirent à leur général : « Vous voulez que nous allions là-bas; nous ne demanderions pas mieux, mais.... c'est que.... là-bas.... il y a le canon! »

La première fois que Lello reparut dans le monde, il oublia de faire danser Nadine, mais il fut plus empressé que jamais auprès de Tolla. Tolla s'était intéressée à sa santé ! A la dernière figure du cotillon, il lui dit en tremblant un peu :

« Si je pensais que madame votre mère fût disposée à me le permettre, j'irais la remercier de l'intérêt qu'elle m'a témoigné après ce ridicule accident; mais, ajouta-t-il en la regardant fixement, je crains de n'être point agréé. »

Tolla sentit le rouge lui monter au visage. Elle répondit en balbutiant que sa visite leur aurait fait honneur, que sa personne ne pouvait qu'être agréable à tous ceux qui avaient la bonne fortune de l'approcher. « D'ailleurs, dit-elle en terminant, tous ceux qui viennent à la maison nous font une grâce. »

Cette invitation, qui pourrait nous paraître d'une politesse exagérée, n'était en Italie que strictement convenable. Nous n'avons qu'une faible idée de tous les raffinements inventés par la courtoisie italienne. Si l'on frappe à la porte de votre chambre, vous répondez brutalement : « Entrez ! » Un Italien, sans savoir quelle est la personne qui frappe, répond en un seul mot : « Que votre seigneurie me fasse la faveur d'entrer, *favorisca*. » C'est ainsi que la réponse de Tolla doit être interprétée.

Tolla et la famille entière attendirent avec la plus vive anxiété cette visite de Lello. Il ne vint pas. Il était dans une situation d'esprit que toutes les femmes refuseront de comprendre, mais qui inspirerait de la sympathie et peut-être de la compassion à beaucoup de jeunes gens.

Il aimait, et, sans recourir à un long examen de conscience, il voyait clairement que son cœur était pris.

Il aimait une personne moins riche que lui et d'une condition un peu inférieure à la sienne. Il pouvait prétendre à la main d'une princesse et à une dot de deux ou trois millions. Épouser Tolla, c'était renoncer à l'appui de quelque grande alliance et retrancher de son revenu possible et probable environ cent mille francs de rente : considération misérable sans doute; mais les Italiens sont des esprits positifs. L'histoire romaine en est la preuve.

Il aimait; malheureusement il n'était pas sûr que sa famille consentît à un tel mariage. Il dépendait de son père, vieillard inflexible. Ce vieux Louis Coromila était aveugle et paralytique, mais du fond de son fauteuil il conduisait toute sa maison et faisait trembler ses fils comme au temps où le chef de famille avait droit de vie et de mort sur ses enfants. Après la mort de son père, Lello aurait encore sinon à redouter, du moins à ménager ses deux oncles, le cardinal et le colonel. Il ne se souciait pas d'être déshérité au profit de son frère.

Si Tolla avait été une ouvrière ou une petite bourgeoise, Lello se fût abandonné sans résistance au penchant qui l'entraînait vers elle; mais, avant de séduire une fille noble qui a un père de cinquante ans, un frère de dix-neuf et un grand-oncle cardinal, l'amoureux le plus imprudent y regarde à deux fois. D'ailleurs Lello voulait garder aux yeux du monde et à ses propres yeux la qualité d'honnête homme. Il se disait : « Je ne veux ni la séduire, ni la compromettre, ni l'empêcher de se marier. Je l'aime cependant. Eh bien ! je l'aimerai à distance, sans le lui dire. » Mais il ne pouvait empêcher ses yeux de parler, ni les yeux de Tolla de répondre, ni leurs cœurs de s'attacher secrètement l'un à l'autre. Il avait beau se promettre de laisser à Tolla toute sa liberté, afin de conserver toute la sienne; il s'apercevait tous les jours qu'il avait obtenu plus qu'il ne désirait et qu'il s'était engagé plus qu'il n'aurait voulu. Il croyait avoir remporté une grande victoire sur lui-même lorsqu'il avait tenu devant Tolla les discours les plus passionnés, sans lui dire . *Je vous aime !* Il se faisait comme un devoir religieux d'éviter cette formule, dont il prodiguait l'équivalent à toute heure. Il disait en rentrant chez lui : « J'ai sauvé deux âmes. » Il n'avait sauvé que trois mots.

Quelquefois, en voyant l'abandon et la naïveté de Tolla, qui laissait éclater l'amour dans tous ses regards, il se sentait pris de défiance. La défiance est une terrible vertu en Italie. Je connais un sculpteur romain qui a marché pendant cinq ans avec une paire de pistolets dans ses poches : il se défiait de quelqu'un. Lello se défiait par moments de sa chère Tolla. Il était bien jeune, mais le soupçon naît plus tôt chez les riches que chez les pauvres, sans doute parce qu'ils ont plus de choses à garder. Cet enfant de vingt-deux ans avait entendu parler des petits manèges que les mères emploient pour marier leurs filles, et des ruses que les filles inventent elles-mêmes pour entrer en possession d'un mari. Il avait pu voir de ses yeux comment les Nadine Fratief et leurs pareilles cherchent un homme aussi publiquement que Diogène, et il se demandait quelquefois si l'amour que Tolla lui laissait deviner n'était pas un piége vulgaire destiné à prendre les cœurs. Sa vanité se révoltait à l'idée d'être dupe; mais la présence de Tolla et le long regard de ses yeux limpides dissipait bientôt tous ces méchants soupçons.

Ces alternatives de défiance et d'abandon, de calcul et de désintéressement, donnaient à sa conduite toutes les apparences de la coquetterie.

Pendant un mois, il rencontra Tolla presque tous les soirs sans lui parler de la permission qu'il avait demandée et obtenue. La gêne que cette idée lui causait le rendit plus froid et plus réservé. Nadine, qui ne perdait pas un seul de ses mouvements, jugea que ce grand amour avait baissé de quelques degrés. Le monde se demanda s'il n'avait pas été trop prompt à accueillir la nouvelle de la passion de Lello. La marquise espéra que ses craintes auraient tort. Un soir, Pippo dit à son ami : « Eh bien ! beau ténébreux, nous avons donc été mal reçu au palais Feraldi ?

— Moi ! je n'y suis pas allé.

— En ce cas, j'ai tort : tu n'as pas été mal reçu ; tu n'as pas été reçu du tout.

— Voilà ce qui te trompe : j'ai été mieux que reçu, j'ai été invité ; mais je n'y suis pas allé.

— A d'autres ! C'est bien toi qui refuserais une invitation pareille ! Pourquoi ne me dis-tu pas qu'un habitant du purgatoire a refusé d'entrer au paradis ! avoue franchement que tu as trouvé la porte fermée. Tu n'es pas le seul. Il y a peu d'élus. »

En ce moment, l'orchestre essayait les premières mesures de la *Dernière Pensée* de Weber. Lello n'eut que le temps de dire à Pippo : « Viens demain à deux heures au palais Feraldi, tu m'y trouveras. » Et il courut valser avec Tolla.

La première fois qu'elle s'arrêta pour se reposer, il lui dit :

« Je n'ai pas osé porter à madame votre mère les remerciments que je lui dois. »

Tolla aurait voulu pouvoir arrêter son cœur, qui bondissait : elle devina que sa poitrine devait avoir ces mouvements qu'on simule au théâtre pour indiquer une émotion violente, et elle en fut honteuse. Elle répondit : « J'avais parlé à ma mère de l'honneur que vous vouliez nous faire ; mais, en voyant que vous ne veniez pas, j'ai cru que vous aviez oublié ce que vous m'aviez dit. »

Lello répliqua vivement :

« Je puis donc venir ? Votre mère me le permet ?

— Et pourquoi vous le défendrait-elle ? Elle vous recevra avec le plus grand plaisir.

— Ainsi demain, dans la journée, je pourrais...?

— Demain, si vous voulez. »

Le lendemain, Tolla et sa mère reçurent cette visite tant désirée. Le premier abord fut froid et embarrassé. Lorsqu'on rencontre à deux heures après midi une personne qu'on n'a jamais vue qu'aux bougies, il semble qu'on fasse une nouvelle connaissance. Mme Feraldi soutint un peu la conversation. On parla du choléra, qui, après avoir ravagé le midi de la France, avait gagné l'Italie. L'arrivée de Pippo ramena quelque gaieté : il conta les nouvelles de la ville et un trait assez curieux de Mme Fratief. En sa qualité de dame patronnesse d'une œuvre de bienfaisance, elle avait quêté des vêtements pour ses pauvres. La princesse Prosperi lui avait donné, entre autres choses, une pèlerine cardinale en pou-de-soie glacé. Or, en traversant le Corso, la femme de chambre de la princesse prétendait avoir reconnu cette pèlerine, déguisée par une large dentelle, sur les épaules de Nadine.

Lello s'amusa beaucoup aux dépens de la générale, et rit de manière à montrer ses dents. Quand ses yeux rencontraient ceux de Tolla, ils ne se détournaient point, et ils parlaient assez haut. Tolla, de son côté, laissa deviner qu'elle n'était point ingrate. D'amour on ne dit pas un mot, et, quelques efforts que fit Pippo pour faire parler son ami, Lello sortit sans s'être déclaré.

Il prit l'habitude de venir dans la maison ; bientôt même il fit ses visites le soir, comme les amis intimes. Il se tenait toujours sur la défensive ; mais l'amour le gagnait insensiblement, grâce au vide de son esprit et à l'oisiveté de sa vie. Ses habitudes étaient celles de tous les jeunes Romains de distinction. Il se levait à huit heures, restait dans sa chambre à prendre le chocolat, à faire sa toilette et à ne rien faire, jusqu'à onze heures. A onze heures, il entendait la messe; à midi, il s'établissait dans le cabinet de son père jusqu'à deux heures. Il dînait à fond, puis rentrait chez lui pour faire la sieste, si toutefois il n'aimait mieux aller s'installer dans la boutique du tailleur, rendez-vous des jeunes gens à la mode et centre du mouvement intellectuel. A cinq heures et demie, il montait à cheval et faisait un temps de galop jusqu'à la villa Borghèse. A sept heures, il commençait une petite promenade à pied, le cigare à la bouche; il faisait acte de présence au cabinet de lecture et au café. A huit heures il venait retrouver son père, réciter le chapelet en famille et lire à haute voix une méditation. A neuf heures, il s'habillait, faisait une courte visite à Tolla, et se montrait dans le monde. A onze heures, il soupait; à minuit il se reposait des fatigues de la journée et prenait des forces pour le lendemain.

Après deux mois de visites assidues, Lello était plus épris que jamais, mais il ne s'était pas expliqué sur ses intentions. On touchait à l'époque où le comte avait l'habitude de partir pour Capri. Les progrès du choléra, les cordons sanitaires et les difficultés du voyage l'empêchèrent de partir. Il décida que ses vendanges se feraient sans lui, et que la famille entière se réfugierait à l'Ariccia le surlendemain de l'Assomption. Cette résolution fut arrêtée le 1ᵉʳ août. Les parents de Tolla auraient voulu savoir avant de partir ce qu'ils pouvaient attendre de Lello. Ils souffraient, à la fin, d'une si longue incertitude, et la comtesse prenait sa part des angoisses de sa fille. D'ailleurs Mme Fratief avait fait suivre Coromila par François, et elle allait répétant partout que Mlle Feraldi recevait des visites clandestines. Enfin le frère de la comtesse avait écrit d'Ancône pour annoncer que son jeune prétendant perdait patience, et demandait un oui ou un non.

On tint en l'absence de Tolla un conseil de famille où Toto fut admis. Toto était un jeune homme rempli de prudence et de réflexion. C'était lui qui avait dissuadé ses parents de rompre dès le mois de mai avec le jeune homme d'Ancône. Lorsqu'on chercha en commun le meilleur moyen de forcer Lello à prendre un parti, M. Feraldi proposa de lui parler lui-même, et de le prier de suspendre ses visites ou de les expliquer. Toto rejeta vivement cette proposition : elle avait un caractère comminatoire qui pouvait effaroucher Lello. La comtesse voulut se charger de sonder le terrain : son fils repoussa cet expédient, qui sentait l'intrigue et pourrait éveiller la défiance.

« Il faut, dit-il, que ce soit Tolla qui le force à se prononcer.

— Elle n'y consentira jamais, dit le comte.

— Elle a trop de dignité, ajouta la comtesse.

— Sans doute, reprit Toto, si nous lui proposions d'entrer dans un petit complot dont le but est son bonheur, elle nous renverrait bien loin ; mais forçons-la de servir nos calculs sans les connaître: elle ne travaillera bien que si elle n'est pas dans le secret. »

Là-dessus, il exposa son plan, qui fut adopté sans discussion.

Une heure après, Mme Feraldi fit voir à Tolla la lettre de son oncle d'Ancône. Elle lui rappela qu'on avait consenti à suspendre les négociations d'un mariage fort avantageux dès qu'elle avait avoué son amour pour Coromila ; qu'on avait perdu du temps et encouru le blâme de plus d'une personne en recevant tous les jours celui dont elle se croyait aimée ; qu'après deux mois de cette périlleuse expérience, on ne savait pas encore si Lello songeait à demander sa main ; que si telle était son intention, il en aurait déjà parlé à coup sûr, sinon à la comtesse, du moins à sa fille ; que, puisqu'il n'en avait rien dit, il y aurait de la folie à repousser un mariage magnifique sans avoir même pour consolation la certitude d'être aimée.

« Ses yeux me l'ont assez dit », interrompit Tolla.

Sa mère lui remontra doucement que tous les regards du monde ne valent pas une parole, que cet échange de regards pouvait la mener loin, qu'elle aurait vingt ans au 1er septembre ; que si elle perdait une année ou deux à se laisser regarder tendrement par Coromila, sa réputation en souffrirait ; qu'elle deviendrait difficile à marier et peut-être malheureuse pour toute sa vie. La perspective de cet avenir imaginaire émut en passant la bonne comtesse, qui versa de vraies larmes. Il n'en fallut pas davantage pour persuader à Tolla que ses parents souffraient cruellement du doute où elle les laissait plongés. Elle pleura à son tour, et elle écouta avec résignation l'ultimatum de sa mère.

« Mon enfant, il faut en finir, lui dit la comtesse. Tu es libre d'accepter ou de repousser le parti que ton oncle nous propose ; mais nous ne pouvons pas en conscience prolonger indéfiniment l'incertitude d'un galant homme qui a demandé ta main. Nous partirons le 17 pour l'Ariccia ; prends jusqu'au courrier du 16 pour te décider. Réfléchis, pèse, examine : ton avenir ne dépend que de toi-même, car je ne pense pas qu'en quinze jours M. Coromila prenne une détermination. »

Le dernier mot était la flèche du Parthe.

Tolla fit tout au monde pour que son amant fût informé de sa situation. Lorsqu'il la connut, il ne se départit point de sa réserve accoutumée. Un soir, Mme Feraldi leur fournit l'occasion de s'entretenir longtemps ensemble. Lello ne s'occupa qu'à démontrer que, si jamais il aimait, il serait le plus constant des hommes.

« Cependant, remarqua Tolla, on en cite plus d'une que vous avez oubliée.

— Moi! Je me fais fort de vous prouver en dix minutes que si j'ai oublié telle ou telle personne, la faute en est tout entière à leur coquetterie, et je n'ai fait que suivre l'exemple qu'elles m'avaient donné.

— Quoi! votre passion de la place du Peuple...?

— C'est elle qui m'a congédié.

— Et vos amours de la place de Venise?

— Fallait-il rester fidèle à une personne qui me recevait tous les matins et qui écrivait tous les soirs à un autre?

— Soit ; mais celle qui vient de partir pour Frascati?

— Oui, parlons un peu de l'habitante de Frascati! une comédienne du plus grand talent, qui serrait la main de son voisin de droite tandis qu'elle me disait à l'oreille : « Je te serai fidèle! » D'ailleurs j'espère que vous me ferez l'honneur de ne pas donner le nom de passion à ces caprices dont le plus long a duré un mois. Quand j'aimerai, je le sens, ce sera pour la vie. »

Tolla ne répliqua rien. Elle baissait la tête et semblait tristement préoccupée.

« Qu'avez-vous ? » demanda Lello.

Elle répondit qu'elle était triste parce qu'on voulait son consentement pour décider son mariage avec le comte Morandi, d'Ancône.

« Nous partons mercredi pour l'Ariccia, et l'on me demande un oui ou un non pour mardi. Je ne peux me décider à dire oui. Je vois bien cependant que la raison me défend de refuser un parti si avantageux. Il y a longtemps que je diffère cette réponse de jour en jour. Mes parents perdent patience, ma mère pleure, mon frère me presse. Tous les jours de poste il faut que je livre une bataille, que j'entende des reproches, que je voie des larmes : je n'en puis plus, et je suis au désespoir. »

Elle attendait avec anxiété la réponse de Lello. Il était assis devant elle. La pauvre fille avait les yeux baissés, sans oser regarder celui qui tenait sa vie dans ses mains.

« Quel jour avons-nous aujourd'hui ? demanda-t-il d'un ton cavalier.

— Vendredi.

— Eh bien! vous n'avez plus à souffrir que pour deux courriers. Moi, je n'épouserais jamais une personne qui n'aurait pas mon cœur. »

Tolla trouva juste la force de répondre d'une voix étouffée : « Ni moi non plus, si j'étais libre de suivre mes sentiments ».

L'entrée de la comtesse lui permit de cacher ses larmes. Lello prit congé sans rien voir, et sortit d'un pas délibéré. De sa vie il n'avait été plus irrésolu.

Tolla resta désespérée. Pour la première fois depuis deux mois, elle douta sérieusement de l'amour de Lello. Dans sa douleur, elle se souvint de demander assistance à saint Joseph, pour qui sa dévotion ne s'était jamais refroidie. Elle commença dès le lendemain un *triduo*, c'est-à-dire un tiers de neuvaine, suppliant son bon vieux saint de lui apprendre à quel mari Dieu la destinait. « Si dans trois jours, se dit-elle, Lello n'a pas parlé, c'est que le ciel me condamnera à accepter l'autre. » Sa mère lui permit de passer la plus grande partie de ces trois jours à l'église, dans la compagnie d'une vieille tante, et Dieu sait si elle pria du fond du cœur.

Ses parents la laissaient faire, mais ils n'espéraient plus rien. Ils croyaient fermement que tout finirait par une bonne lettre à Ancône. Personne ne pouvait croire que Lello saurait se décider dans ces trois jours, lorsque la peur de la perdre et la douleur qu'elle avait laissé voir ne lui avaient pas arraché une parole.

« C'était un beau rêve, dit le comte; mais nous voilà réveillés. Il épousera la princesse que ses parents lui destinent.

— Pourvu que Tolla ne tombe pas malade! soupira la comtesse.

— Tout n'est pas perdu, dit Toto. C'est demain dimanche. Pippo Trasimeni ne sera pas de service : invitez-le à passer la soirée avec nous. ».

Pippo savait que Lello venait tous les jours au palais Feraldi, et il le croyait engagé envers Tolla. Il fut grandement surpris lorsque Toto lui dit devant la famille assemblée :

« Toi qui as passé l'été dernier à Ancône, tu dois connaître Morandi. Conte-nous tout ce que tu en sais, car il va probablement épouser ma sœur. »

Le pauvre Pippo tombait des nues. Il commença l'éloge de Morandi, qu'il connaissait pour un galant homme, d'une excellente famille de patriotes italiens; mais il était tellement abasourdi, qu'il n'entendait pas ses propres paroles. Tolla, pâle et tremblante, les entendait encore bien moins. Lello entra. Pippo, plus troublé que jamais, sortit comme un fou, courut chez lui, monta à cheval, et fit quatre lieues au galop pour remettre un peu d'ordre dans ses idées.

Lello devina à l'émotion de Tolla que la conversation qu'il avait interrompue ne lui était pas agréable. Il n'osa questionner personne, mais il sortit au bout d'un quart d'heure et courut à la poursuite de Pippo. Il le chercha toute la soirée sans le rejoindre, et pour de bonnes raisons. Il rentra au palais Coromila, se mit au lit et passa la première nuit blanche dont il ait gardé le souvenir. Le lundi, à six heures du matin, il frappait à la porte de Pippo.

Le bon Pippo, tout en galopant sur la route d'Ostie, avait deviné une partie de la vérité. Le trouble de son ami et les premières questions qu'il lui fit achevèrent de l'éclairer. Il comprit que Lello et Tolla s'aimaient passionnément, mais que la timidité de l'une et l'irrésolution de l'autre allaient peut-être les séparer pour toujours. En conséquence, son plan fut bientôt fait.

« Que veux-tu savoir? demanda-t-il à son ami. Quand Tolla épouse Morandi? Bientôt, assurément, car elle lui fera écrire demain qu'elle l'accepte pour mari, et Morandi n'est pas assez sot pour faire attendre la plus belle, la plus spirituelle et la meilleure fille qui soit au monde. Morandi a du bonheur; et, si je n'aimais Tolla comme un frère, je donnerais dix ans de ma vie pour être à la place de Morandi. Quant à la pauvre fille, je crois qu'elle donnerait sa place pour rien à celle qui voudrait la prendre. Sais-tu qu'elle résiste depuis un mois à toute sa famille? Mais le curieux de l'histoire, c'est qu'ils ont compté sur moi pour lui arracher ce malheureux *oui*. Il paraît que sa résistance vient d'une inclination qu'elle a prise pour quelqu'un que tu connais. Si tu rencontres ce monsieur-là, prie-le, au nom de la comtesse et au nom du bon sens, d'être désormais plus rare dans la maison Feraldi. Lorsqu'on ne veut pas le bonheur pour soi, il ne faut pas écorner la part des autres. »

Tandis que Pippo parlait ainsi, Tolla, levée au petit jour, priait ardemment à l'église des Saints-Apôtres. C'était la fête de la Madone et le dernier jour de son *triduo*.

En revenant de la messe, elle trouva sa cousine Agathe et sa cousine Philomène en grands atours, qui l'embrassèrent comme à la tâche. Ces deux excellentes Romaines étaient l'Héraclite et le Démocrite de leur sexe. Agathe avait le rire éclatant d'une trompette. Philomène se distinguait de sa sœur par une sensibilité diluvienne. Elles étaient allées l'avant-veille à l'amphithéâtre d'Auguste, où l'on joue en plein jour et en plein air des drames et des vaudevilles. Philomène était encore tout émue par le souvenir d'une pièce en sept actes intitulée : *Cosmo ou le Marchand de Fer du Petit-Montrouge (del Piccolo Monte-Rosso)*, qui faisait alors les délices de Rome. Agathe, dans ce drame larmoyant, avait amplement trouvé de quoi rire. Ni l'une ni l'autre ne regrettait les douze sous et demi qu'elle avait payés pour sa chaise, et depuis deux jours elles racontaient à toute la ville, l'une combien elle avait été heureuse de rire, l'autre comme elle s'était régalée de pleurer. Elles commençaient en duo le récit de leurs émotions contradictoires, lorsque Pippo entra fort agité. Tolla bondit sur sa chaise, mais Agathe la retint par le bras.

« Figure-toi, ma chère, que le premier acte se passe devant un café, mais un café si ressemblant, avec des tables vertes et des chaises de paille, que c'est à mourir de rire. Un grand seigneur parisien entre dans ce café du Petit-Montrouge pour y prendre un verre d'eau-de-vie. Il cause avec un garçon, et lui demande les nouvelles du quartier. Le garçon, c'était Andréa, tu sais, Andréa qui est si drôle!

— Alors, poursuivit Philomène, arrive un homme enveloppé dans un manteau....

— En plein été, quoique les arbres soient couverts de feuilles!

— Cet homme barbare a la férocité de déposer

cruellement par terre un pauvre petit enfant nouveau-né dont les cris lamentables appellent en vain sa malheureuse mère. Mais voici le digne Cosimo qui arrive avec sa chère femme!

— Et un melon....

— Pour respirer l'air frais de la campagne et prendre sa nourriture sur l'herbe tendre. »

Pendant que Philomène s'apitoyait sur l'enfant abandonné recueilli par Cosimo, la comtesse s'entretenait avec Pippo sur le balcon. Tolla aurait donné ses deux cousines, seulement pour entrevoir la physionomie de sa mère; mais la grosse personne d'Agathe éclipsait totalement Mme Feraldi.

« Au second acte, poursuivit Philomène, on voit un homme ou plutôt un tigre qui chasse de sa maison une malheureuse femme trop pauvre pour payer son loyer. « Je pars, lui dit-elle; mais sou-
« viens-toi, cœur de fer, que celui qui chasse un
« pauvre de sa maison chasse la bénédiction de
« Dieu. » Il faut voir comme on a applaudi la pauvre femme! on l'a rappelée douze fois.

— Oui, et elle a ri au public, en faisant chaque fois une belle révérence.

— Mais quand l'homme cruel a défendu à ses domestiques de laisser mendier les pauvres dans la cour de sa maison, tout le monde a crié en même temps : « Ouh! ouh! - Si l'on avait eu des pierres, on lui en aurait jeté. Au troisième acte, la pauvre femme vient tomber pâle et mourante à la porte de Cosimo. On lui apporte un petit verre d'eau-de-vie.

— Il y a cinq petits verres d'eau-de-vie dans la pièce.

— Et un beau jeune homme de vingt ans lui demande poliment si elle ne veut pas se reposer. A sa vue elle pousse un cri, et elle reconnaît l'enfant qu'on lui avait pris vingt ans auparavant pour l'exposer au Petit-Montrouge. Elle l'embrasse....

— Pardon, elle ne l'embrasse pas. Le cardinal-vicaire ne permet pas que les femmes embrassent les hommes sur le théâtre. Et puis, tu vas bien rire : figure-toi, ma Tolla, qu'au moment où la vieille femme doit crier au bon jeune homme : « Tu es « mon fils ! » toutes les cloches du voisinage se sont mises à sonner en même temps, et, comme le théâtre est en plein air et qu'il était impossible de s'entendre, la vieille femme s'est assise, le jeune homme a pris une chaise, et ils ont causé en riant jusqu'à ce que les cloches eussent fini.

— Oui ; mais quel beau moment, lorsqu'à la fin du septième acte Cosimo s'est avancé sur les bords de la scène, et qu'il a dit au public : « Ceci vous prouve qu'il y a un Dieu qui punit les coupables et récompense les innocents! » Quels applaudissements! quelles larmes! Pour moi, j'en suis encore bouleversée!»

Le supplice de Tolla ne dura pas plus d'une heure.

Lorsque les deux cousines se retirèrent, l'une en s'essuyant les yeux, l'autre en se tenant les côtes, elle courut au balcon: Pippo était parti sans passer par le salon. Mme Feraldi, assise sur le bord d'une caisse de fleurs, paraissait enfoncée dans une réflexion profonde.

« Eh bien, mère? murmura Tolla d'une voix tremblante.

— Pippo vient de sa part. Il demande ta main.»

Tolla chancela et s'appuya à la muraille. Elle avait le vertige. Sa mère la soutint et la ramena dans le salon.

« Écoute, lui dit-elle. Il a beaucoup pleuré devant Pippo; il t'aime, et tu seras sa femme; mais il ne peut, quant à présent, que donner sa parole de t'épouser. Son frère aîné s'est amouraché d'une petite Vénitienne, en dépit du prince, du cardinal et du chevalier. Cette affaire a soulevé de grands orages dans la famille, et, tant qu'elle ne sera pas terminée, Lello ne veut point parler de son mariage: il exige même que la parole qu'il nous donne aujourd'hui demeure en secret pour quelque temps. Je me contenterais volontiers de sa promesse : il n'y manquera pas, j'en suis sûre. Si tu veux t'en contenter comme moi, et si tu consens à tenir la chose secrète, nous pourrons écrire à Ancône. Ton oncle répondra à Morandi que tu ne peux pas l'épouser, qu'il te coûterait trop de quitter Rome et d'aller vivre si loin de nous. »

Tolla resta muette de joie. Tout ce qu'elle avait compris dans le discours de sa mère, c'est qu'elle était aimée et qu'elle serait la femme de Lello. L'horizon s'éclaira vivement autour d'elle; les objets les plus sombres prirent des couleurs éclatantes : elle éprouvait l'éblouissement du bonheur. Elle saisit sa mère dans ses bras et l'accabla de caresses. En ce moment, Menico ouvrait timidement la porte : elle courut à lui et lui sauta au cou.

Menico avait rencontré le Napolitain de Mme Fralief qui rôdait autour du palais, et il avait engagé avec lui une conversation où il s'était foulé le poignet droit. Il allait demander à Mme Feraldi une compresse d'eau-de-vie camphrée, lorsque le plus mignon, le plus frais et le plus brûlant de tous les baisers vint s'abattre au milieu de son visage.

« Mon cher Menico ! lui cria-t-elle, mon frère nourricier ! que tu es bon ! que tu es beau ! Je t'aime ! je suis heureuse !

—Moi aussi, mademoiselle, hurla Menico en sanglotant, je suis bien heureux; vous m'avez embrassé ; c'est la première fois depuis 1830. J'avais le poignet foulé, mais maintenant je n'ai plus mal. Ma bonne demoiselle ! vous aimez donc quelqu'un, puisque vous m'embrassez ?

— Oui, j'aime, je suis aimée, je me marie.... bientôt ; pas tout de suite, entends-tu ? C'est un secret, ne le dis à personne, mais bientôt.... Tu seras de la noce, mon Menico ; nous nous marierons à l'Ariccia ; tes buffles auront congé ce jour-là. Je veux que nous dansions ensemble ! »

Menico savait fort bien avec qui se mariait Tolla. Depuis quinze jours, il partageait les angoisses de sa chère maîtresse. Cependant il se souvint de jouer l'ignorance, et il ne prononça pas le nom de Coromila. Dans l'excès de sa joie, cet homme inculte ne se départit pas un instant de la réserve et de la prudence italiennes ; mais, tandis que la comtesse prenait soin de son poignet enflé, il se promit de commencer une neuvaine à l'intention de ce mariage et de veiller comme un dogue au salut de Lello.

Lello vint à neuf heures du soir. Il eut une assez longue conférence avec le comte et la comtesse, à qui il demanda solennellement la main de leur fille. M. Feraldi lui fit observer qu'il ne pouvait pas se marier sans le consentement de ses parents. « Je le sais, répondit-il, et, quand la loi me le permettrait, je ne le voudrais pas ; mais ce consentement, je prends sur moi de l'obtenir, et je vous prie de ne vous en point mettre en peine. » A cette assurance formelle, le comte ne répondit rien : il savait d'ailleurs que le vieux Luigi Coromila était condamné unanimement par les médecins, et que Lello serait libre avant une année. Cependant, pour plus de prudence, et de peur que la question de la dot n'indisposât la famille de Lello contre ce mariage, le comte, sur le conseil de son fils, doubla la somme qu'il destinait à Tolla, et lui assura la propriété de ses vignes de Capri, estimées deux cent mille francs. Lorsque tout fut conclu, on appela Tolla. Elle reçut enfin de la bouche de Lello l'assurance de son amour. Elle mit sa main dans la sienne et le baisa sur les lèvres. Ils étaient fiancés.

IV

Mme Fratief et sa fille ignorèrent ce qui s'était passé au palais Feraldi. Nadine, prévoyant que le départ pour l'Ariccia précipiterait la marche des événements, avait aposté Cocomero sur la place des Saints-Apôtres pour surveiller le camp ennemi.

Elle poussa un cri de colère lorsqu'elle vit revenir son espion sur un brancard, la figure en sang et le crâne sensiblement déformé. L'état de son visage expliquait la foulure de Dominique.

Cocomero était un pur Napolitain du quai Sainte-Lucie, court, trapu, rougeaud, goulu, fainéant, poltron, hébété et fripon comme Polichinelle en personne. Sa grosse face plate, élargie par une énorme paire de favoris roux, était toute barbouillée de mauvaises passions; ses petits yeux gris clair trahissaient à certains moments une férocité porcine. Depuis la place des Saints-Apôtres jusqu'à la via Frattina, où logeaient ses maîtresses, il répéta entre ses dents la plus terrible malédiction que l'on connaisse à Rome : *Accidente!* ce qui veut dire en bon français : « Puisses-tu mourir d'accident, sans confession, damné! » Dans un pays où l'on croit au mauvais œil comme à la sainte Trinité, une malédiction de cette importance équivaut à mille soufflets, et les Romains du Transtevère répondent à un *accidente* par un coup de couteau; mais Dominique était loin, et Cocomero sacrait tout à son aise, sans aucun respect pour la police ecclésiastique de Rome, qui fait coller aux portes de toutes les boutiques un petit écriteau avec ces mots : *Blasphémateurs, souvenez-vous que Dieu vous entend!*

La générale, après quelques exclamations modérées, qu'on entendit d'une lieue à la ronde, s'empressa de soigner son domestique. Elle avait appris un peu de médecine, pour faire croire qu'elle était née dans un château, et elle traînait partout avec elle un gros cahier manuscrit, plein de recettes, de secrets merveilleux, de remèdes de famille, de *gouttes* infaillibles, et même de paroles magiques. La pièce la plus remarquable de ce recueil était une certaine recette pour purifier le sang, en coupant les quatre pattes d'un lézard vert pendant la pleine lune, et en prenant une *purge* le lendemain. Cocomero se laissa soigner sans mot dire, et il s'ingéra une bonne dose de certain vulnéraire de ménage dont la saveur alcoolique lui agréait fort; mais il se refusa obstinément de nommer l'auteur de ses maux. « C'est moi, disait-il, qui me suis fait mal. J'ai trébuché sur une pierre ; ma tête a donné contre une borne, je suis un maladroit, mais je ne suis pas un poltron. » Il ajouta sournoisement : « Si un homme m'avait fait autant de mal que je viens de m'en faire moi-même, il ne s'en vanterait pas longtemps, fût-il aussi fort que Néron ! »

Néron est encore le héros favori du petit peuple de Rome et de Naples.

« Tais-toi ! dit la générale. Et la justice ?

— La justice, madame ? On ne me condamnerait pas sans témoins, n'est-il pas vrai ?

— Sans doute.

— Eh bien! il n'est pas facile de trouver des témoins contre un homme qui a donné un coup de couteau. Les témoins sont personnes prudentes qui se disent : « Celui-là n'a pas peur. Il a tué un « homme ; donc il est capable d'en tuer deux : ne « nous brouillons pas avec lui. »

— Oui, mais un condamné à mort ne se venge pas de ses témoins.

— Mais, reprit Cocomero d'un petit air dévot, le saint-père est galant homme ; il ne veut pas la mort du pécheur ; il répugne à verser le sang chrétien, et ceux qui ont commis l'imprudence de tuer un homme en sont quittes pour les galères à perpétuité.

— A perpétuité! N'est-ce pas pire que la mort?

— Faites excuse, madame. Lorsqu'on a quelque protection, un bon maître, par exemple, ou une bonne maîtresse, on peut espérer pour les prochaines fêtes de Pâques une commutation de peine : vingt ans de fers. C'est encore bien sévère, n'est-il pas vrai, madame? Mais, au bout d'un an ou de six mois, la même protection agissant toujours, les vingt ans seront réduits à dix, les dix à cinq, les cinq à trois. Or le plaisir de tuer un ennemi ne vaut-il pas trois ans de galères? »

C'est dans ces sentiments que le digne Napolitain

se coucha le soir de l'Assomption, tandis que ses maîtresses se dépitaient de ne rien savoir, que Lello échangeait le premier baiser avec Tolla, et que Pippo Trasimeni, enchanté du succès de sa négociation et du bonheur de ses amis, courait raconter toute l'histoire à sa mère.

La marquise était loin de s'attendre à semblable nouvelle. Il y avait trois mois et demi que la rumeur publique lui avait appris la passion de Lello, et elle ne croyait pas qu'un Coromila fût capable d'aimer longtemps. Depuis cet éclat, les deux amants, soumis à un espionnage formidable, s'étaient étudiés à tromper tous les yeux ; le comte et la comtesse, craignant le ridicule qui s'attache aux ambitions déçues, avaient caché leur projet à leurs meilleurs amis ; et Pippo, qui connaissait l'antipathie de sa mère pour les Coromila, n'avait voulu lui raconter sa campagne qu'après la victoire. D'ailleurs la marquise avait cessé d'aller dans le monde depuis l'invasion du choléra. Elle s'était liguée contre le fléau avec le docteur Ely et l'abbé Fortunati. Le docteur avait fait le voyage de Paris en 1832 pour observer l'effet des divers traitements qui y furent essayés ; l'abbé enrôla parmi les fidèles de sa paroisse et les admirateurs de son éloquence une vingtaine d'infirmiers volontaires ; la marquise dépensa trente mille francs, toutes ses économies, pour transformer en hôpital une maison qui lui appartenait. Tous ces soins s'emparèrent si bien de son esprit, qu'elle n'eut plus le loisir de songer à autre chose, et elle avait presque oublié qu'il y eût des mariages en ce monde, lorsque son fils vint lui annoncer triomphalement qu'il mariait Lello à Tolla.

Pour un marquis et pour un garde-noble, Pippo avait l'esprit un peu bien libéral. Il prisait médiocrement les avantages de la naissance et de la fortune, sous prétexte qu'il était riche et noble depuis sa plus tendre enfance, et il prétendait que les seules gens qui fassent cas des titres et de la richesse sont ceux qui ont pris la peine d'acheter leurs titres et de gagner leur argent. S'il méprisait toutes les distinctions sociales, en revanche il estimait fort la noblesse des sentiments, et il s'amusait quelquefois, au grand scandale de ses camarades, à bouleverser l'ordre hiérarchique de l'aristocratie romaine, donnant la couronne fermée à ceux qui pensaient en princes, et reléguant dans la bourgeoisie tout prince convaincu de penser en bourgeois. Sur le livre d'or de Pippo, Tolla Feraldi était inscrite parmi les reines, Lello parmi les princes ; Dominique, le piqueur de buffles, n'était rien moins que le chevalier Menico. On devine aisément que l'inventeur de ce beau système n'était pas un chaud partisan des mariages à la mode, et qu'il n'admirait guère cette loi des convenances, qui veut qu'un prince épouse une princesse et qu'un millionnaire épouse un million.

» Victoire ! cria-t-il à sa mère ; Rome se convertit à mes idées. Une grande famille va donner l'exemple : la foule suivra. Tu sais que l'héritier présomptif du prince Coromila-Borghi est à Venise, aux pieds d'une adorable petite bourgeoise qu'il jure d'épouser à la barbe de ses ancêtres. Eh bien! ce n'est pas tout ; son frère cadet, notre Lello, qu'ils voulaient marier à une princesse, a demandé aujourd'hui même la main de Tolla. »

La marquise écouta avec une douleur sourde la narration détaillée que lui fit Pippo. Une ou deux fois elle fut sur le point d'interrompre un récit dont chaque mot éveillait en elle de douloureux souvenirs ; cependant elle se contint jusqu'au bout. Lorsque son fils, après avoir tout dit, lui demanda ses applaudissements, elle secoua tristement la tête.

« Pauvre Tolla ! Pourquoi as-tu mis son bonheur aux prises avec l'orgueil des Coromila ?

— L'orgueil des Coromila se fait vieux. Le père n'a pas six mois à vivre ; le cardinal est condamné par tous les médecins ; reste le chevalier. »

La marquise se leva pour aller regarder à la fenêtre. Pippo poursuivit :

« Le chevalier ne m'inquiète nullement.

— Ah !

— Nullement! Il appartient à l'espèce d'hommes la plus inoffensive : c'est un égoïste. Y a-t-il rien de plus aimable qu'un homme qui ne s'occupe jamais des autres? Je ne voudrais pas lui ressembler: non, l'égoïsme est une vertu sociale dont je ne suis point jaloux; mais, quoique je voie plus d'une personne (et tu es du nombre) prévenue contre le chevalier, je me déclare incapable de le craindre ou de le haïr. Je l'ai rencontré ce matin; il fumait son cigare au sortir de la messe, et suivait tout doucement le Corso, en poussant son ventre devant lui. Ses gros yeux indifférents erraient au hasard de balcon en balcon, de voiture en voiture; il semblait se soucier de la gloire de Coromila comme de la fumée qu'il abandonnait au vent. S'il pensait sérieusement à quelque chose, c'était assurément au déjeuner qu'il avait fait ou au dîner qu'il allait faire. Il avait l'air d'un homme de bon sens et de bon appétit, qui n'a point de remords et qui n'aurait garde de s'en préparer, de peur de mal dormir. Je l'ai regardé marcher, d'un pas pesant et satisfait, jusqu'au palais de ses pères, et j'ai crié en moi-même : « Vivent les égoïstes! » Ce gros homme ne prendra jamais la peine de contrecarrer ma petite providence! Est-ce bravement raisonné cela? Embrasse-moi, et adieu; je suis de service ce soir. »

Il embrassa tendrement sa mère, pirouetta sur ses talons, et courut mettre son uniforme.

La marquise se demanda longtemps si elle irait voir Mme Feraldi. Elle croyait connaître assez la famille Coromila pour pouvoir prédire que le mariage ne se ferait jamais, et son amitié pour Tolla lui demandait de la détromper. D'un autre côté, le soin qu'on avait pris de se cacher d'elle, la crainte de paraître malveillante ou jalouse, et surtout la perspective du récit douloureux par lequel il faudrait appuyer son opinion, la firent hésiter jusqu'au soir. A la fin, le dévouement prit le dessus. « Je leur raconterai tout, pensa-t-elle. De cette façon, mes souffrances n'auront pas été stériles, et le malheur de ma vie sera le salut de Tolla. »

Elle se présenta à dix heures au palais Feraldi. Menico, le bras en écharpe, lui répondit que la comtesse n'était pas rentrée ; Lello n'était pas encore parti. Elle revint le lendemain dans la matinée. Cette fois, Mme Feraldi et sa fille étaient véritablement sorties pour entendre une messe d'actions de grâces à la Trinité-des-Monts. La marquise alla voir ses malades, et se consulta, chemin faisant, pour savoir si elle n'écrirait pas à Mme Feraldi ; mais il lui répugnait de confier au papier le secret qu'elle n'avait encore partagé qu'avec son confesseur. Elle rencontra fort à point l'abbé Fortunati, et lui demanda son avis. L'abbé était un orateur et un homme d'action, mais une âme scrupuleuse et timorée, peu capable de donner un conseil. Il lui répondit d'agir suivant sa conscience et de s'en remettre à la bonté de Dieu. La pauvre femme, livrée à elle-même, n'imagina qu'un seul expédient pour sortir d'incertitude. Elle résolut de retourner le soir au palais Feraldi pour parler à la comtesse. « Si je trouve encore la porte fermée, se dit-elle, c'est que le ciel ne voudra pas que je les avertisse. Qui sait si Lello n'aura pas assez d'amour et de persévérance pour surmonter tous les obstacles que je prévois? »

En rentrant chez elle, elle trouva la carte de la comtesse avec le mot *adieu* écrit au crayon. A neuf heures du soir, elle vit les portes du palais fermées; aucune des fenêtres qui donnent sur la place n'était éclairée. Le portier lui annonça que toute la famille partait le lendemain au petit jour pour La-riccia, et qu'on venait de se mettre au lit. Elle retournait à la maison, lorsqu'elle reconnut dans l'obscurité le beau Lello, courant comme s'il avait des ailes. Il entra dans le palais, et au bout de dix minutes il n'était pas sorti. « Allons, pensa la marquise, c'est sans doute la volonté de Dieu ! »

Cette soirée fut pour les deux amants la fête de l'amour permis. Lello trouva la famille réunie au jardin, sous les citronniers, autour d'une table antique où l'on avait servi des sorbets à la rose. Le ciel était sans nuages, et la lune répandait sur les larges allées sa chaste et honnête lumière. La brise du sud, humide et tiède, remuait mollement le feuillage et animait tout le jardin d'une vie douce et indolente. Les bruits du dehors s'étaient apaisés, et la petite cloche d'un couvent voisin interrompait seule d'heure en heure cet épais silence qui pèse sur les nuits de Rome. Tous les domestiques, Menico excepté, dormaient sur une terrasse; les oiseaux, bercés par la brise, dormaient sur les branches; les bas-reliefs encadrés dans la façade du palais, les statues du péristyle et les Hermès du jardin semblaient fermer les yeux. Lello s'arrêta sur les marches du palais, et chanta d'une voix pure et sonore le premier couplet d'une romance que Philippe avait écrite pour lui :

> Le ciel est bleu, la mer tranquille;
> Les Romains couchés par la ville,
> La tête au pied d'un mur, dorment profondément;
> Et la brise du soir, sur les jardins errante,
> Porte des orangers la senteur enivrante
> Au cœur de ton amant.

Tolla se leva précipitamment, et courut se jeter dans ses bras. Elle le conduisit à ses parents en voltigeant autour de lui comme une ombre légère, dans son peignoir de mousseline blanche. En présence du comte, de la comtesse et de Toto, Manuel lui mit au doigt son anneau de fiancée. C'était un petit cercle d'or entouré de turquoises, qu'il avait commandé le matin même dans la via Condotti à l'un de ces artistes en boutique qui sont les premiers bijoutiers du monde. Il prit la main de Tolla, comme pour juger de l'effet de son petit présent, et il la baisa longuement. Tolla, par un mouvement de naïveté sauvage qui fit un peu rougir sa mère, reprit vivement sur sa main le baiser qu'il y avait mis. Toute la soirée se passa dans ces enfantillages qui sont peut-être les plaisirs les plus vifs de l'amour. Les parents de Tolla, témoins muets, mais non pas indifférents, de cette scène charmante, ne songeaient point à contraindre les sentiments de leur fille : ils voulaient attacher Lello, et ils savaient que rien n'attache comme le bonheur. Les deux enfants couraient en liberté dans les allées, ou s'arrêtaient pour écouter le silence, ou marchaient lentement, appuyés l'un sur l'autre, en babillant comme deux pinsons sur la même branche par un beau jour de printemps. Ils se racontèrent plus de vingt fois, sans se lasser ni l'un ni l'autre, les commencements de leur amour et l'histoire de leurs cœurs pendant les six mois qui venaient de s'écouler. Les projets vinrent ensuite, et Dieu sait combien de châteaux en Espagne ils construiront et renverseront pour avoir le plaisir de les rebâtir.

« Nous passerons tous nos hivers à Venise, disait Lello. Je n'y connais personne; nous ne serons pas condamnés à aller dans le monde. Nous vivrons pour nous, cachés dans mon vieux palais, que je veux faire rajeunir.

— Non, répondait Tolla, il faut le laisser comme il est. Les murs sont-ils bien noirs?

— Aussi noirs et aussi curieusement fouillés qu'une dentelle de Chantilly.

— Tant mieux, je ne veux pas qu'on y touche. Ma chambre a-t-elle des vitraux coloriés comme une chapelle? Est-elle tendue de cuir gaufré et doré? Je l'aime comme elle est. Ai-je un grand lit d'ébène à colonnes torses avec des rideaux de damas du temps de Véronèse? il faut les laisser. Je ne veux pas qu'on cache sous un tapis le pavé de mosaïque.

— Il faudra pourtant bien un tapis pour les enfants. Comment pourraient-ils se rouler sur ces dures mosaïques?

— Vous avez raison, mais je ne supporte pas un tapis neuf. Il faudra trouver dans le garde-meuble quelque vieillerie splendide, un présent du roi de France à notre aïeul le doge, ou un tapis de Smyrne rapporté par notre ancêtre l'amiral. Ils me sauront gré du soin que je prends de leurs reliques, et les vieux portraits de la galerie souriront en me voyant passer.

— Pour la promenade, reprenait Lello, je ferai faire une grande gondole noire aussi triste qu'un catafalque; mais l'intérieur sera garni de satin blanc, comme le nid d'un cygne. Ceux qui nous verront glisser sur le Grand-Canal nous prendront pour des officiers autrichiens qui vont commander l'exercice; ils ne devineront pas le bonheur qui se cache sous cette tenture de deuil.

— Il faudra que Menico apprenne à manier la rame vénitienne; je ne veux pas qu'un valet étranger soit en tiers dans nos secrets d'amour.

— L'été, nous habiterons notre villa d'Albano. Le parc est si grand, que nous ferons notre promenade du matin, à cheval, sans sortir de chez nous.

— Non, votre parc est public, et nos regards seraient épiés par trop de monde.

— Je le fermerai.

— Je vous le défends! Que deviendraient les pauvres gens qui ont l'habitude de s'y promener comme des princes, et les petits paysans qui viennent vous voler vos oranges? D'ailleurs je ne vois pas pourquoi je serais toujours chez vous quand vous ne parlez pas de venir chez moi. Nous passerons notre été à l'Ariccia.

— Et le parc fermé, où le trouverons-nous?

— Vous serez quitte pour faire entourer de murs le petit bois de quarante arpents.

— Vous oubliez que l'Ariccia n'est pas à nous. Permettez-vous que j'appelle Toto pour lui demander s'il veut nous donner l'Ariccia?

— Eh bien, nous n'irons pas à l'Ariccia. Je vous emporterai dans l'île de Tibère et la mienne, et vous habiterez, malgré vous, mon repaire de Capri. Je parie que vous n'avez pas seulement vu Capri, ignorant que vous êtes? Ah! c'est un beau pays. J'y suis allée une fois, quand j'étais petite, et je m'en souviens comme d'hier. Lorsqu'on est dans le golfe de Naples, on voit une belle montagne blanche, grise, rousse, de toutes couleurs, debout au milieu de l'eau. Tous les rivages de l'île paraissent droits comme des murs, et l'on cherche des yeux une échelle de corde pour aborder; mais il y a une jolie petite marine où l'on débarque sans danger au milieu des pêcheurs en caleçon blanc et en bonnet rouge. Pour arriver à *mes* vignes et à *mon* château, il faut gravir un escalier d'une lieue; mais vous avez de bonnes jambes, n'est-ce pas? La maison est une tour carrée, blanche comme la neige, avec un toit en terrasse et des fenêtres si étroites que le soleil n'ose pas entrer chez nous. Les vignerons habitent alentour, dans des cabanes tapissées de pampres roux et de raisins noirs. Nous avons deux grands palmiers devant notre porte : leur ombre grêle se dessine en bleu sur les murs de la maison. Quand j'étais enfant, je les prenais pour des géants, avec leurs panaches. Vous verrez les mûriers que mon grand-père a plantés, et le gros figuier qui est sous ma fenêtre, tout peuplé de nids de tourterelles! Aimez-vous le vin de Capri? Non pas le rouge : il ressemble trop à du vin; mais le blanc, qui exhale ce joli parfum de violette? On en récolte beaucoup sur mes terres, et mon cru est le plus renommé de tout le pays. La bonne vie, Lello! et comme nous serons heureux ensemble sur notre rocher, loin de Rome et du monde entier, au milieu de nos braves paysans! Ils nous aimeront : vous apporterez beaucoup d'argent pour les faire riches, moi, je doterai toutes les filles sur mes économies. Croyez-vous qu'une fois que nous serons là, vous avec moi, moi avec vous, et nos enfants autour de nous, nous aurons le courage de nous exiler à Venise pour tout un hiver? Venise doit être triste au mois de novembre : il y pleut à torrents ; les brouillards des lagunes me font peur; on ne connaît pas les brouillards dans notre chère Capri!

— Je t'aime, Tolla! nous resterons à Capri toute notre vie.

— L'hiver et l'été, n'est-il pas vrai? Dieu me garde peut-être encore quinze années de beauté : je ne veux être belle que pour toi.

— Tu es un ange! Rome ne méritait pas de te connaître. Est-ce que la ville entière ne devrait pas être à tes genoux? Je m'indigne quand je pense qu'il y a des jeunes gens assez aveugles pour admirer une Bettina Negri et une Nadine Fratief. Et ces petites sottes qui ont pu espérer qu'elles te voleraient mon cœur! Elles seront bien punies lorsqu'elles nous verront passer au Corso dans la même voiture, ou galoper côte à côte dans les avenues de la villa Borghèse, ou valser ensemble à l'ambassade de France!

— En ce temps-là, je ne serai pas obligée de baisser les yeux quand vous paraîtrez dans un salon pour vous regarder à la dérobée. J'entrerai fièrement, au bras de mon Lello, les yeux attachés sur ses yeux. C'est ma mère qui sera heureuse de se montrer partout avec nous! Je ne ferai pas plus de toilette qu'à présent; non, je ne veux pas avoir l'air d'une parvenue. D'ailleurs le blanc me va bien, et puis je n'ai jamais aimé les bijoux.

— Les bijoux ne serviraient qu'à cacher quelque chose de votre beauté. Vous n'en porterez jamais. J'excepte cependant les diamants de ma mère. Elle m'a légué une rivière d'un grand prix, mais d'une admirable simplicité. Ne voudrez-vous point porter ces pauvres diamants pour l'amour de celle qui n'est plus?

— Je ferai ce que vous voudrez, Lello. Vous serez mon maître, et vous aurez le droit de me mettre un collier.

— Nous irons à tous les bals, nous serons de toutes les fêtes; j'inviterai Rome à venir dans notre palais assister à notre bonheur. Je voudrais pouvoir vous montrer au monde entier. Nous voyagerons, nous irons en France.

— Quand vous aurez appris le français, mon bien-aimé paresseux! En attendant, je vais voyager seule, demain matin, sur la route de Lariccia.

— Grâce à ce bienheureux choléra, que le ciel confonde! »

Tolla lui posa deux doigts sur la bouche :

« Chut! et point de paroles de mauvais augure. Promettez-moi seulement de veiller sur vous, d'éviter soigneusement le danger, d'appeler le docteur Ely au moindre symptôme, d'exécuter aveuglément ses ordonnances, en un mot de conserver votre vie comme une chose qui m'appartient.

— Ne craignez rien, Tolla; je suis sûr de ne point mourir de cette horrible maladie.

— Sûr? Et pourquoi?

— Parce que je mourrai d'amour et d'ennui le jour de votre départ.

— Non, monsieur; le jour de mon départ vous m'écrirez une longue lettre, et vous n'aurez pas le temps de mourir.

— Oui, certes, je vous écrirai, et par tous les courriers, c'est-à-dire tous les deux jours. Longuement? c'est ce que je ne sais pas encore. Je n'ai pas été jusqu'ici grand barbouilleur de papier, et je pense qu'en amour un baiser en dit plus long qu'une lettre de quatre pages.

— L'amour est un grand maître : il vous apprendra l'art d'écrire. Souvenez-vous seulement que je vous répondrai avec une exactitude judaïque : lettre contre lettre, et page pour page. Mais chut! on nous appelle. Voyez donc quelle heure il est. »

Lello regarda sa montre et répondit avec stupéfaction : « Minuit ! » Il croyait causer depuis une demi-heure.

« Déjà! dit tristement Tolla.

— Mais est-ce que vous avez envie de dormir?

— Non. Et vous ?

— Moi! il me semble que nous sommes en plein midi, que le ciel est peuplé de soleils, et que c'est offenser Dieu que de s'aller coucher à l'heure qu'il est.

— Mais mon père et ma mère, qui n'ont ni vos

vingt-deux ans ni votre amour, ont besoin de quelques heures de repos. Adieu, Lello. »

Lello se pencha sur elle pour la baiser au front. Elle s'enfuit en lui criant : « Non, pas ici, devant ma mère ! »

Le comte, la comtesse et Toto embrassèrent Manuel Coromila, comme s'il eût déjà fait partie de la famille. Tolla lui tendit les joues, puis elle lui prit la tête dans ses deux mains, et l'embrassa à son tour. Tout le monde le reconduisit à travers les appartements jusqu'à la porte du palais.

« Adieu, frère, lui dit Toto.

— Venez nous voir à Lariccia, dit le comte.

— Soignez-vous bien, ajouta la comtesse.

— Vivez pour que je vive, » murmura Tolla.

En ce moment, on entendit un sanglot qui semblait sortir d'un instrument de cuivre. Menico, caché derrière une colonne de marbre cipolin, prenait sa part des émotions de la famille.

V

Le lendemain, à six heures du matin, l'heureux Lello dormait à poings fermés, lorsque Tolla et ses parents s'embarquèrent dans une grande chaise de poste qui faisait de temps immémorial le voyage de l'Ariccia. La comtesse et Tolla occupaient le fond de la voiture, le comte et son fils étaient fort à l'aise sur le devant; les domestiques pendaient en grappes alentour. Le cuisinier, le marmiton et le palefrenier s'accrochaient de leur mieux au siège du cocher ; le camérier du comte, Amarella et Menico s'empilaient sur le banc de derrière, et le soleil oblique du matin chauffait vigoureusement tous ces visages hâlés.

Mlle Amarella était cette éternelle Romaine que tous les peintres rapportent dans leurs cartons : grande, belle, large, lourde et médiocrement faite, avec une physionomie fière et stupide qui ne déparait point sa figure. Son vrai nom était Maria, mais elle devait à son humeur aigrelette le sobriquet d'Amarella. Ses parents, pauvres journaliers de Lariccia, lui avaient fait apprendre à coudre ; mais c'était elle qui s'était élevée à la dignité de femme de chambre. La nature, qui s'amuse quelquefois à donner à une couturière des qualités d'hommes d'État, l'avait douée d'une certaine ambition et d'une remarquable persévérance. Ce qu'elle avait dépensé de ruse pour entrer chez le comte et pour supplanter sa devancière passe toute croyance. Mme Feraldi racontait avec admiration comment Amarella, peu de temps après son entrée dans la maison, avait eu envie d'un vieux châle en crêpe de Chine, autour duquel elle avait tourné deux ans et demi, et qu'elle s'était fait donner à la fin sans l'avoir demandé une seule fois. Cette patiente fille poursuivait depuis une année un nouveau projet qu'elle n'avait encore laissé entrevoir à personne : elle voulait se marier, et elle avait jeté son dévolu sur l'excellent Menico. Le jeune piqueur de buffles avait une beauté mâle et robuste, faite pour séduire une âme paysanne; mais ce qui attirait surtout Amarella, c'était la candeur de ce grand enfant, en qui elle devinait des trésors de tendresse, de dévouement et d'obéissance aveugle. Elle espérait trouver en lui l'idéal de toutes les femmes : un mari qui ferait trembler tout le monde et qui tremblerait devant elle. Son plan était tracé à l'avance : Menico reviendrait à Rome au mois de novembre; il succéderait au portier du palais Feraldi, qu'on saurait bien faire chasser. Le mariage se ferait en même temps que celui de mademoiselle, peut-être dans six mois, dans un an au plus tard; le comte donnerait une dot; le seigneur Lello, dans l'ivresse de son bonheur, en offrirait sans doute une seconde. Amarella, pour ne point se séparer de son mari, resterait au service de la comtesse. Elle organisait sa vie à l'avance, montait sa maison, prenait une bonne d'enfants et un petit domestique pour faire les courses, et menait le même train que le concierge d'un prince ou le suisse d'un cardinal.

Cependant Menico, la tête appuyée sur l'épaule du camérier, ronflait à l'unisson des roues de la voiture. Sa femme en espérance le pinça familièrement pour le réveiller.

« *Aò!* Menico, Menicuccio, Cuccio! lui cria-t-elle en épuisant tous les diminutifs de son nom, nous voici à Tavolato, et les flasques sont sur la table. »

Tavolato est un cabaret situé sur la route de La-riccia, à deux lieues environ de la porte de Saint-Jean de Latran. Les promeneurs s'y arrêtent, comme à Ponte-Molle, pour vider quelques bouteilles de vin d'Orvieto.

Maîtres et valets descendirent sous une sorte de hangar construit avec des branchages de lauriers-roses. Le cabaretier apporta un pain bis, un fromage de lait de jument et une douzaine de flacons de verre blanc, au large ventre, au col effilé, bouchés à la mode antique par une goutte d'huile et une feuille de vigne, et remplis d'un petit vin blanc, léger, sucré, limpide et joyeux. Tolla s'amusa à déboucher les bouteilles et à enlever avec un petit paquet d'étoupes la goutte d'huile qui ferme le goulot et protége le vin contre le contact de l'air; puis elle remplit tous les verres, excepté le sien, et l'on but en chœur à sa santé. Les douze flacons se vidèrent comme par enchantement, et Menico en prit sa bonne part, quoiqu'il ne bût que de la main gauche. Il trouva même le temps d'engloutir une livre de pain, tandis que Tolla émiettait sa part à une nichée de poussins, accourus avec leur mère sur les pas du cabaretier.

Lorsqu'on remonta en voiture, Menico était de si belle humeur, qu'Amarella crut le moment propice à l'exécution de ses petits projets.

« Il me semble, lui dit-elle, que tu ne détestes pas l'orvieto ?

— Les prêtres ne défendent pas d'aimer le bon vin, répondit sentencieusement Dominique.

— En buvais-tu beaucoup à Lariccia ?

— Autant que j'en voulais boire.

— Comment l'entends-tu ?

— Quand mademoiselle est à Lariccia, elle m'en fait donner tous les soirs.

— Mais quand mademoiselle n'y est pas ?

— Quand mademoiselle n'y est pas, je n'ai pas soif. »

Amarella partit d'un grand éclat de rire. Elle affectait une grosse gaieté, quand elle ne savait que dire et qu'elle voulait montrer ses dents.

« Tu es un brave garçon d'aimer ainsi mademoiselle ; mais je crois qu'elle te le rend bien.

— Est-ce qu'elle t'a jamais parlé de moi ?

— Très-souvent. Elle dit que tu serais capable de tuer un homme pour elle.

— Un homme ! Je tuerais un cardinal ! »

Amarella fit un signe de croix.

« Mais, reprit-elle, tu dois bien t'ennuyer pendant l'hiver, quand mademoiselle est à Rome et que tu restes avec tes vilains buffles ?

— Un peu ; mais je trouve toujours le moyen de me faire envoyer à la ville une ou deux fois dans un hiver.

— Sais-tu qu'ils sont très-laids, tes buffles, avec leur peau galeuse, leur grosse tête et leur dos bossu ?

— Oui ; mais moi, quand je galope derrière eux, la lance à la main, dans une grande plaine nue, en serrant mon cheval entre mes guêtres, il me semble que je suis beau comme un Romain d'autrefois.

— Mais lorsque tu reviens de Rome et que tu as vu tant de palais et d'églises, comment peux-tu encore regarder ce grand désert brûlé par le soleil, sans herbe, sans arbres, sans maisons, où l'on ne rencontre que des aqueducs écroulés et de vieilles ruines de brique ? Moi, je trouve cela affreux.

— Horrible ! ajouta le camérier, qui se piquait d'avoir du goût.

— C'est que vous avez vécu longtemps à la ville, répondit sincèrement Menico; moi, qui ne sais rien et qui ai passé toute ma vie dans cette grande solitude qui s'étend autour de Rome, j'aime ces plaines brûlées, ce soleil ardent, ces ruines rouges, et jusqu'au chant des cigales, dont les ailes grises viennent quelquefois me fouetter la figure. Quand je suis triste, il me plaît de voir que tout est triste autour de moi.

— Et quand tu es gai?

— Alors c'est autre chose. Je vois des fleurs sur toute la terre, et les masures rouges deviennent plus belles que des églises le jour de Pâques. Comprends-tu ?

— Tu regrettais donc tes herbages et tes masures pendant les quatre mois que tu as passés à Rome.

— Non.

— Pourquoi?

— J'étais auprès de mademoiselle.

— Et si mademoiselle t'appelait à Rome pour toute la vie, y viendrais-tu ?

— De grand cœur.

— Allons, mon Menico, tu mourras citoyen de la grande ville.

— Peut-être.

— Et tes enfants seront de petits Romains.

— Quels enfants ! Je ne me marierai jamais. »

Amarella se remit à rire, mais du bout des dents.

« Jamais ! C'est tard. Et pourquoi ?

— Je n'ai pas le temps.

— Explique-moi cela, je t'en supplie.

— Rien de plus simple. Si j'épousais une femme, je lui obéirais, n'est-ce pas ?

— Probablement.

— Eh bien ! on ne peut pas servir deux maîtres à la fois. »

Tandis que Dominique confessait si naïvement son adoration pour sa maîtresse, la voiture roulait sur la voie Appienne; le Monte-Cavo se rapprochait rapidement et Tolla, avant de s'engager dans la route qui mène aux jardins et aux parcs d'Albano, jetait un dernier coup d'œil à ces prairies desséchées qui entourent la ville d'une ceinture de tristesse et de désolation. Lorsqu'on suit cette route pendant l'été, on est tenté de croire que la terre d'Italie, partout si belle et si féconde, a été marquée d'un fer rouge autour de Rome. La route ne traverse que des terrains nus, hérissés d'herbes flétries, divisés par quelques barrières de bois mal équarri, et animés de loin en loin par la présence d'un bouvier à cheval qui chasse une vingtaine de bœufs blancs et de buffles noirs. On rencontre de temps en temps un petit temple dépouillé de ses marbres, un tombeau en ruine, ou les restes d'une villa où les éperviers font leur nid. Mais Tolla prêtait à cette solitude morte la vie, la jeunesse et l'amour qui abondaient dans son âme. La joie dont elle était pleine débordait sur tous les objets environnants, ressuscitait les ruines et faisait reverdir la terre. Elle comprit alors pour la première fois cette fiction des poètes, qui prétend que l'amour fait naître les fleurs sous ses pas.

La famille Feraldi traversa à dix heures la grande rue de l'Ariccia. Vers le même moment, Lello s'habillait pour aller voir Pippo Trasimeni : il avait dormi sans débrider jusqu'à neuf heures.

« Qui t'amène si matin? demanda Pippo en le voyant entrer.

— Le bonheur, mon ami! J'ai passé une soirée comme les saints n'en ont pas souvent en paradis.

— Bravo! Et comme je suis le seul à qui tu puisses sans indiscrétion faire part de ta félicité, tu m'apportes le trop-plein de ton âme? Verse, mon ami, verse.

— Ce n'est pas tout. J'ai un conseil à te demander.

— Demandez et vous recevrez. C'est parole d'Évangile.

— Mon cher Pippo, elle est partie.

— Je le sais bien ; mais si c'est sur moi que tu comptes pour la faire revenir....

— Non. J'irai la voir un de ces jours; je l'ai promis à son père. Nous prendrons rendez-vous à Albano. Voudras-tu être du voyage?

— De grand cœur; aujourd'hui, demain, pourvu que je ne sois pas de service.

— Non, plus tard : je ne veux pas faire d'imprudence ; mais en attendant, il faut.... Ne te moque pas de moi; j'ai promis de lui écrire.

— Eh bien?

— Par tous les courriers.

— Après?

— A dater d'aujourd'hui.

— Où est le mal?

— Si j'avais déjà reçu une lettre d'elle, je ne serais pas en peine : je lui répondrais paragraphe par paragraphe; mais tu sais combien j'ai peu l'habitude d'écrire, et je voudrais....

— Quoi? me prendre pour secrétaire? demanda Philippe en riant aux éclats. Grand merci! Je te ferai des vers tant que tu voudras, parce que tu n'en voudras pas tous les deux jours, et parce que je tiens pour démontré que tu n'es pas capable d'en faire; mais, comme tout homme qui a appris à écrire est capable de faire de la prose, j'espère bien que tu sauras te passer de moi.

— Sans doute, et si tu attendais les demandes pour faire les réponses, tu saurais que je ne veux de toi qu'un simple conseil. Je prendrai le style familier, n'est-ce pas? Je lui parlerai un peu de tout, de l'état sanitaire, des bals, de ce qui me sera arrivé dans la journée, de....

— En deux mots, mon cher, parle-lui d'elle et de toi. C'est le texte invariable de toutes les lettres d'amour, depuis l'antiquité la plus reculée.

— Et puis-je me permettre de la tutoyer? Je lui ai dit *tu*, hier au soir, dans la chaleur du discours; mais peut-être dans une lettre le *vous* serait-il plus de saison?

— Mon cher Lello, le *vous* est une invention des Romains de la décadence. Il équivalait, dans l'origine, à un long compliment ainsi conçu : « Homme, « tu as tant de vertu, de puissance et de gloire, que « tu n'es pas un seul homme, mais dix ou douze « hommes réunis en faisceau. Agréez mon respec- « tueux hommage. » Tous les peuples qui pensent qu'un homme en vaut un autre et que le maître n'est pas à son domestique comme la dizaine à l'unité ont gardé le *tu*. Les premiers chrétiens se tutoyaient, les apôtres tutoyaient le Sauveur, tandis qu'un pair d'Angleterre dit *vous* à son chien, sans doute pour indiquer qu'il le respecte autant qu'une meute entière. Décide maintenant si tu dois dire *vous* à ta maîtresse.

— Non, par Bacchus ! Tu es un homme de bon conseil. Adieu, merci ; je vais écrire. »

Il courut au palais Coromila, s'enferma à double tour dans sa chambre, de peur de surprise, et écrivit en moins de trois heures la lettre suivante :

« Ma chère Vittoria,

« Il n'y a pas à dire, il faut que ce soit moi qui écrive le premier. Eh bien! soit, puisque cette lettre m'en attirera une de ta main.

« Je me suis demandé si je devais t'écrire en *vous* ou en *tu* ; mais il m'a semblé que le *tu* convenait mieux entre deux personnes qui s'aiment. Va donc pour le *tu*.

« Ce soir, c'est le jour de la comtesse Sutri. Il faudra y aller danser, etc. (etc. ne veut pas dire : faire l'amour); mais avec qui dansera-t-on ? Avec personne, ou avec des laides, comme la B.... ou la M.... Si l'on joue, je jouerai, et, moyennant un petit sacrifice de huit ou dix écus, j'assurerai ta tranquillité et la mienne, car tu n'auras pas de reproches à me faire. Baste! dans ma lettre de samedi, je te rendrai compte de tout.

« On meurt toujours assez gaillardement. Du reste, rien de nouveau depuis hier. On dit qu'il y a eu un cas de choléra dans les environs de l'Ariccia. Je voudrais que cela fût vrai : la peur, qui a chassé monsieur ton père, nous le ramènerait incontinent. On parle de deux cas à Frascati.

« A propos de Frascati, j'espère que tu ne fréquenteras pas ce pays-là. Il s'y trouve en ce moment un certain petit homme brun foncé qui arrive d'Ancône et qui a naguère témoigné pour toi une vive sympathie. Son nom commence par un *m* et finit par un *t*. Je ne voudrais pas que le voisinage fît naître quelque petit amour, qui ferait écrire quelques petites lettres, qui feraient.... Mais, allons! je crois que je puis me fier à toi.

« Adresse ta réponse à Manuel Miracolo. J'avais d'abord pensé à Romilaco; mais le pseudonyme serait trop transparent. Je crois que les gens de la poste ne reconnaîtront pas Coromila dans Miracolo.

« Adieu, il est tard : on m'attend dans le cabinet de mon père. Je te laisse : tu peux croire avec quel regret! Mes respects à ta mère et à ton père; j'embrasse Toto. Je ne te presse pas de me répondre sans retard : je suis sûr que la recommandation serait inutile, et c'est dans cet espoir que je me dis pour la vie ton très-affectionné et sincère

« LELLO. »

Les Feraldi dévorèrent en famille cette singulière lettre d'amour, où la pauvreté d'esprit engendrait la froideur, et où la gaucherie se cachait de son mieux sous un air cavalier. Lecture faite, le père haussa les épaules et dit en souriant : « Bavardage d'amoureux! » La mère répéta avec une complaisance visible les deux derniers mots : *affezionatissimo vero!* Le frère garda ses impressions pour lui; il savait de longue main que Lello n'était pas un aigle; il avait tremblé à l'idée de cette correspondance, qui pourrait refroidir le cœur de son futur beau-frère en épuisant ce qu'il avait d'esprit. Il savait que les hommes de tout âge sont de grands écoliers qui pardonnent rarement à ceux ou à celles qui leur ont donné des *pensums;* mais, à tout prendre, il n'était pas mécontent du premier *pensum* de Lello.

Tolla était au comble de la joie. Elle ne jugeait point la lettre de son Lello, et comment l'aurait-elle jugée? Elle la baisait, elle la serrait sur son cœur, elle lui parlait, elle l'approchait de son oreille, comme si le papier avait pu lui répondre. Tout lui semblait admirable dans cette chère petite lettre :

le papier était d'un beau blanc, l'encre d'un beau bleu, la cire d'une odeur exquise, et le style à l'avenant. Si quelqu'un s'étonne qu'une fille spirituelle, instruite et délicate puisse se tromper à ce point et baiser avec enthousiasme une lettre assez sotte et presque impertinente, je répondrai que c'était sa première lettre d'amour, et qu'une première lettre est toujours jugée avec indulgence, fût-elle adressée à une duchesse et écrite par un commis voyageur. Tolla lui renvoya, sans chercher ses mots, une lettre de douze pages, qui était moins une réponse qu'un *post-scriptum* ajouté à leur longue conversation du jardin. C'était un récit détaillé de tous les sentiments qui avaient traversé son cœur durant deux longues journées, la suite de ses pensées d'amour, qui s'enchaînaient l'une à l'autre comme les anneaux d'un collier d'or. La route lui avait parlé de Lello; elle avait entendu son nom dans le bruit des roues de la voiture : arrivée, elle avait parlé de lui à tout ce qui l'entourait, à la maison, au jardin, aux meubles de sa petite chambre, aux vieux arbres, confidents de ses premiers secrets. Le lendemain matin, en attendant l'arrivée de la poste, elle avait poussé jusqu'à Albano, seule, à cheval, par le petit sentier du ravin, pour donner un coup d'œil à la villa Coromila. Elle avait trouvé la porte ouverte à deux battants, comme si la maison eût attendu sa future maîtresse. Jamais le parc ne lui avait paru si beau. Les grands chênes avaient l'air de se ranger au bord des avenues, comme de fidèles serviteurs, pour lui rendre hommage. Elle les avait passés en revue en les saluant de la main. Elle avait rencontré une vieille femme qui ramassait du bois mort; elle lui avait donné de quoi se chauffer tout l'hiver. Deux bambins qui tentaient l'escalade d'un poirier s'étaient enfuis à son approche; elle avait cueilli des poires pour les leur jeter. Elle avait découvert, au fond du parc, à une demi-lieue de la maison, une charmante retraite; c'était un massif de grands buis, de troènes et de lauriers. Il fallait absolument y construire un cabinet de travail. C'était là qu'elle enseignerait le français à son roi fainéant : cette partie du jardin prendrait désormais le nom d'Académie de France.

La lettre se terminait par une page entière d'un délicieux radotage d'amour, intraduisible dans une langue aussi précise que la nôtre. C'étaient des superlatifs impossibles, un mélange bizarre d'adjectifs entrelacés, un chaste et pur dévergondage de style, une prose poétique aussi fraîche que la rosée du printemps, aussi sonore que le bruit des baisers, un hymne à la créature où le Créateur n'était pas oublié : l'aveu virginal d'une passion sans tache et d'un bonheur sans remords.

Le croira-t-on? lorsqu'elle relut sa lettre, elle la trouva froide. Elle aurait voulu pouvoir écrire comme Lello.

Voici la réponse qu'elle reçut :

« Rome, 19 août 1837.

« Ma chère Tolla,

« La poste ne donne pas encore de lettres. J'en suis donc à attendre ta réponse à ma lettre du 17 courant; mais, pour gagner du temps, je commence toujours à t'écrire. Si ta lettre m'arrive ensuite, je t'en accuserai réception.

« Il y a un vieux proverbe qui dit : Le diable est plus laid en peinture qu'en réalité. J'espérais qu'il en serait de même de ton absence, et je croyais pouvoir m'y faire; mais je vois bien que le proverbe a menti, car je suis comme un poisson hors de l'eau. J'ai passé hier devant ta maison, et je me suis senti tout mélancolique en voyant les volets fermés. J'ai pensé à nos causeries, à nos promenades, etc. Et tout cela est suspendu! Pour combien de temps? Pour un mois. En vérité, c'est un peu bien long; mais il faut s'y résigner, d'autant plus que ce mois de prudence portera ses fruits dans l'avenir.

« J'espérais aller te voir lundi; mais, si tu veux

bien le permettre, nous remettrons la partie à jeudi. D'abord je serai plus libre, et je pourrai rester plus longtemps; puis nous ne saurions avoir trop de prudence, et je crains d'éveiller les soupçons.

« Je voudrais te dire une infinité de choses, mais il vaut mieux les réserver pour notre première conversation, qui sera, je te le promets, longue et bonne.

« Passons à la soirée de la comtesse Sutri. J'y suis allé sur les neuf heures et demie. J'ai fait un whist avec mon oncle le colonel. J'ai perdu une douzaine de fiches à dix sous, et j'ai quitté le jeu vers onze heures. J'ai passé dans le grand salon et je suis tombé au milieu d'une contredanse. Les danseuses étaient la B..., la L..., la D... et mademoiselle la fille de Mme Fratief. Je restai spectateur indifférent. La générale accourut à moi, dès qu'elle m'aperçut, en criant : « Ah! cher prince!
« Il faut que je vous raconte ce qui nous arrive :
« une histoire épouvantable! L'Anglais qui demeure
« dans notre maison, au-dessus de nous, prétend
« qu'on lui a volé un fusil; il a fait venir la police :
« on a eu l'indélicatesse de fouiller la chambre de
« mon domestique. J'ai eu beau dire que Cocomero
« était un honnête homme, que mes gens n'étaient
« pas capables d'une mauvaise action : vos sbires

« sont des malotrus. Ils ont retourné le lit de ce
« pauvre garçon, qui pleurait comme un enfant de
« se voir injustement menacé. Mais ils n'ont rien
« trouvé : j'en étais bien sûre. Croyez-vous que je
« ferais bien de me plaindre au cardinal-vicaire ? »
Enfin des jérémiades dont je suis encore assourdi. A
ce moment j'entendis les premières mesures d'une
certaine valse de ma connaissance et de la tienne ;
mais, comme j'aurais été forcé de danser avec la
chère Nadine, je fis la sourde oreille. Mon indifférence
fut fatale à la valse : le piano s'arrêta, et l'on
ne dansa plus. Mme Fratief partit avec sa fille : elle
comptait sur moi pour la reconduire ; mais je me
contentai de lui faire un profond salut et de dire
à son intention la *prière pour les voyageurs*. Ai-je
bien fait, mon maître ?

« Et maintenant parlons un peu du choléra.

« Le fléau a complétement disparu dans le Borgo ;
il règne à la place Montanara et à la via Margutta,
et il commence à faire son chemin dans le Corso.
J'ai un peu de peur ; mais, à force de précautions,
j'espère échapper. Ne crains rien, et si par accident
le courrier arrive un jour sans t'apporter de
lettre, ne va pas te figurer pour cela que je suis
mort.

« Je termine ici la première partie de ma lettre ;
si je reçois la tienne après dîner, j'ajouterai un *post-*

scriptum. Mes respects à tes parents ; embrasse ton frère pour moi.

« Je suis avec tendresse ton affectionné

« LELLO.

« *P.-S.* J'ai reçu ta lettre, et je te laisse à penser si elle m'a été agréable. »

Cette correspondance se prolongea, sans incident notable, jusqu'aux derniers jours de septembre. Tolla écrivait des lettres adorables, et adorait aveuglément les lettres médiocres de Lello. Toto, en observateur froid et judicieux, relevait à part lui dans les lettres du jeune Coromila tous les passages qui pouvaient l'éclairer sur l'état de son cœur ou sur la solidité de son caractère.

Il remarqua bientôt dans le style une fatigue sensible. Le 22 août, Lello, charmé d'avoir pu écrire une longue lettre, s'écriait avec enthousiasme :

« Comment ! je suis au bout de ma feuille de papier ! allons, je vais écrire en travers. Eh bien ! non, j'ajouterai une feuille. De cette façon j'écrirai deux fois plus qu'à l'ordinaire. Te souviens-tu qu'un certain soir je m'accusais de n'être pas grand barbouilleur de papier ? Le fait est que tout cela a toujours été mon défaut ; mais, quand j'écris à toi, je ne sais à quoi cela tient, je ne m'épuise jamais, et je trouve toujours du nouveau à te dire. Qui m'expliquera cette énigme ? »

Le 15 septembre cette fécondité était bien épuisée. Il écrivait :

« Sais-tu que c'est un supplice terrible que d'improviser une lettre de but en blanc, sans savoir à quoi répondre ? Le langage de l'amour est fécond, j'en conviens, mais dans la conversation, et non dans la correspondance. Si tu étais ici, je saurais que dire; mais si je t'écris que je t'aime, c'est chose dite et redite; que je te suis fidèle, c'est chose trop évidente; que je désire ton retour, c'est un sujet tellement rebattu qu'il ne reste plus qu'à jurer comme un païen en voyant que tu ne reviens pas. Que dire ? mon Dieu ! que dire ?

« Je te dirai premièrement que le choléra.... »

Le choléra, comme on l'a déjà vu, tenait une grande place dans cette correspondance amoureuse, et les lettres de Lello pourront servir un jour à l'histoire du choléra de 1837. Lello racontait toutes les phases du fléau en observateur exact, et toutes les émotions qu'il en ressentait, en psychologue sans vanité. Il avait cette naïveté des peuples du Midi, qui ne rougissent ni de leurs terreurs ni de leurs larmes.

« Le choléra, écrivait-il le 24 août, continue sa moisson de chrétiens; on dit qu'hier nous allions un peu mieux : on a vu moins de communions et d'enterrements que les jours passés. Je te confesse que j'ai grand'peur, non que je sois malade ; je me sens comme un taureau; mais d'entendre dire : « Un tel jouait hier à l'écarté, on l'enterre aujour- « d'hui ; une telle était hier à la promenade, elle « sera ce soir au cimetière ; tout cela m'a jeté dans une sombre mélancolie. La pensée de ma Tolla me soutient, mais quelquefois elle ajoute à ma tristesse. Je me dis : « Serai-je vivant demain pour recevoir « sa lettre? la reverrai-je jamais? que deviendra- « t-elle si je meurs? » et la mélancolie est si forte qu'elle m'arrache des larmes. N'y pensons plus ; gai ! gai !

« Oui, gai ! gai ! cela est facile à dire ; mais il faudrait pouvoir être gai. Une centaine de morts par jour, et des personnes de connaissance : la princesse Massimi, la princesse Chigi, et tant d'autres ! »

Une semblable correspondance n'était pas faite pour rassurer la famille Feraldi. La peur du mal donna à la pauvre comtesse une légère indisposition. Dès que Manuel en fut informé, il écrivit à Tolla :

« J'ai appris avec déplaisir que ta mère avait des douleurs d'entrailles. Pour l'amour de Dieu, dis-lui de se soigner, et à la moindre diarrhée fais-lui faire de la pulpe de tamarin pour tisane et de l'eau de riz pour lavement. C'est l'ordonnance du docteur Ely.

« Ce matin j'ai été pris d'une peur affreuse : j'avais des coliques. J'ai cru sans hésiter à une attaque de choléra, et j'ai demandé de l'eau de riz; mais, tandis qu'elle se faisait, mon mal s'est passé, et j'ai envoyé tous les remèdes au diable. »

De tels détails insérés dans une lettre d'amour n'ont rien de choquant en Italie, et Tolla remercia avec effusion son cher Lello de l'intérêt qu'il prenait à la santé de la comtesse.

Toto, qui observait en même temps sa sœur et Coromila, s'aperçut que de jour en jour cette excellente fille s'attachait davantage à son amant, par toutes les craintes qu'il lui avait données et les dangers qu'il avait courus.

Quelquefois, pour faire trêve aux pressentiments sinistres, Lello parlait de ses espérances et de ses projets pour l'avenir. Tantôt il offrait à Dieu ses ennuis présents, et lui demandait en échange un bonheur parfait; tantôt il énumérait un à un les plaisirs qu'il se promettait pour l'hiver prochain. Toto aurait voulu qu'il comptât un peu plus sur lui-même, au lieu de s'en remettre à la Providence. « Patience! écrivait Lello (Toto l'aurait voulu moins patient); offrons nos tribulations à Dieu, et, en échange du sacrifice qu'il nous impose, il nous donnera une parfaite félicité. Je me repais déjà de la pensée de ces jours où nous serons heureux ensemble, où ensemble nous remercierons Dieu de nous avoir assistés dans nos besoins et récompensés de nos souffrances. O douce idée!!! »

« Voilà des rêveries bien creuses et des espérances bien vagues », pensait le sage Toto Feraldi.

« Je songe, écrivait Lello, je songe à l'hiver prochain, aux visites que je te ferai dans ta loge à l'Opéra, aux réunions choisies où nous nous verrons sans oublier la prudence (trop de prudence! pensait Toto), aux cotillons, aux contredanses, aux petites jalousies qui naîtront dans ton cœur ou dans le mien, aux journées pluvieuses que nous passerons chez toi, et à tant d'autres belles choses dont l'énumération serait trop longue. »

« Il ne parle pas de mariage! » murmurait intérieurement le frère de Tolla.

Un jour, Tolla lut en pleurant de joie ce passage d'une lettre de Lello :

« Tu peux imaginer ou plutôt tu dois savoir comme un amant s'attache à tout ce qui vient de la personne aimée; mais ce que tu n'imagineras jamais, c'est l'attachement que j'ai pour tes lettres. Sache que j'ai commandé à Castellani une cassette de noyer poli, avec une magnifique serrure qui s'ouvrira avec une clef d'or suspendue à un anneau d'or : le tout me coûtera une vingtaine de sequins, et pourquoi? pour serrer tes lettres, qu'un jour, s'il plaît à Dieu, nous relirons ensemble. »

Toto ne fit aucune objection aux larmes de sa sœur; mais il eût mieux aimé ne pas savoir le prix de la cassette.

Depuis le départ de la famille Feraldi, Lello promettait de faire le voyage d'Albano. Tolla, avertie la veille, monterait à cheval avec sa mère, et l'on se rencontrerait par hasard aux environs du tombeau des Horaces. Malgré les instances de Tolla et l'empressement de Pippo, qui devait être de la partie, ce voyage resta six semaines à l'état de projet. Lello avait peur d'éveiller les soupçons. Il était surveillé par trois ou quatre personnes, et il croyait avoir cent espions à ses trousses. Mme Fratief et sa fille lui tendirent plusieurs piéges dans l'espoir de lui faire avouer sa correspondance avec les Feraldi; mais il prit si habilement ses mesures, il sut si bien faire l'ignorant, l'*Indien*, comme on dit à Rome, qu'elles n'obtinrent aucune preuve contre lui. Ces petits complots le mirent en fureur. Il écrivait à Tolla : « Cette Nadine! j'ai envie de lui faire la cour, de la rendre folle de moi, et de lui infliger une mystification qui la forcera d'entrer au couvent pour le moins! Mais non, tu n'aurais qu'à prendre de la jalousie; et puis on jaserait sur moi. » Ses amis et les anciens compagnons de ses plaisirs le savaient amoureux : il n'était plus de leurs parties. Mais il se gardait de prononcer devant eux le nom de Tolla. Un jour, son valet de chambre lui remit, en présence de sept ou huit jeunes gens, une lettre de Lariccia. Tous ces jeunes fous lui crièrent à la fois : « De qui ? de qui ? » Il répondit, en mettant la lettre dans sa poche : « C'est d'un abbé ! » Il racontait à sa maîtresse, avec une satisfaction visible, ces petits succès de dissimulation : cacher son bonheur est un plaisir italien. Il se cachait aussi de sa famille, mais pour des causes différentes : il avait peur de ses oncles et de son père.

« Je voudrais t'écrire plus longuement, disait-il un jour à Tolla ; mais je suis entouré d'espions, mon père me fait appeler à chaque instant, et, lorsque je monte chez lui, je n'aime point à laisser sur mon bureau ma lettre commencée. Je jette tout dans un tiroir, et je prends la clef dans ma poche. Au moment où je t'écris, je suis enfermé à double tour dans ma chambre, quoiqu'il n'y entre pas un chat ; mais on ne saurait trop prendre de précautions. »

« Pauvre garçon ! » disait Tolla.

« Poltron ! » pensait Toto.

Les derniers jours de septembre parurent bien longs à toute la maison Feraldi. Lello promettait toujours de venir et ne venait jamais. Il alléguait deux grandes affaires dont il attendait le dénoûment. « Quand vous saurez ce qui m'a retenu, écrivait-il à la comtesse, vous ne regretterez pas le temps perdu. Notre bonheur avance à grands pas, et, le jour où nous nous verrons à Albano, je vous porterai de bonnes nouvelles. » Pippo Trasimeni avait écrit, de son côté, qu'il lui tardait fort de venir serrer la main à Tolla, mais que Lello se faisait trop tirer l'oreille. Il fondait une sorte d'association de charité, et les convocations, les assemblées, les quêtes et les circulaires prenaient le plus clair de son temps. Il avait l'air de traiter encore une autre affaire avec son oncle le chevalier et son frère aîné, qui était revenu de Venise; mais aucun ami de la famille n'était dans le secret, excepté un Français, monsignor Rouquette, secrétaire particulier du cardinal-vicaire.

Le 29 septembre, à huit heures du soir, on relisait en commun la correspondance de Lello dans la chambre du comte, autour d'un petit feu clairet où Toto jetait de temps à autre une poignée de sarments. La famille entière, sans excepter Tolla, était en proie à une sorte de malaise qui ressemblait beaucoup à de la tristesse. Le comte relevait tout haut les expressions ambiguës, les phrases équivoques et les symptômes d'indifférence épars dans toutes ces lettres. La comtesse et Tolla prenaient la défense de Lello. Toto ne donnait point son avis; il aurait eu trop à dire; mais il offrait de partir pour

Rome et d'aller voir par lui-même ce qu'on pouvait encore espérer. La comtesse ne voulait pas exposer son fils à ce voyage, tant qu'il serait question du choléra; mais ne pouvait-on pas envoyer un homme intelligent et dévoué, par exemple Menico? Si l'on apprenait que Lello avait cédé à l'influence de sa famille, de ses amis ou d'une maîtresse, on verrait à se pourvoir ailleurs. Tolla trouverait des amis à choisir. Elle n'avait que vingt ans et un mois; sa beauté était dans tout son éclat, sa réputation intacte : Lello, en évitant de se compromettre, ne l'avait point compromise. Morandi d'Ancône était venu passer l'automne à Frascati, chez la vieille comtesse Pisani. Peut-être serait-il disposé à reprendre les négociations.

Tolla se récriait à cette seule idée. Elle jurait d'épouser le cloître ou Lello.

Ces débats furent interrompus par l'arrivée du valet de chambre de Lello qui apportait une longue lettre de son maître. Menico, qui revenait des champs, fut chargé de conduire le messager à la cuisine et de lui faire fête. Tolla déchira vivement l'enveloppe, et lut à haute voix la lettre suivante :

« Grandes nouvelles, ma chère Tolla, et bonnes nouvelles ! Je commence à croire que Dieu nous protége et que notre bonheur est assuré. *Te Deum laudamus !*

« Sache d'abord que, moi qui ne songe jamais à rien, j'ai eu l'idée de fonder un grand hospice pour les orphelins du choléra. Cette idée, il fallait la mettre à exécution sans argent, sans local, sans rien! J'ai donc surmonté ma timidité naturelle; je me suis fait actif, remuant et presque effronté. J'ai parlé à trois ou quatre cardinaux; ils ont soumis mon projet au saint-père, qui l'a approuvé des deux mains. J'ai formé un comité, nous avons organisé des quêtes dans toutes les églises et même dans les maisons. Tu te demandes comment un paresseux tel que moi a pu prendre tant de peine? Tu ne t'étonneras plus de rien quand tu sauras que c'était à ton intention. Et comment? On m'avait prédit que cette bonne œuvre attirerait la bénédiction du ciel sur mes fils (entends-tu? mes fils!) et que, si je parvenais à mener à fin cette entreprise, j'obtiendrais la chose que je désire le plus ardemment. Figure-toi si je m'y suis mis de tout mon cœur! Et j'ai réussi!... »

« Qu'il est bon! murmura Tolla en s'essuyant les yeux.

— Je n'ai jamais dit qu'il fût méchant, répondit le comte.

— Oui, fais amende honorable, répliqua la comtesse.

— Achevons vite, dit Toto ; ce n'est pas là cette grande nouvelle qu'il nous promet. »

Tolla continua.

« La récompense ne s'est pas fait attendre. Tu sais que mon frère s'est amouraché à Venise de la fille d'un petit banquier qui n'est pas même noble. Il jurait de l'épouser, et cette fantaisie mettait mon père au désespoir. Il dicta à mon oncle le colonel une lettre sévère à laquelle mon frère fit une réponse fort impertinente, disant que si on ne lui permettait pas le mariage public, il trouverait assez de prêtres pour le marier secrètement; qu'il avait donné sa parole, et qu'il faisait plus de cas de son honneur personnel que de la vanité de la famille; enfin qu'il ne s'effrayait point des menaces, puisqu'on ne pouvait le déshériter de son majorat. Je fus scandalisé, comme tout le monde, du langage de mon frère, et je devinai aisément que, s'il persistait à mécontenter la famille, je ne pourrais de longtemps obtenir ce bienheureux consentement auquel nous aspirons. Le cardinal et le colonel me surent gré des sentiments que je témoignais, et ils redoublèrent pour moi les marques de leur amitié. Monsignor Rouquette, cet ami du colonel, dont l'esprit et la gaieté sont si célèbres dans Rome, vint un jour me voir. C'était dans la dernière quinzaine du mois d'août, peu de temps après ton départ. Il me félicita des bons sentiments où il me voyait, et me dit en confidence que la conduite de mon frère pouvait me faire le plus grand tort. Je feignis de ne pas comprendre le sens de ses paroles. « Votre « frère, me répondit-il, était destiné de tout temps « à une grande alliance, et nous espérions lui voir « épouser la fille d'un très-riche pair d'Angleterre. « S'il avait répondu à l'attente de ses parents et de « ses amis, vous, son cadet, qui ne porterez point le « titre de prince, vous auriez pu vous marier sui- « vant votre penchant, que je ne connais pas, soit « dans une famille princière, soit dans une famille « de simple noblesse, soit avec une riche héritière, « soit avec une fille sans dot; mais, si votre aîné se « mésallie, vous comprenez que toute l'ambition de « la famille se reportera sur vous, et que le prince « votre père y regardera à deux fois avant de vous « accorder son consentement. Il ne souffrira jamais « que cette immense fortune que lui ont léguée ses « ancêtres se disperse après sa mort. Or, notez que, « si vous et votre frère vous alliez épouser deux « dots de trois ou quatre cent mille francs, pour « peu que vos enfants suivissent cet exemple, la « branche des Coromila-Borghi serait dans la mi- « sère à la troisième génération. »

« Je fus frappé de la sagesse de ce raisonnement, et je déplorai amèrement la folie de mon frère, qui portait un si rude coup à nos chères espérances. Je serrai les mains de cet excellent monsignor, et je le suppliai d'user de toute son influence sur mon frère pour l'amener à des idées plus raisonnables.

« Vous pouvez m'y aider, me dit-il en souriant.

« — Et comment, s'il vous plaît ? Est-ce au cadet
« à conseiller son aîné ?

« — Oui, quand le cadet est l'aîné par la sagesse.

« — Et qui vous dit que je sois plus sage que
« mon frère ?

« — J'en suis sûr, et je vous connais. Vous êtes
« assez désintéressé pour épouser une personne
« sans fortune, mais vous êtes trop gentilhomme
« et vous avez l'âme trop grande pour vous allier à
« une bourgeoise. »

« J'avouai, en rougissant de l'éloge, qu'il avait dit la vérité. Il reprit vivement :

« Je ne vous demande pas d'envoyer un sermon
« à votre frère : vous n'avez ni l'âge ni la tournure
« d'un prédicateur; mais qui vous empêcherait de
« lui écrire qu'on se raille de lui dans tous les sa-
« lons de Rome; que les jeunes gens racontent en
« riant qu'il est enchaîné aux pieds d'une Omphale
« bourgeoise; qu'on tourne en ridicule sa con-
« stance et ses soupirs; qu'on assure qu'il n'ose pas

« quitter Venise, parce que sa maîtresse le lui a
« défendu, qu'il n'a pas le droit de sortir de la ville
« pour plus de vingt-quatre heures, et qu'il mour-
« rait foudroyé d'un regard s'il se hasardait à
« mettre le pied sur la terre ferme? Ajoutez, et c'est
« chose vraie, que de tous les adorateurs de sa maî-
« tresse, il est le seul qu'elle traite aussi sévère-
« ment. Arrangez tout cela comme il vous plaira;
« vous êtes homme d'esprit, et je n'ai rien à vous
« conseiller. »

« J'écrivis en sa présence une longue lettre de
quatre pages, assez bien tournée; je le dis sans vanité. Mon père me félicita chaudement, et mon
oncle me dit en m'embrassant : « Je me souvien-
« drai de ce que tu viens de faire, et quand tu auras
« besoin de mon appui ou de ma bourse, compte
« sur moi! »

« Je lui répondis hardiment que bientôt peut-être
j'aurais besoin de son appui.

« Je te devine, répondit-il en souriant. Eh bien!
« je ne m'en dédis pas, compte sur moi. »

« Deux jours après le départ de ma lettre, monsignor Rouquette se mit en route pour Venise. Il
vit mon frère, lui prêta de l'argent, l'invita à quelques parties; ce brave monsignor est un bon vivant
dans la force du terme. Mon frère trouva tant de
plaisir dans sa compagnie, qu'il consentit à le suivre

dans un petit voyage à Trévise. Cette promenade devait durer quatre jours, elle se prolongea plus d'une semaine. Chemin faisant, mon frère reçut plusieurs lettres anonymes qui n'étaient pas à l'honneur de sa maîtresse. Un ami sincère, qu'il avait chargé de le tenir au courant des moindres événements, lui apprit qu'elle allait beaucoup dans le monde, qu'elle était gaie et de bonne humeur, mais qu'il ne la croyait coupable que d'un peu de légèreté. Monsignor Rouquette profita d'une boutade de mon frère pour l'emmener à Padoue. Les lettres anonymes les y suivirent. Mon frère écrivit à sa maîtresse, sous l'inspiration de monsignor, une lettre fort sèche où il lui reprochait sa conduite. Elle ne répondit pas, ou la réponse se perdit en chemin. Les deux voyageurs poussèrent jusqu'à Ferrare. Monsignor conduisit mon frère dans un café où il entendit par hasard une conversation qui roulait sur sa maîtresse : on l'accusait de traiter fort bien un colonel autrichien. Précisément ce colonel était la bête noire de mon frère, et peu s'en fallut qu'il ne repartît pour Venise, afin de le provoquer; mais monsignor lui fit entendre le langage de la religion, lui prêcha le pardon des injures, et le conduisit tout doucement de Ferrare à Bologne, de Bologne à Florence, de Florence à Rome, où nos conseils, notre amitié, les remontrances de mon père et les plaisanteries de mon oncle ont achevé ce grand ouvrage.

« Et cette pauvre Vénitienne? » vas-tu dire, car je connais ton cœur. Cette pauvre Vénitienne épouse dans huit jours le colonel autrichien que mon frère avait en horreur. Avoue que monsignor Rouquette est un admirable homme : il assure d'un seul coup le bonheur de ma famille, le nôtre et celui d'un colonel autrichien !

« Mon frère a pris en grippe les beautés italiennes; il aspire à se marier en Angleterre; il rêve cils blancs et cheveux roux. Mes parents sont transportés de joie, et mon oncle le colonel m'a répété ce matin même qu'il n'avait rien à me refuser.

« Je patienterai encore un mois ou deux, pour ne point brusquer les choses et pour préparer mon père à ma demande; puis je prendrai mon courage à deux mains, et j'irai lui dire : « Mon père, si vous « m'aimez, souffrez que j'épouse Tolla! »

« En attendant, j'ai invité Pippo et mon ami monsignor Rouquette à une promenade qui est irrévocablement fixée au 5 octobre. Nous serons à trois heures précises à la hauteur de la route Torlonia. Si mon étoile me permet d'y rencontrer la plus belle fille de Rome, il n'y aura pas sur la terre un homme plus heureux que ton fidèle

« Lello. »

Après cette lecture, Tolla et sa mère témoignèrent une satisfaction si complète que ni le comte ni Toto n'osèrent la troubler par leurs réflexions. Tolla attendit le 5 octobre avec une impatience fébrile. Elle eut ces mouvements vifs, ces traits, ces boutades, ces éclats de voix, ces fusées d'esprit, ces rires brillants et sonores qui sont comme les pétillements du bonheur. Le grand jour arriva enfin. A dix heures du matin, sa mère la trouva devant une glace, en amazone, manchettes plates et col chevalière; elle essayait un adorable petit chapeau Louis XIII. Elle se mit à table sans dîner, comme les enfants à qui l'on a promis de les conduire au spectacle. Elle pressa la toilette de sa mère et s'impatienta contre Toto, qui n'était pas prêt à deux heures. On partit enfin. Lorsqu'elle aperçut au loin le tourbillon de poussière qui enveloppait la voiture de Lello, elle craignit d'être étouffée par les palpitations de son cœur.

La voiture s'arrêta. Lello poussa un petit cri de surprise qui ne manquait pas de vraisemblance. Il descendit, suivi de Pippo et de monsignor Rouquette en habit de ville avec les bas violets. Pippo serra cordialement la main de Tolla, du comte et de Toto, puis il s'empara de la comtesse et ne la quitta plus. Monsignor Rouquette salua gracieusement tout le monde, et s'entretint avec le comte, qu'il avait rencontré quelquefois chez le cardinal-vicaire. Toto se rapprocha de sa mère et de Trasimeni, pour que Lello fût seul avec Tolla.

Tolla se demandait si elle aurait assez d'empire sur elle-même pour causer avec son amant sans lui sauter au cou. « Comment pourrai-je, se disait-elle, entendre sa voix, essuyer ses regards, m'enivrer de ses paroles brûlantes, sans que mon visage, mon geste et tout mon être trahissent mon bonheur? »

Elle tomba du haut de son attente lorsqu'elle vit devant elle un jeune homme poli, guindé, compassé, souriant comme une gravure de modes et froid comme un compliment. Il lui parla plus de dix minutes sans sortir des trivialités de salon. La pauvre fille ne pouvait en croire ses oreilles. Elle se demanda un instant si elle rêvait. Enfin elle interrompit brusquement les fadeurs dont elle était excédée; elle regarda son amant jusqu'au fond des yeux, et lui dit sans dissimuler sa colère :

« C'est là ce que tu as à me dire? Voilà les secrets de ton cœur que tu n'osais pas confier au papier et que tu gardais pour notre première entrevue! Tu m'as fait attendre six semaines pour me dire ces belles choses-là! Que crains-tu? qu'attends-tu? Quand oseras-tu m'aimer en face? Va! tu ne m'aimes point! Ton cœur est plus froid que le marbre. Je comprends maintenant pourquoi tu n'as pas voulu venir plus tôt : tu craignais l'instinct infaillible de l'amour vrai. Tu savais qu'au premier mot de ta bouche je devinerais ta froideur, ma folie et ton indignité. »

Elle salua Lello et ses amis, lâcha la bride à son cheval et se lança dans la route Torlonia. Ses parents prirent congé et la rejoignirent en un temps de galop. Manuel Coromila, confondu, atterré, remonta en voiture sans rien comprendre à cette brusque sortie. Il avait étudié pendant huit jours le compliment qu'il ferait à sa maîtresse. Il avait préparé un petit mélange de respect, de tendresse, de prudence, dont il ne doutait pas que Tolla ne fût charmée; mais il avait compté sans la passion.

En rentrant à la maison, Tolla courut à sa chambre et écrivit à Lello :

« Pardonne-moi; j'ai été cruelle : je ne savais ce que je disais. Tu m'aimes, j'en suis sûre, puisque je vis; mais ton abord froid et souriant m'a glacée : ton visage était comme un soleil d'hiver. J'aurais dû comprendre que tu avais tes raisons pour te montrer ainsi. Peut-être la présence de tes amis? Non, puisque c'est toi qui les avais amenés. N'importe, tu avais tes raisons. Je ne les connais pas; mais elles sont bonnes et je les approuve. Tu as ta manière d'aimer, et moi la mienne ; ne cherchons pas quelle est la meilleure : aimons-nous. »

Manuel avait amené Pippo par timidité, pour ne pas se trouver seul, après un si long temps, devant la famille Feraldi ; il avait amené monsignor Rouquette par poltronnerie. Son nouvel ami avait témoigné le désir d'être de la partie, et il n'avait pas osé lui dire non. La présence de ces deux témoins, dont l'un s'était imposé et dont il s'était imposé l'autre, le condamnait à dissimuler son amour sous des formules de simple politesse. Lello avait cette pudeur, plus commune chez les hommes que chez les femmes, qui n'admet pas un tiers dans les épanchements de l'amour.

La contrariété qu'il éprouva de voir sa délicatesse si mal appréciée le rendit maussade jusqu'au soir. Il se coucha de bonne heure. Les tempéraments sanguins ont cela de particulier, que la colère les porte quelquefois au sommeil. Le lendemain, il se leva à neuf heures, et écrivit tout d'un trait la lettre suivante :

Rome, 6 octobre 1837.

« Ma chère Tolla,

« Tu dois comprendre combien il m'a été doux de te revoir et pénible de te quitter ; mais ce que tu ne saurais imaginer, c'est combien je suis resté abasourdi de toute cette entrevue. Tu voudras savoir pourquoi? Eh bien! je vais te le dire, dans l'espoir que tu profiteras de mes doux reproches pour te corriger à l'avenir.

« Il y a tantôt deux mois que nous aspirions à cette bienheureuse rencontre. Elle avait toujours été contrariée : elle s'arrange enfin. Nous arrivons, nous nous voyons, et la première fois que tu ouvres la bouche, c'est pour me reprocher mon indifférence! Tu me dis que je ne suis pas capable d'aimer, que je suis de glace pour toi, au moment même où je souffrais, Dieu sait combien! d'être condamné à te parler avec cette froideur au milieu de tant d'yeux qui nous épiaient. J'enrageais comme un chien de te voir et de ne pouvoir te dire un mot de tant de choses que j'avais sur les lèvres. Tu doutes que je t'aime et tu me le dis en face, tandis que je perds la tête; tandis que tu es ma seule pensée! Tandis que je crois t'aimer autant que tu m'aimes, sinon plus, il faut que je t'entende dire que je ne t'aime pas et que je suis de glace! Tu voudrais que je fisse l'amour comme un collégien, à grand renfort de soupirs et de grimaces; cet amour est bon pour les nigauds : n'espère pas le trouver en moi.

« J'aime, mais comme on doit aimer, en gardant mon amour au fond du cœur et en ne le laissant voir qu'à celle que j'aime. Quand tu me connaîtras bien, tu verras que tes soupçons étaient injustes, et tu ne voudras plus m'infliger de si pénibles reproches. J'en aurais aussi, moi, des soupçons, si je voulais; mais je connais ton cœur, je compte sur toi, je vis tranquille : pourquoi n'en fais-tu pas autant? Oui, ma chère Tolla, si tu m'aimes, comme j'en suis convaincu, ne m'accuse plus de froideur : tu me ferais de la peine.

« Liberté sainte, où es-tu? Pourquoi n'es-tu pas au milieu de nous? J'aurais voulu, entre autres choses, t'interroger sur un certain alinéa d'une de tes lettres qui demande des éclaircissements; mais que faire? c'était à chaque instant ou monsignor Rouquette ou Pippo qui tournait les yeux de notre côté.

« Tu m'as dit, et j'ai encore cela sur le cœur, que je n'avais pas voulu venir plus tôt. Pourquoi accables-tu un opprimé?

« Je voudrais non-seulement aller à toi, mais rester auprès de toi, vivre avec toi sans te quitter une minute; mais où veux-tu que je prenne du temps, lorsque je suis forcé d'être toute la journée à la maison auprès de mon père? Il est aveugle, Tolla, et tu dois comprendre combien mes soins lui sont nécessaires. Je n'ai à moi que l'après-midi. Disposes-en comme tu voudras; si tu me fournis un moyen d'aller à Albano et de revenir en quatre heures, je suis prêt à en profiter.

« Hier, je suis rentré un peu tard, mais ce pauvre papa ne m'a rien dit. Presse donc votre retour à Rome !

« Ma santé n'a pas souffert depuis hier. J'ai l'estomac barbouillé, mais cela se passera. Je voudrais bien engraisser un peu : je ne sais si j'y parviendrai.

« Depuis hier soir, je me suis frappé le front plus de quarante fois en me disant : « J'avais encore « ceci et cela à lui dire! » Mais, quand je songe aux témoins qui nous observaient, je reconnais que j'ai mieux fait de réserver tout cela pour ton retour.

« Tu me pardonneras cette longue semonce, car tu reconnaîtras que c'est mon cœur qui parle. Fasse le ciel que mes remontrances produisent l'effet que je désire, et que tu cesses d'aggraver par tes reproches la douleur que j'éprouve de vivre loin de toi ! Ne doute jamais de l'amour, du tendre amour de ton très-affectueux et fidèle

« LELLO. »

Cette lettre passa, comme toutes les autres, sous les yeux de la famille de Tolla. Mme Feraldi fut d'avis de proposer une nouvelle entrevue. Toto pensa qu'il valait mieux retourner à Rome. « Je n'espère rien, dit-il, des entrevues qui auront pour témoin monsignor Rouquette; et, quant à laisser Lello aux mains de l'habile homme qui a si bien rompu le mariage de son frère, c'est une imprudence que je ne vous conseille pas. Avez-vous remarqué la figure de ce digne monsignor?

— Je n'ai pas regardé, dit Tolla.

— Il a une laideur agréable, dit la comtesse.

— Les lèvres minces, dit le comte.

— Et l'œil mauvais, ajouta Toto. Ou je me trompe fort, ou ce galant homme, cet ami intime du vieux colonel Coromila, a commencé contre nous une petite campagne. Nous sommes en force pour nous défendre, mais à une condition: c'est que nous nous transporterons sans tarder sur le champ de bataille. Si l'on m'en croit, nous partirons demain. Le choléra n'est plus à craindre; l'automne tire à sa fin, nous faisons du feu : rien ne nous retient plus à l'Ariccia, et tout nous rappelle à Rome.

— Il a raison, dit le comte.

— Quel bonheur ! dit Tolla. Je le verrai demain.

— Nous emmènerons Menico, dit la comtesse. J'ai appris que Tobie, le portier, s'enivrait et battait sa femme : Menico le remplacera.

— Tant mieux ! s'écria Toto. C'est plus qu'un domestique, c'est un ami intelligent et dévoué.

— Et brave !

— Et vigoureux ! Les espions des Coromila n'auront pas beau jeu avec lui.

— Et prudent! Jamais une querelle. Il a des bras à assommer un bœuf, et il n'a pas donné un coup de poing dans sa vie.

— Te souviens-tu, Tolla, du jour où il avait volé pour toi les abricots du voisin Giuseppe? Le jardinier voulait le battre : il se contenta de relever ses manches, et le jardinier l'envoya prudemment à tous les diables. »

Cet éloge de Dominique fut interrompu comme par un coup de foudre.

On entendit dans la cour de la villa des cris si aigus, que tout le monde se leva en sursaut. Au même instant, Amarella pâle, les yeux hagards, et violemment émue pour la première fois de sa vie, vint annoncer que le cheval de Menico était rentré seul, au galop, la bride sur le cou. Menico était le meilleur cavalier de l'Ariccia ; que son cheval l'eût désarçonné, on ne pouvait le croire. Aurait-il été victime d'un guet-apens? on ne lui connaissait point d'ennemis. Toto sortit en courant, suivi de tous les hommes de la maison et d'Amarella. Ils n'avaient pas fait vingt pas dans le village, qu'ils rencontrèrent un groupe de paysans qui rapportaient sur un brancard le corps de Dominique. Une balle lui avait traversé la tête d'une tempe à l'autre.

Le barbier accourut au bout de quelques minutes. C'était un petit homme jovial. Il déclara qu'il n'y avait rien à faire pour le blessé, qu'une bonne bière en bois de sapin : il avait le cerveau traversé de part en part, et il serait froid dans une heure. « Pauvre Menico! ajouta-t-il d'un ton guilleret, je voudrais pouvoir te guérir; mais, que veux-tu, je je ne suis pas le bon Dieu! »

Le corps fut déposé dans une des chambres du rez-de-chaussée. Toto et Tolla refusèrent de le quitter, et voulurent passer la nuit en prières avec le curé de la paroisse. Amarella disparut après la consultation du barbier.

Le frère et la sœur prièrent ardemment pour la vie de Dominique, ou du moins, puisque tout espoir était perdu, pour le salut de son âme. L'idée qu'il allait comparaître devant son juge sans avoir eu un moment de connaissance faisait frémir la bonne Tolla. « Si du moins, disait-elle, Dieu lui permettait de recevoir les secours de la religion et de détester ses fautes!

— Son pouls bat toujours, disait Toto, mais si faiblement qu'on le sent à peine. Pauvre Menico! c'était notre ami le plus ancien.

— Nous avons perdu le bon génie de la maison. Je m'attends à tout désormais. Lello ne m'aime plus! »

A quatre heures du matin, le blessé n'avait pas repris ses sens; cependant son pouls battait encore. Tolla, pâle et les cheveux épars, agenouillée devant le grabat, ressemblait à ces statues de la Prière que le sculpteur a prosternées devant les tombeaux des rois. Son frère s'était assoupi; elle-même était plongée dans une sorte de stupeur. Elle n'entendit pas le bruit d'une voiture qui s'arrêtait devant la porte, et elle se leva brusquement sur ses pieds, croyant rêver, lorsqu'elle vit entrer Amarella suivie du docteur Ely. Amarella avait fait six lieues en trois heures sur le cheval de Menico.

Le comte et la comtesse arrivèrent au bout de quelques minutes. En leur présence, le docteur reconnut l'entrée et la sortie de la balle, situées toutes deux à six centimètres au-dessus de la commissure externe des yeux; mais la balle, au lieu de traverser le cerveau, avait circonvenu les os en sous-parcourant la peau du crâne, et l'état du blessé, quoique grave, n'était point désespéré. Lorsque le pansement fut opéré et l'appareil placé, Menico revint à lui. Son premier regard fut pour Tolla, le second pour le curé.

« Aurai-je le temps de me confesser ? demanda-t-il d'une voix éteinte.

— Oui, mon garçon, répondit le docteur; j'espère même que tu auras le temps de vivre. »

Tous les assistants se retirèrent dans la chambre voisine. Au bout d'un quart d'heure, on les fit rentrer.

Le prêtre s'en alla chercher le saint viatique à tout événement. Le blessé paraissait jouir de toutes ses facultés intellectuelles ; seulement il était faible et abattu.

Le docteur s'arrêta un instant avec le comte à la porte de la chambre, et ils échangèrent à voix basse les paroles suivantes :

« Savez-vous, demanda le docteur, comment cela est arrivé ?

— Non, cher docteur : on l'a trouvé sur la route d'Albano.

— Avait-il des ennemis ?

— Nous ne lui en connaissons pas.

— Son père, ses frères ne sont en guerre avec personne ?

— Il est fils unique, et son père est mort il y a dix ans.

— S'il connaît son assassin, pensez-vous qu'il soit disposé à le nommer ?

— J'en doute. Vous savez le peu de respect qu'ils ont tous pour la justice.

— Oui, ils aiment mieux se venger que se plaindre, et ils croiraient commettre une lâcheté en invoquant le secours des lois.

— Cependant je vais essayer de le faire parler. Il ne faut pas que ce crime reste impuni.

— Essayez. Il est très-faible; il n'aura pas la force de mentir.

— D'ailleurs, il vient de recevoir l'absolution : il n'osera pas commettre un péché. »

Cette conversation ne fut entendue d'aucun de ceux qui entouraient Menico; mais il arrive souvent que les malades ont l'ouïe d'une sensibilité prodigieuse, et les yeux de Menico brillèrent d'un éclat singulier à ces paroles du docteur : « Ils aiment mieux se venger que se plaindre. »

« Docteur, observa le comte en approchant, ce n'est pas nous qui ferons l'interrogatoire. La femme de chambre de ma fille ne nous a pas attendus pour le commencer. »

Amarella disait à Menico : « Eh bien! mon pauvre garçon, tu as donc des ennemis?

— Tu vois bien que non, puisque tout le monde pleure autour de moi.

— Si je savais quel est le méchant qui t'a tiré un coup de fusil!

— On ne m'a pas tiré un coup de fusil. C'est moi qui suis tombé sur les cailloux.

— Mais comment serais-tu tombé sur les deux tempes en même temps?

— Cela n'est pas plus difficile que de dormir sur les deux oreilles.

— Mais, malheureux, tu avais une balle dans le corps!

— Est-ce que j'avais une balle dans le corps?

— Oui, tu avais une balle dans le corps. »

Il répondit en riant doucement : « C'est que j'aurai bu après quelqu'un de malpropre.

— Nous ne saurons rien, dit le comte.

— Il a le cerveau aussi sain que vous et moi, ajouta le docteur. Maintenant je réponds de sa vie. »

Amarella poussa un cri de joie.

« De quoi te mêles-tu? lui demanda naïvement Menico. Mademoiselle Tolla, je suis content de ne pas mourir avant votre mariage. Monsieur le comte, j'ai une grâce à vous demander. Quand je serai guéri, voudrez-vous permettre que j'aille vous servir à Rome?

— C'est une affaire arrangée depuis hier, dit Tolla.

— Certes, ajouta son père, je ne veux pas te laisser ici, exposé aux coups du brigand qui a voulu t'assassiner!

— Merci, monsieur le comte. Vous m'avez bien compris.

— Docteur, demanda Toto, ne pourriez-vous nous

prêter quelqu'un de vos élèves qui achèverait ce que vous avez si heureusement commencé?

— C'est bien mon intention.

— Je tiendrai compagnie à ce jeune médecin et à mon bon Menico jusqu'à ce que la guérison soit parfaite. Mon père, ma mère et ma sœur partent avec vous ce matin pour Rome. »

VI

Pour la première fois de sa vie, Tolla quitta la campagne sans regret. Elle se plaignait de la lenteur des chevaux : il lui tardait d'être à Rome. Du plus loin qu'elle aperçut le dôme de Saint-Pierre, elle battit des mains par un mouvement de joie enfantine qui fit sourire le docteur.

Cependant, si elle avait été en état d'analyser ses sentiments et de rendre compte de l'état de son cœur, elle aurait reconnu que son bonheur était plus mélangé et sa joie moins tranquille qu'à l'époque de son départ pour l'Ariccia. Au mois d'août elle ne craignait que pour la vie de Lello, et cette crainte était tempérée par une confiance aveugle dans la bonté de Dieu : elle aurait cru calomnier la

Providence en supposant que le fléau pût frapper son amant. Mais cette malheureuse entrevue, la contenance embarrassée de Lello, la présence de monsignor Rouquette, la dernière lettre qu'elle avait reçue, les observations que cette pièce singulière avait suggérées au comte et à Toto, enfin le coup mystérieux qui venait de frapper le plus humble et le plus dévoué de ses amis, toutes ces circonstances accumulées jetaient dans son âme un trouble secret dont elle essayait en vain de se défendre. Elle devinait que ce qu'elle avait à craindre, ce n'était plus un de ces malheurs soudains qui viennent directement de la main de Dieu, mais plutôt quelqu'un de ces coups invisibles que dirige la haine ou l'ambition des hommes. Au demeurant, la perspective de piéges à déjouer, de résistances à vaincre, d'obstacles à surmonter, en un mot d'une guerre à soutenir, ne lui faisait pas peur. Elle avait appris dès l'enfance à franchir les barrières et à ne craindre ni fatigue ni danger. Cette éducation virile avait aguerri son esprit.

« Nous verrons bien, se disait-elle, si un amour honnête ne sera pas assez fort, avec l'aide de Dieu, pour triompher de la haine et de l'intrigue. »

En entrant à Rome, la comtesse reconnut monsignor Rouquette, qui descendait de voiture devant le musée de Saint-Jean de Latran. Elle le montra au docteur Ely.

« Monsignor Rouquette! dit le docteur.

— Le connaissez-vous?

— C'est un de mes malades; mais comme il se porte mieux que moi, nous ne nous voyons pas souvent.

— Que dit-on de lui par la ville?

— On dit que c'est un galant homme et un homme d'esprit, qui pourra, si Dieu le veut, devenir plus tard un saint homme.

— Voilà tout ce qu'on dit?

— Tout, répondit prudemment le docteur.

— Alors, cher docteur, dites-moi ce qu'on en pense, car Rome est la ville du monde où ce qu'on pense ressemble le moins à ce qu'on dit.

— On pense que monsignor Rouquette n'est ni jeune ni vieux, ni beau ni laid, ni blond ni brun, ni grand ni petit, ni riche ni pauvre, ni prêtre ni laïque, ni honnête ni fripon, ni.... Mais pourquoi me forcez-vous à me compromettre?

— Parlez, mon ami, dit vivement Tolla. Cet homme, que j'ai vu il y a trois jours pour la première fois, est venu se jeter au travers de mon bonheur, pour me servir ou pour me perdre. Apprenez-moi, si vous le connaissez, ce que je dois craindre ou espérer.

— Tout, mon cher petit ange, selon qu'il sera pour vous ou contre vous. Vous savez que j'ai la mauvaise habitude de juger les gens sur la physionomie : ce monsignor-là possède une des figures les plus significatives qu'il m'ait été donné d'observer, une vraie tête d'étude. Le front est haut et large, le crâne vaste, le cerveau développé, les yeux petits, ronds et enfoncés, les prunelles d'un bleu aigre et transparent, comme chez les bêtes fauves, les narines ouvertes, mobiles et palpitantes, signe infaillible de passions ardentes et de grands appétits ; les lèvres fines, si toutefois il a des lèvres ; des dents à tout mordre : un menton court, ramassé, trapu et profondément entaillé par une fossette ; le front plissé, les pommettes couperosées et une large patte d'oie épanouie sur chaque tempe. Devinez à quoi je pense en voyant cette figure travaillée, tourmentée et crevassée par un feu intérieur ? A la solfatare de Naples. Je flaire un volcan mal éteint, et Dieu me pardonne ! je crois voir la fumée sortir des rides de son front.

— Bravo, docteur! interrompit le comte. On dirait, à vous entendre, que Son Éminence le cardinal-vicaire a un secrétaire intime venu en droite ligne de l'enfer.

— Je ne sais pas s'il en vient, mais je vous réponds qu'il y va. M. Rouquette est un homme vigoureux de corps et d'esprit, qui, pour son malheur et pour celui des autres, est né dans une étable de village ou dans une mansarde de Paris avec des instincts de prince. Le monde n'a jamais manqué de ces hommes d'action que le sort jette sur le pavé, sans argent, sans naissance et sans aucun autre instrument d'action que leur intelligence et leur volonté. Ils deviennent, selon les circonstances, illustres ou infâmes ; ils font beaucoup de mal ou beaucoup de bien, mais ils ne meurent pas sans avoir fait quelque chose. Soit qu'ils détroussent les passants, comme Cartouche, soit qu'ils dévalisent les peuples, comme Law, soit qu'ils renversent les trônes, comme Marat, soit qu'ils fondent des dynasties, ils ont entre eux une étroite parenté, et ils appartiennent tous à la grande famille des aventuriers. Rouquette est un des cadets de la famille. Au temps des petites guerres du moyen âge, il aurait commandé une troupe de routiers ; pendant les luttes de Louis XIV, il aurait obtenu des lettres de marque et commandé un corsaire ; au siècle suivant, il aurait inventé quelques mines du Mississipi ou tenu les cartes dans quelque tripot ; sous la république française, il eût été orateur de son carrefour et le président de sa section. En 1837, découragé de vivre dans un pays où la paix, la loi, la troupe de ligne et la gendarmerie ont fermé à jamais l'ère des aventures, il est venu à Rome : il aspire aux dignités ecclésiastiques, les seules qui soient accessibles à un homme d'esprit sans naissance et sans fortune. Il choisit dans le sacré collége les deux hommes qui ont le plus de chance d'arriver à la papauté ; il se fait secrétaire du cardinal-vicaire, il s'insinue dans la confiance du cardinal Coromila. Sans renoncer aux douceurs de la vie laïque, car il n'est pas même tonsuré, il porte l'habit ecclésiastique, il obtient le titre de monsignor et le droit de mettre des bas violets : prêt à entrer dans les ordres au premier évêché vacant, ou à jeter la soutane aux orties dès qu'il trouvera une dot à épouser. Habile à tout, capable de tout, obéissant aux événements jusqu'à ce qu'il puisse leur commander, commandant à ses passions jusqu'à ce qu'il soit assez riche pour leur obéir, il a déjà gagné assez de crédit pour que rien ne lui soit impossible, pas même le bien. Si quelque intérêt proche ou lointain le porte à assurer votre bonheur, comptez sur lui, vous serez heureuse : mais s'il s'avisait de parier que je mourrai dans l'année, ma foi ! je commencerais par faire mon testament. Tout cela entre nous ! ajouta le docteur en appuyant l'index sur ses lèvres. Mais ne me dira-t-on pas, à moi qui ai ouvert à cette belle enfant les portes de la vie, quel danger elle craint et quel bonheur elle espère ? »

La comtesse lui raconta en quelques mots l'histoire des amours de Tolla.

« Je ne vois pas apparaître monsignor Rouquette, dit le docteur.

— Maman a oublié de vous dire que, la seule fois que Lollo est venu nous voir à la campagne, monsignor Rouquette était avec lui.

— *Diamine!* » dit le docteur. C'était son juron favori. *Diamine* est un blasphème anodin qui remplace *diavolo!* comme en français *jarnicoton* remplace *jarnidieu.* « C'est ce Rouquette qui a rompu le mariage de Coromila l'aîné avec une Vénitienne.

— Nous le savons.

— Dans quel intérêt a-t-il fait cela? Pour complaire au cardinal. Le chevalier ne compte pas. Or le prince et le cardinal s'en iront prochainement rejoindre leurs ancêtres : je ne leur donne pas six mois. Eh bien, mon petit ange, votre affaire ne me paraît pas mauvaise. Quand les deux vieux Coromila n'y seront plus, Rouquette n'aura plus aucune raison de contrarier votre mariage. Ayez seulement six mois de patience et de prudence, et recommandez au beau Lello d'étouffer son feu sans l'éteindre.»

Les conseils du docteur furent scrupuleusement suivis. Lello n'avait pas besoin qu'on lui recommandât la prudence. Mme Feraldi se chargea du soin d'organiser le bonheur de ses deux enfants. Lello venait tous les soirs à l'*Ave Maria* passer une heure auprès de sa maîtresse ; il courait ensuite dire le chapelet avec sa famille ; il s'habillait et allait dans le monde, où il revoyait Tolla. Les jours où Tolla ne sortait pas, il savait, sans se faire remarquer, prélever une heure ou deux sur sa soirée pour causer avec elle.

Ils avaient adopté, dans le salon du palais Feraldi, une embrasure de fenêtre grande comme une de ces chambres que les architectes nous construisent à Paris ; ils en avaient fait leur salon particulier, leur domaine inviolable, et comme le sanctuaire de leur amour. Assis en face l'un de l'autre, le coude appuyé sur la fenêtre, ils recommençaient tous les soirs l'éternelle conversation que le genre humain répète depuis tant de siècles sans la trouver monotone. Quelquefois, à bout de paroles, ils gardaient le silence, ce silence des amants, qui est le plus doux des langages. Quelquefois, penchés l'un vers l'autre, la main dans la main et les larmes bien près des yeux, ils disaient et redisaient ensemble deux mots où se concentraient toutes leurs pensées et toutes leurs espérances :

« *Lello mio!*

— *Tolla mia!*

« Mon Lello ! Ma Tolla ! » Il est bien vrai que l'italien est par excellence la langue de l'amour. La voix se repose doucement sur la première syllabe de *mia*, et donne au mot ainsi prolongé toute la suavité d'une caresse.

Lello et Tolla se querellaient quelquefois et ne s'en aimaient que mieux. Ces querelles, toujours suivies du baiser de paix, sont l'assaisonnement du bonheur. Ils s'étaient promis l'un à l'autre que jamais, quels que fussent leurs griefs, ils ne se sépareraient le soir sans être réconciliés.

« Je ne veux pas, disait Tolla, que tu t'endormes sur une mauvaise parole.

— Enfant ! répondait Lello, est-ce que je dormirais ? »

Tolla avait l'âme trop sincèrement pieuse pour ne pas songer au salut de son amant. D'ailleurs un instinct secret l'avertissait peut-être qu'il n'oublierait pas ses devoirs envers elle, tant qu'il se souviendrait de ses devoirs envers Dieu. En plaidant la cause du ciel, elle plaidait la sienne.

Lello n'avait jamais négligé ces obligations de piété extérieure que les lois de Rome rappellent et imposent au besoin à tous les sujets du pape, et que les jeunes gens les plus dissipés accomplissent sans marchander. Il faisait beaucoup plus, en apparence, que la religion la plus austère ne commande ; mais Tolla eut fort à faire pour lui rendre les sentiments religieux qu'il professait et qu'il n'avait plus. Elle le tançait doucement, et le priait de mettre ses idées d'accord avec sa conduite. « Tu es, lui disait-elle, un mauvais chrétien d'une espèce singulière. Les autres pensent bien et agissent mal : toi, tu penses mal et tu agis bien. Je ne te dirai donc pas, comme mes confrères les prédicateurs : Conformez votre conduite à votre foi ; mais plutôt : Tâchez de croire à ce que vous pratiquez. »

Comme l'impiété de Lello n'avait rien de systématique, et qu'elle tenait moins du scepticisme que du libertinage, elle guérit. Tolla eut la joie de convertir son amant, de détruire l'effet des mauvaises compagnies et de dissiper au souffle de l'amour les fumées dont il avait le cerveau obscurci. Les deux amants prièrent ensemble, et la prière devint le plus cher plaisir de Tolla. Lello voulut qu'ils eussent le même confesseur. « Il mettra, disait-il, un lien de plus entre nous ; nos péchés mêmes seront ensemble. » Tolla accepta le confesseur de Lello.

Jamais le jeune Coromila n'avait été aussi amoureux : il jouissait de son bonheur provisoire sans songer au combat qu'il faudrait livrer pour le rendre définitif. Si parfois, au milieu d'un doux entretien, l'image de son père, de ses oncles, de ce formidable tribunal de famille, se présentait à son esprit, il fermait les yeux pour ne pas voir. Lorsque

Toto revint à Rome, dans les premiers jours de décembre, avec Menico parfaitement guéri, il fut émerveillé de l'harmonie qui régnait entre les deux amants. Tolla s'était fait peindre en miniature pour se donner à Lello. Derrière l'ivoire du portrait, elle avait écrit de sa main : *Aspettando !* « En attendant ! » De son côté, Lello avait passé quarante ou cinquante heures dans l'atelier de M. Schnetz, qui lui avait peint un portrait magnifique, grand comme nature, et plus beau. L'artiste avait merveilleusement interprété la beauté de Lello et mis en relief tout ce qu'il y a de romain dans sa physionomie. Les deux portraits furent terminés en même temps, quoique les deux amants ne se fussent pas entendus, et, le jour où Lello apporta le sien à Tolla, croyant la surprendre, Tolla tira de sa poche sa miniature encadrée d'un petit cercle d'or.

Quand ils se rencontraient dans le monde, ils s'y conduisaient avec la plus grande réserve ; ils dansaient rarement ensemble et ne se regardaient qu'à la dérobée. Dans les premiers jours qui suivirent le retour de Tolla, Lello se trahit un peu malgré toute sa prudence. Il était d'une gaieté folle, et la joie lui sortait par les yeux ; sa contenance fut remarquée, et Tolla le pria de veiller sur lui. Alors il s'observa si bien, il fut si froid, si sérieux et si guindé que toute la ville se demanda ce qu'il avait.

Tolla revint à la charge et ne lui ménagea pas les leçons. Enfin, après quelques oscillations, il trouva son équilibre, et ne ressembla plus à une victime ni à un triomphateur.

Mme Fratief et sa fille épiaient avec une persévérance toute féminine les moindres mouvements de Lello. A leur grand regret, elles étaient réduites à le surveiller elles-mêmes. Elles avaient perdu leur digne espion, ce pauvre Cocomero. Il avait quitté la maison le 6 octobre, de lui-même et sans qu'on pût savoir quelle mouche l'avait piqué. Nadine supposait qu'il était retourné à Naples : depuis quelque temps, il paraissait atteint d'une mélancolie qui ressemblait beaucoup au mal du pays. La générale inclinait à croire qu'il s'était enrôlé dans l'honorable corporation des sbires, où l'on ne manquerait pas d'apprécier ses talents. En attendant qu'il daignât donner de ses nouvelles, on l'avait remplacé à la maison par un grand lourdaud du Transtevère, et la générale le remplaçait de son mieux à la ville. Elle ne rencontrait jamais Lello dans le monde sans lui dire: « Attention ! j'ai l'œil sur vous ! » Lello, dûment averti, se surveillait sévèrement et prenait la générale en horreur.

Elle s'avisa que Lello n'aimait peut-être Tolla que par amour-propre et à force d'entendre dire qu'elle était la plus jolie fille de Rome. « Nous sommes bien sottes, pensa-t-elle, de lui avoir laissé faire cette réputation-là! » La première fois qu'elle rencontra Tolla, elle lui cria: « Eh! mon Dieu! ma toute belle, qu'avez-vous? vous êtes toute défaite! » Le lendemain, dans une autre maison, elle dit à Mme Feraldi: « Chère comtesse, pensez-vous à la santé de Tolla? elle ne se ressemble plus depuis quelque temps! » Elle allait répétant à qui voulait l'entendre : « Est-ce que la plus jolie fille de Rome est malade? Elle se fane de jour en jour, et ses parents n'ont pas l'air de s'en douter. Savez-vous qui est son médecin? » Cinq ou six mères de famille, qui avaient des filles à marier, furent frappées de la justesse des observations de la générale. Elles virent avec les yeux de la foi que Tolla avait les bras maigres et la figure fatiguée; elles le dirent sur les toits, et bientôt il ne fut bruit que du dépérissement de Tolla.

Tolla avait non-seulement cet éclat de santé que les femmes rapportent de la campagne au commencement de l'hiver, mais encore ce je ne sais quoi de radieux, de vivace et de bruyant que le bonheur ajoute à la beauté. Il aurait fallu que Lello fût aveugle pour la croire enlaidie. Il se contenta de sourire tranquillement le jour où il entendit quelques bonnes âmes chuchoter autour de lui :

« Regardez donc la Feraldi. Est-elle passée!

— Pauvre fille! Jaune comme un fruit dans une armoire.

— Les yeux battus.

— Les lèvres molles.

— Il lui reste sa physionomie.

— Oui; si on lui ôtait cela, elle serait presque laide. »

Nadine, de son côté, avait dressé une batterie contre la mère de Tolla. Elle allait disant d'un petit air ingénu qui ne lui seyait pas mal:

« Savez-vous que Tolla est bien heureuse d'avoir une mère comme la sienne ? Cette Mme Feraldi a tant d'esprit que je l'admire. Ce n'est pas ma pauvre bonne mère qui saura jamais attirer un jeune homme à la maison, le flatter, le séduire, l'engager, le compromettre et le conduire, les yeux bandés, jusqu'à la porte de l'église! Après tout, ma bonne mère, je t'aime comme tu es, avec ta naïveté sublime. Nous sommes des sauvages du Nord ; mais mieux vaut la barbarie qu'une civilisation trop avancée. N'envions pas le savoir-faire des habiles, et gardons la blancheur de nos neiges natales. »

Nadine et sa mère, à force de fréquenter l'église des Saints-Apôtres, acquirent la certitude que Lello venait tous les soirs au palais Feraldi. La générale se chargea d'en répandre la nouvelle avec un commentaire de sa façon : « Que vous semble, disait-elle à toutes les femmes de sa connaissance, d'une mère qui protége de pareils rendez-vous ? Quand le prince est entré, la grande porte se ferme, et le concierge, une espèce de brute, n'ouvrirait pas pour un million. Moi, si un jeune homme était admis à faire sa cour à mademoiselle ma fille, je laisserais ma porte ouverte à tout le monde. On ne se cache que pour mal faire. La petite est vraiment à plaindre : elle aime ce garçon, on l'enferme avec lui ; le moyen qu'elle se défende ? Cependant il est possible que cela tourne à bien. Si le prince s'avançait si loin, si loin qu'il lui fût impossible de reculer ! On fera parler l'honneur, l'amour, la reconnaissance ; ne pourrait-on même pas le contraindre ? Toutes les fautes ne sont pas des maladresses, et il y a souvent plus d'habileté dans un quart d'heure d'oubli que dans dix années de vertu. »

Ces calomnies furent colportées bruyamment dans tous les salons de Rome. On les fit sonner très-haut dans l'espoir qu'elles arriveraient aux oreilles de la famille Coromila. Elles furent recueillies précieusement par trois personnes.

La première était Rouquette, qui s'en réjouit.

La seconde était le frère de Lello, qui s'en effraya.

La troisième était le colonel, qui s'en amusa.

Le pauvre cardinal n'eut pas le temps d'apprendre

ce qu'on disait de son neveu. Il mourut comme un saint, la veille de l'Épiphanie. Rouquette, devenu le commensal et le confident du colonel, remercia intérieurement les alliés inconnus qui secondaient si bien ses projets. Le vieux prince, relégué par ses infirmités au fond de son palais, n'apprenait que les nouvelles qu'on jugeait à propos de laisser arriver jusqu'à lui. Son fils aîné voulait tout lui dire : il craignait que Lello ne fût véritablement livré aux mains d'une famille d'intrigants, mais Rouquette et le colonel le détournèrent de ce dessein.

« Qu'espérez-vous de l'intervention du prince? lui demanda Rouquette.

— Mon père lui défendra de retourner chez cette fille.

— Obéira-t-il?

— Oui. Mon père a beau être vieux, infirme, aveugle, plus semblable à un mort qu'à un vivant, sa volonté est inflexible, et Lello tremble encore devant lui. Il obéira.

— Soit ; je suppose qu'il se montre plus soumis que vous ne l'avez été en pareille circonstance : le prince n'est malheureusement pas éternel. Si Lello consent à oublier pour quelque temps qu'il est majeur et maître de sa personne, il s'en ressouviendra à la mort de son père, et vous ne saurez plus par quel frein le retenir. Gardez-vous d'élever la volonté du prince entre lui et celle qu'il aime; le jour où la mort renverserait la barrière, votre prisonnier vous échapperait, et pour toujours.

— Il a raison, ajouta le colonel. D'ailleurs ton projet nous attirerait des scènes de famille, des larmes, des prières et un débordement de rhétorique dont je bâille à l'avance. Nous agirons quand il en sera temps; rien ne presse. »

Mme Fratief, qui était pressée, dit un jour à la chanoinesse de Certeux :

« Chère madame! on ne parle dans Rome que de l'esprit d'un de vos compatriotes, monsignor.... monsignor.... *Ach!* J'ai perdu son nom. Ce monsignor qui a empêché un prince Coromila de se mésallier à Venise....

— Monsignor Rouquette?

— Précisément, monsignor de Rouquette. Vous qui recevez la fine fleur de la société romaine, dites-moi donc, chère madame, si monsignor de Rouquette a autant d'esprit qu'on veut bien lui en prêter.

— Vous n'avez jamais causé avec lui?

— Je n'ai jamais pu le joindre; et notez que j'en meurs d'envie.

— Si vous étiez assez aimable pour venir prendre

le thé ce soir avec moi, je vous servirais monsignor Rouquette entre la première et la deuxième tasse.

— Ah! chère madame, vous êtes ma bonne étoile. Figurez-vous que Nadine et moi nous importunons le ciel depuis quinze jours pour qu'il nous envoie monsignor de Rouquette. »

Nadine ajouta d'un petit ton dévot : « Ceci nous prouve, maman, que, pour obtenir de Dieu ce qu'on désire, il faut recourir à l'intervention des saints. »

Lorsque Rouquette fut en présence de la générale, il devina aux premiers mots un auxiliaire intéressé et compromettant. Il résolut de s'en amuser et de s'en servir.

Elle crut être fort habile en commençant par le féliciter de la cure qu'il avait faite sur le frère de Lello : de l'aîné au cadet, la transition serait aisée. Mais Rouquette se défendit énergiquement contre les éloges qu'elle prétendait lui faire accepter. « Ce n'est pas moi, dit-il, qui ai guéri le fils aîné du prince Coromila; tout l'honneur de la cure appartient à Dieu et au bon naturel du malade. La famille Coromila ne périra point par les mésalliances.

— Ah! monsignor, vous me rassurez. On disait que le prince Lello était en grand danger.

— Je vous assure, madame, qu'il se porte le mieux du monde.

— L'air des jardins Feraldi est dangereux le soir, et les pauvres cœurs y prennent la fièvre.

— Dieu a fait l'homme plus robuste que la femme, et il arrive que l'un reste en santé, tandis que l'autre tombe malade.

— L'Église a bien raison de défendre les jugements téméraires. L'homme est si prompt à accuser son prochain! On parle quelquefois de serments échangés, de promesses de mariage, d'anneaux passés au doigt, de portraits donnés et reçus, quand il n'y a peut-être rien de vrai que quelques baisers.

— Le monde est encore plus méchant que vous ne croyez, madame. On va souvent jusqu'à inventer des histoires de mariage secret.

— Vraiment!

— De promenade nocturne en tête-à-tête.

— A pied?

— Mieux, madame; en voiture.

— Je n'avais jamais entendu conter pareille chose!

— Avez-vous entendu parler d'un père et d'une mère complices d'un mariage clandestin et forcés de cacher la grossesse de leur fille?

— On dit cela?

— Souvent, madame, tant il y a de méchanceté en ce monde ! Mais les hommes de bon sens laissent tomber ces calomnies.

— Je ne les laisserai pas à terre, pensa la générale.

— Elle les ramassera, » se dit Rouquette.

La chanoinesse vint se mêler à la conversation. « Vous parliez mariage ? demanda-t-elle à Rouquette.

— Hélas ! madame, répondit-il, de quoi parlerait-on dans un pays où l'amour, et par conséquent le mariage, est le seul intérêt de la vie après le salut ?

— On dit que votre compagnon de voyage épouse la fille d'un lord catholique ?

— On l'espère. Si les négociations réussissent, le mariage se fera à Londres au mois de mai.

— Est-ce à Londres aussi, demanda en souriant la chanoinesse, que vous comptez marier Lello ?

— Qui sait ?... Certes, si j'étais à sa place, je chercherais une femme partout, excepté à Rome.

— Pourquoi ? Vous pouvez parler hardiment : tous les Romains sont partis, et ce n'est ni la générale ni moi qui irons vous dénoncer.

— Oh ! madame, je n'ai rien contre les Romains ni contre les Romaines ; mais à mes yeux Rome est le pays du monde où les hommes mariés ont le moins d'avenir. A Paris, à Pétersbourg, à Londres, l'homme qui se marie épouse toute une armée de protecteurs, d'amis, de partisans, qui s'engagent par contrat à le faire parvenir. A Rome, il épouse une femme et rien de plus. Il y a tels mariages qui vous donnent en France la croix et une place de préfet, en Angleterre la députation, en Russie....

— En Russie, ajouta vivement la générale, une clef de chambellan, la noblesse de deuxième classe, des croix, des pensions, des places, la faveur, la fortune et tout.

— Vous voyez bien, mesdames, que Rome est le patrimoine des célibataires, et que les hommes mariés doivent chercher fortune ailleurs.

— La France, dit la générale, est un pays sans avenir. Ces messieurs de 1830 ont tout mis sens dessus dessous, les lois et les pavés. Qu'est-ce qu'un député? Un homme qui n'a pas même d'uniforme! On parle des pairs de France : ont-ils seulement le droit de bâtonner leurs gens? L'aristocratie est tombée bien bas, depuis la suppression du droit d'aînesse.

— Le droit d'aînesse s'est conservé en Angleterre, L'Angleterre est encore bonne.

— Oui ; mais combien trouvez-vous de familles catholiques dans la noblesse anglaise? On les compte, cher monsignor, on les compte. Vous avez eu le bonheur de découvrir un beau parti dans cette petite élite du royaume, raison de plus pour n'y en pas chercher un second.

— Reste donc la Russie. Par malheur, elle est schismatique.

— Schismatique, monsignor ! La Russie n'est pas schismatique. Jamais on n'a dit que la Russie fût schismatique. Il y a des schismatiques en Russie, j'en conviens, mais beaucoup moins qu'on ne pense. Est-ce que toute la Pologne, sans aller plus loin, n'est pas catholique ? L'empereur est le plus tolérant des hommes ; il est le père de tous ses sujets, sans distinction : on ne l'a jamais accusé de favoriser les schismatiques. Que mademoiselle ma fille arrive demain en Russie, soit avec sa mère, soit avec son mari, sera-t-elle moins bien reçue, parce qu'elle est catholique ? Dites, madame la chanoinesse, si le marquis votre frère a dû se faire schismatique pour arriver aux premières dignités de l'empire.

— On m'a conté, reprit modestement Rouquette, qu'en Russie les filles ne recevaient que le quatorzième de l'héritage de leurs parents.

— Distinguons, cher monsignor. En effet, elles n'héritent que du quatorzième lorsqu'elles ont des frères ; mais une fille unique, comme Nadine par exemple, et tant d'autres héritières, ne partage le bien de ses parents avec personne.

— Au reste, nous avons à Rome des jeunes gens assez riches pour prendre une fille sans dot.

— Bien, monsignor! Vous êtes un homme antique. Vous ne donnez pas, vous, dans le travers ridicule des hommes d'aujourd'hui! Je ne connais rien d'impatientant comme cette question : « Qu'a-t-elle? » Eh! mes chers messieurs, ma fille a ce qu'elle a; épousez-la pour elle, ou je la garde. Je vous dirai le lendemain du mariage si elle est sans un sou ou si elle a dix millions. »

A ce chiffre de dix millions, Rouquette prit un air si respectueux que la générale se persuada qu'il était dupe. « Décidément, madame, dit-il en terminant, je crois que, si je m'appelais Lello Coromila, je choisirais ma femme en Russie. Par malheur, je ne suis rien qu'un homme de bon conseil.

— Il va travailler Lello! se dit la générale ivre d'espérance.

— Elle court perdre les Feraldi, » pensa Rouquette en la voyant sortir.

Huit jours après, il n'était bruit que du mariage secret de Lello et de Tolla. On citait le jour, l'heure, la chapelle, le prêtre et les témoins. Ces détails d'une précision inquiétante émurent le frère de Lello : il lui demanda s'ils étaient vrais, et ne voulut croire ses dénégations que lorsqu'elles furent confirmées par Rouquette.

Tolla n'ignora pas longtemps les calomnies que la Fratief avait mises en circulation. Un matin que Mme Feraldi réunissait chez elle quelques jeunes filles de la société et quelques amis de Toto pour répéter ensemble une mazurka, les deux cousines de Tolla vinrent la féliciter de son mariage.

« Quel mariage? demanda-t-elle en rougissant jusqu'aux yeux.

— C'est bien mal à toi, Tolla, de n'en avoir rien dit à tes bonnes cousines!

— Ah! ah! ah! qu'elle est étonnante avec son air étonné! Nous n'aurions pas dû être les dernières à apprendre ton bonheur.

— Figure-toi que j'arrive dimanche dans une maison : la première chose qu'on me dit, c'est que tu es la femme de Lello. Moi, je me mets à rire, et je trouve la plaisanterie assez neuve. Je sors, je rencontre Bettina Nigri et sa mère à la porte d'une église; elles m'arrêtent pour me dire : « Eh bien! « vous avez un nouveau cousin! — Bah! est-ce que « ma tante Feraldi est accouchée? — Non, mais « Tolla s'est mariée avec Lello. » Enfin, hier maman reçoit la plus étrange lettre du monde. On lui écrit de Forli : « Votre nièce est mariée, nous le « savons; il n'est pas question d'autre chose dans « la ville : contez-nous donc les détails de l'aven- « ture! »

Tolla resta muette d'étonnement : après avoir pris tant de soin pour cacher son amour, elle se voyait la fable de la ville et de la province.

Toto vit d'un coup d'œil que tous les témoins de cette scène avaient déjà entendu parler de ce prétendu mariage, et qu'ils y croyaient. Il se hâta de répondre pour sa sœur : « On vous a trompées, mes chères cousines, et, si l'on répète devant vous cette sotte invention de nos ennemis, vous pourrez répondre hautement que Tolla n'est pas mariée. »

Tolla ajouta avec une indignation mal contenue :

« Et qu'elle n'est pas fille à accepter la honte d'une semblable union, et qu'elle méprise un bonheur clandestin, et qu'elle ne voudrait pas d'un roi même à ce prix, et qu'elle ne s'avilira jamais au point d'accepter la main d'un homme qui craindrait de l'épouser à la lumière du soleil et à la face de tous ! »

Les deux cousines s'excusèrent à qui mieux mieux.

« Pardon, dit Philomène, je ne voulais pas te chagriner; mais, comme tout le monde parle de ce mariage, je croyais.... Pardon....

— Mais es-tu simple, dit Agathe, de pleurer pour si peu de chose! Et quand cela serait vrai! Les mariages secrets sont aussi bons que les autres, du moment où le prêtre y a passé, et ils sont bien plus amusants ! »

Le soir, Lello vint avec Philippe. Ils trouvèrent Tolla tout en larmes, et elle leur raconta ce qu'elle avait appris.

« C'est une invention de la Fratief, dit Lello. Il y a huit jours que cela court la ville. Mon frère m'en a parlé.

— Et qu'as-tu répondu ? demanda Tolla.

— J'ai répondu que la voix publique avait menti, et que je n'aurais pas fait un tel pas sans consulter mes parents.

— Tu ne lui as rien dit de nos engagements ? Il serait peut-être temps d'en instruire ta famille.

— Mon cher amour, mon père est plus mal que jamais depuis la mort du cardinal. Si par hasard on l'avait prévenu contre nos projets, la déclaration que j'ai à lui faire pourrait lui porter un coup terrible. Ne vaut-il pas mieux attendre que sa santé soit raffermie, si tant est qu'il puisse guérir ?

— Attendons, dit Tolla. Je me boucherai les oreilles pour ne pas entendre les calomnies de nos ennemis.

— Faites mieux, ajouta Pippo. On vous accuse d'être mariés secrètement. A votre place je voudrais donner raison à ces chers accusateurs. Voulez-vous que je vous trouve un prêtre ? Je serai votre témoin avec quelque ami sûr et discret. Supposez que la chose transpire, personne n'y croira. La nouvelle est usée : elle date de huit jours. D'ailleurs est-ce qu'on croit jamais la vérité?

— Qu'en penses-tu, Tolla? » demanda Lello.

Tolla répondit d'une voix ferme et décidée :

« Mon ami, hier peut-être j'aurais dit oui. Après la scène de ce matin, je me mépriserais moi-même si j'étais capable d'accepter. Nous attendrons. »

Lello et Philippe restèrent au palais Feraldi jusqu'à minuit. Le lendemain, on racontait dans Rome que Tolla et Lello étaient sortis ensemble à la brune. Une personne digne de foi les avait reconnus dans les allées du Pincio, appuyés tendrement l'un sur l'autre. Un second témoin les avait rencontrés en carrosse à cent pas de la porte du Peuple; un troisième les avait surpris dans une petite voiture basse sur l'avenue qui mène à l'église Saint-Paul; un quatrième les avait aperçus à cheval sur l'avenue d'Albano. Un autre ne les avait pas vus, mais il avait fait parler le cocher qui les conduisait tous les soirs. Ces témoignages, qui auraient dû se détruire, se confirmaient l'un l'autre. On aimait mieux croire à l'ubiquité de Tolla qu'à son innocence. Une ligue redoutable se forma contre elle. Toutes les mères qui l'avaient enviée, toutes les filles qui l'avaient jalousée, tous les jeunes gens qui l'avaient désirée, s'enrégimentaient sous les ordres de la Fraticf. Les amis qui pouvaient la défendre, comme la marquise, Pippo, le docteur Ely, étaient accablés par le nombre. La pauvre fille apprenait tous les jours quelque nouvelle calomnie : elle s'en consolait en la racontant à Lello, qui lui promettait de lui payer en bonheur tout ce qu'elle avait à souffrir.

Dans les premiers jours de janvier, les consolations de son amant lui manquèrent. Le vieux prince entrait dans son agonie, qui dura près de trois semaines. Lello, cloué au chevet de son père, trouvait à peine le temps d'écrire tous les jours un billet à Tolla. Elle n'avait plus personne à qui confier ses ennuis : pouvait-elle apprendre à sa mère toutes ces calomnies, où sa mère était plus maltraitée qu'elle-même ?

Elle s'associait à la douleur de Lello, et, quoiqu'elle n'eût jamais vu le prince de Coromila, elle le pleurait comme un père. Elle ne songea pas un seul instant que la mort de ce vieillard assurait son mariage. Le prince mourut. Tolla fut trois ou quatre jours sans aller dans le monde : elle se sentait incapable de retenir ses larmes. Le monde murmura. Si on l'avait vue sourire et valser, on aurait poussé les hauts cris ; on aurait dit qu'elle triomphait de la mort du prince.

Lello, toujours prudent, lui écrivit le lendemain des funérailles de son père : « J'apprends qu'hier au soir on a remarqué ton absence au théâtre. Que cela te serve de leçon pour l'avenir. »

C'était Mme Fratief qui avait pris la peine de courir de loge en loge à la recherche de Tolla :

« Avez-vous vu Tolla ?

— Non.

— Comment n'est-elle pas ici, elle qui adore la musique de Bellini? J'avais quelque chose à lui dire. Je vais passer chez elle après le spectacle. Mais, j'y pense! je ne la trouverais pas. Elle a quelqu'un à consoler. »

On savait cependant que Lello passait la soirée en famille.

Pour excuser sa douleur, Tolla dit qu'elle était malade. Cela n'était qu'un demi-mensonge : la pauvre fille succombait à l'excès de ses ennuis. Ses ennemis la prirent au mot et glosèrent sur sa maladie.

La jeune Nadine disait ingénument à toutes les filles de son âge : « Tâchez donc de savoir quelle est la maladie de Tolla. Ma mère le sait, mais elle ne veut pas me le dire. Il paraît que c'est une maladie que les jeunes filles n'ont jamais, dont on ne meurt pas, mais qui dure bien des mois. »

En apprenant cette nouvelle invention, Tolla guérit de colère : elle sentit ses forces doublées ; tout son être s'exalta, toute son énergie se tendit. Elle retourna dans le monde, courut les théâtres, les bals, les soirées, dansa des nuits entières, fatigua ses valseurs, soupa à quatre heures du matin, but du vin de Champagne, oublia sa pelisse en sortant du bal, commit imprudence sur imprudence, et prouva une santé de fer.

Sa réputation n'y gagna rien. Les uns disaient : « C'est pour mieux cacher *son état.*

— Mais, s'écriait la marquise Trasimeni, elle a une taille à prendre dans la main ! Croyez-vous qu'elle puisse laisser *son état* à la maison ? »

D'autres allaient chuchotant : « Elle ne se ménage pas assez pour une fille qui relève de maladie. »

Un plaisant remarquait la coïncidence de la mort du prince et de la retraite momentanée de Tolla.

« Les Coromila se conservent bien, disait-on. S'il en meurt un, vite il en naît un autre. Coromila est mort, vive Coromila ! »

Mme Fratief, en voyant valser Tolla, disait charitablement à ses voisines : « La malheureuse ! elle veut donc tuer deux personnes à la fois ! »

Cependant Lello s'était laissé conduire à la villa d'Albano, où ce qui restait de la famille se retira pendant quinze jours pour cacher sa douleur et pour l'oublier. On chassait, on faisait de grandes cavalcades et de longs repas. Rouquette organisa savamment cette vie oisive, décente et plantureuse.

Lello eut le temps, non pas d'envier, mais d'entrevoir les douceurs de la vie de garçon. Cependant le voisinage de l'Ariccia, les souvenirs de l'été dernier, peut-être même l'oisiveté, la solitude et la bonne chère, ravivèrent son amour pour Tolla. Un soir, en sortant de table, il lui écrivit : « Je te l'ai dit cent fois, mais je veux te l'écrire, parce que les écrits restent : je t'aimerai toujours, et je saurai mourir plutôt que d'oublier un ange tel que toi. Dieu voit mon cœur, et en sa présence je te jure une fidélité éternelle. »

« Comme il m'aime ! s'écria Tolla lorsqu'on lut cette lettre en famille.

— Voilà un écrit précieux, ajouta Toto. Ne le perds pas, ma fille. Si, après un pareil serment, il refusait de t'épouser, le pape l'y forcerait. »

Les Coromila revinrent à Rome au commencement de mars, et Lello reprit sa place à la fenêtre du palais Feraldi. Après un mois d'un bonheur presque parfait, malgré le déchaînement de la calomnie, il se montra triste et préoccupé.

« Qu'as-tu ? lui demanda Tolla en le regardant jusqu'au fond de l'âme.

— Rien. Des ennuis de famille.

— Tu as tout déclaré à tes parents ?

— Non.

— Ils t'ont parlé de moi ?

— Non.

— Quels ennuis peux-tu avoir ? Tu es majeur, libre, maître absolu de tes actions, riche....

— Moins que tu ne penses.

— Tant mieux ! Je voudrais que tu n'eusses rien ; je serais sûre d'habiter notre petit domaine de Capri. Te souviens-tu de Capri ? Voyons si tu as profité de mes leçons de géographie ! Capri est bornée au nord par l'amour, à l'est par la fidélité, à l'ouest par beaucoup d'enfants.... Ton père t'a donc déshérité !.

— Peu s'en faut.

— Quel bonheur !

— Il a laissé un fidéicommis à mon oncle.

— Le joli mot ! Il veut dire...?

— Que par suite d'un ordre secret de mon père, dont le testament ne dit pas un mot et dont l'exécution est confiée à mon oncle, mon frère aîné sera cinq fois plus riche que moi.

— Ainsi, mon pauvre ami, tu n'auras peut-être pas plus de deux millions ?

— Peut-être.

— Alors, viens à Capri : je te promets pour cent millions de bonheur ! »

Lello mentait, et l'argent n'était pour rien dans sa tristesse. Son père n'avait fait ni fidéicommis ni substitution ; il avait légué au chevalier une terre magnifique qui devait naturellement se partager entre les deux frères après la mort de leur oncle.

La vraie cause du chagrin, de l'embarras ou du remords de Lello, la voici :

Le fils aîné du vieux Louis Coromila, devenu prince depuis la mort de son père, avait terminé les négociations relatives à son mariage; son départ était fixé au 30 avril. Il devait s'embarquer à Civita-Vecchia pour Marseille, traverser la France, séjourner à Paris, arriver à Londres pour les fêtes du couronnement de la reine Victoria, et revenir avec sa femme par la France, la Belgique, l'Allemagne et la Lombardie. Tous les jours on travaillait devant Lello à compléter, à préciser et à embellir ce séduisant itinéraire. Le chevalier et Rouquette ne s'occupaient pas d'autre chose, tandis que le jeune prince enrégimentait sa suite et commandait sa livrée. Toutes les tables de la maison étaient couvertes de cartes routières ; on voyait des Guides étalés sur tous les meubles. A chaque repas, Rouquette s'étendait complaisamment sur la description des plaisirs de Paris. Le chevalier répliquait par le tableau des magnificences de la cour de Londres. Le prince, quoiqu'il dût se faire habiller à Paris, commanda à Rome son habit de cour, dont Lello rêva plus de trois nuits. Rouquette était du voyage;

Il eut aussi de longues conférences avec son tailleur. Ni le chevalier ni le prince ne firent aucune proposition à Lello ; mais on démontrait devant lui que cette longue odyssée ne durerait pas beaucoup plus de deux mois. Le chevalier plaisantait légèrement sur l'esprit casanier, sur les animaux à coquille et sur les souriceaux qui n'osent sortir de leur trou. Le prince se promettait de savourer bien mieux les douceurs de la vie domestique après un temps de voyages et d'aventures.

Ces plaidoiries indirectes se prolongèrent jusqu'aux premiers jours d'avril. Peut-être la famille aurait-elle perdu son procès, si Tolla avait eu un grain de coquetterie ; mais le bonheur de Lello était trop pur et trop égal pour qu'il s'effrayât d'une absence de deux mois.

Sur ces entrefaites, Morandi fit écrire à la comtesse qu'il avait vu sa fille à Lariccia vers le milieu de septembre, qu'il l'avait trouvée plus belle que tous les portraits qu'on lui en avait faits, et que, si Tolla n'avait refusé sa main que par crainte de quitter Rome, il était prêt à déserter Ancône pour la capitale.

Le jeune Feraldi voulait qu'on fît lire cette lettre à Lello ; Tolla s'y opposa formellement. « Une semblable confidence, dit-elle, aurait l'air d'une menace. » Cependant la jalousie serait venue fort à point pour aiguillonner l'amour de Lello et pour ramener son esprit, qui s'égarait à chaque instant vers la France et l'Angleterre.

Tolla s'en doutait si peu, qu'elle employait une partie de ses soirées à lui apprendre le français. Les progrès n'étaient pas rapides : le professeur et l'élève s'embrouillaient à qui mieux mieux dans la conjugaison du verbe *aimer*. Quelquefois, pour faire trêve à la grammaire, elle ouvrait un livre français, le lui mettait sous les yeux, et le contraignait doucement à épeler, à lire et à traduire. A la fin de la leçon, l'écolier reconnaissant embrassait son dictionnaire.

Un soir, ils lurent ensemble la fable des *Deux Pigeons*. Quand Lello eut achevé laborieusement le mot à mot, Tolla lui ôta le livre des mains et traduisit la fable entière en vers libres ou plutôt en prose cadencée ; sa voix, sonore et brillante, avait je ne sais quoi de doux, de tendre et de profond. Lello regardait voler ses paroles harmonieuses ; il croyait voir cette filleule des fées qui n'ouvrait jamais la bouche sans laisser tomber des perles et des émeraudes. Lorsque Tolla lui prit la main en traduisant ces beaux vers :

    Amants, heureux amants, voulez-vous voyager?
      Que ce soit aux rives prochaines!

Soyez-vous l'un à l'autre un monde toujours beau,
  Toujours divers, toujours nouveau ;
Tenez-vous lieu de tout, comptez pour rien le reste.

il baissa la tête et fondit en larmes.

Le matin même, en sortant de la messe, son oncle lui avait dit :

« J'ai un remords.

— Vous, mon oncle !

— Oui, je suis un mauvais parent. Ton frère va partir pour Londres, et je reste à Rome au lieu de l'accompagner. Je sacrifie mes devoirs à mes habitudes.

— Votre conscience est trop scrupuleuse. Est-ce que mon frère a besoin qu'on le mène par la main ? N'est-il pas assez grand pour se conduire lui-même ?

— Oui, parbleu ! S'il allait là-bas pour son plaisir, je resterais ici pour le mien, et je me contenterais de lui souhaiter un bon voyage ; mais il part pour se marier, et je rougis de penser que l'héritier de la plus grande maison d'Italie s'en ira à l'église sans un père, sans un oncle, sans un frère, et seul de sa famille comme un enfant trouvé. Si j'avais seulement dix ans de moins, je ferais mes malles.

— Mais, mon cher oncle, vous vous portez bien,

Dieu merci! et vous n'êtes aucunement cassé. D'ailleurs Londres n'est pas si loin, et l'on peut voyager à petites journées.

— Eh! crois-tu bonnement que ce soit le voyage qui m'épouvante? Non, non; je n'ai pas peur d'une ou deux traversées sur un bon bateau, et de quelques centaines de lieues en chaise de poste. La belle affaire pour un homme bâti comme moi! Ce qui me tuerait, mon ami, ce sont les plaisirs.

— Les plaisirs!

— Oui, les plaisirs. Tu es né à Rome, et tu n'as jamais quitté cette terre de bénédiction; tu ne peux donc pas te faire une idée de la vie dévorante qu'on mène à Londres et à Paris. Déjeuner en ville, dîner en ville, spectacle le soir, bal après le spectacle, rentrer chez soi rompu de fatigue et trouver sur sa table tout un volume d'invitations pour le lendemain; s'habiller trois fois par jour, s'exténuer en visites, se ruiner en compliments; attirer sur soi les regards de tout un peuple; être l'événement du jour, le favori de la mode, la curiosité de la saison; s'observer, se surveiller, poser enfin comme un acteur sur la scène ou un prédicateur en chaire : est-ce une vie pour un homme de mon âge, et ne vois-tu pas que je succomberais au bout d'un mois?

— Mais, mon oncle, un bon dîner ne vous fait

pas peur; vous allez au théâtre tous les soirs: on ne donne pas un bal sans vous inviter, et vous ne vous en portez pas plus mal.

— Pauvre garçon! est-ce qu'on dîne à Rome? On y prend de la nourriture. Tu ne soupçonneras jamais toutes les sorcelleries de ces cuisiniers français, leurs terribles friandises qui séduisent les yeux, captivent l'odorat et centuplent l'appétit; la gaieté diabolique qui pétille au milieu de ces repas, le fracas des bouchons qui sautent au plancher, le cliquetis des verres entassés pêle-mêle devant chaque assiette, l'éclat des cristaux, la lumière éblouissante des bougies, la variété désespérante des vins: c'est un enfer, te dis-je, et j'en reviendrais brûlé jusqu'aux os. Vive la bonne grosse cuisine italienne, que nous mangeons sans bruit dans la vieille argenterie de nos pères! Vivent nos théâtres simples et tranquilles, où l'on ne va que pour entendre de la musique et pour causer dans l'ombre avec ses amis! Ce maudit Opéra de Paris est une fournaise tumultueuse où les plus jolies femmes du monde vont étaler leurs épaules nues sous un lustre pire que le soleil. Et les bals, bonté divine! qu'ils ressemblent peu à nos petites soirées, égayées par la contredanse, le whist et la limonade! Figure-toi un formidable pêle-mêle de luxe, d'élégance et de coquetterie, une musique insensée, des toilettes scandaleuses, une liberté inouïe, des escaliers encombrés de fleurs, des buffets chargés de viandes, des soupers à ressusciter des morts et à tuer des vivants ! C'est un spectacle à voir une fois ; je l'ai vu, je n'en suis pas mort, mais on ne m'y reprendra plus ! Cependant Dieu m'est témoin que je voudrais pouvoir accompagner ton frère. »

Cette appétissante satire des plaisirs de Paris produisit tout l'effet qu'on en espérait : Lello offrit de partir avec son frère. Le mot ne fut pas plutôt lâché que le colonel, sans lui laisser le temps de se reconnaître, courut avec lui annoncer la nouvelle à toute la maison. Le hasard ou la prévoyance de Rouquette fit qu'il y eut ce jour-là vingt personnes à dîner. Tout le monde but au prochain voyage des deux frères.

Lello était venu au palais Feraldi pour apprendre à Tolla ce que toute la ville devait savoir le lendemain ; mais la fable des *Deux Pigeons* lui coupa la parole, et il pleura en songeant qu'il s'était condamné à partir et qu'on lui avait fermé toute retraite.

Il se coucha mécontent de lui-même, incertain de ce qu'il dirait à Tolla et fort en peine de se justifier à ses propres yeux. A force de chercher, il s'avisa de prier Mme Feraldi de tout conter à sa fille. « Le coup sera moins rude, se dit-il, s'il ne vient pas de moi. » Pour faire sa paix avec sa conscience, il se promit qu'une fois hors de Rome il trouverait le courage de demander le consentement de son oncle. Vingt fois il avait eu la bouche ouverte pour lui tout déclarer, et une sotte timidité l'avait toujours arrêté devant le nom de Tolla. C'est la présence de mon oncle qui me trouble, pensa-t-il; je serai plus hardi en face d'un encrier. Il s'endormit fort tard et rêva qu'il était un pigeon battu par l'orage. Il fut réveillé à neuf heures du matin par la visite de Rouquette.

« C'est vous? lui dit-il en se frottant les yeux. Je suis bien aise de vous voir. Connaissez-vous la fable des *Deux Pigeons*?

— Je la sais par cœur. C'est un délicieux roman de trois pages. La morale surtout en est admirable.

— Vous trouvez?

— Sans doute, et je vous recommande de la méditer. Cette fable prouve, mieux qu'un sermon, que deux frères ne doivent pas voyager l'un sans l'autre.

— Deux amants?

— Deux frères!

— J'avais entendu dire qu'il s'agissait de deux amants.

— Qui est-ce qui vous a fait cette plaisanterie? Il

n'y a pas plus d'amour dans la fable que dans la barrette du cardinal-vicaire. Écoutez plutôt :

> L'autre lui dit : Qu'allez-vous faire?
> Voulez-vous quitter votre *frère*?

Et plus loin :

> .... Hélas! dirai-je, il pleut :
> Mon *frère* a-t-il tout ce qu'il veut,
> Bon souper, bon gîte, et le reste?

Mon frère, entendez-vous? D'ailleurs, qui est-ce qui dirait *et le reste*, sinon un frère? Et le frère répond :

> Je reviendrai dans peu conter de point en point
> Mes aventures à mon *frère*.

Croyez-vous, en bonne foi, que, s'il s'agissait de deux amants, les Français feraient apprendre ces vers aux petites filles? Au reste, La Fontaine connaît trop bien le cœur humain pour vouloir que deux amants demeurent cousus l'un à l'autre. Il sait que l'amour le mieux constitué ne résisterait pas à ce régime, et mourrait d'ennui au bout de quelques mois. L'absence, qui tue l'amitié et tous les sentiments tièdes, exalte les passions violentes.

Quelle est la femme qui a donné au monde le plus éclatant exemple de fidélité ? Pénélope, dont le mari a fait une absence de vingt ans. Lucrèce a repoussé l'amour de Sextus parce que son mari était au camp; elle l'aurait peut-être écouté, si elle avait eu Collatin sur ses talons. C'est en amitié que les absents ont tort : en amour, ils ont toujours raison. La petite fleur qui dit *plus je vous vois, plus je vous aime*, est un oracle en amitié; c'est une sotte en amour. »

Fortifié par ces beaux raisonnements, Lello vint à trois heures au palais Feraldi. On venait de quitter la table. Le comte, la comtesse et Toto prenaient le café au salon. Tolla s'habillait pour faire des visites. Il promena sur ses auditeurs un sourire embarrassé.

« Je suis bien aise, dit-il, que Tolla ne soit pas ici. C'est à vous que je viens demander assistance.

— Et contre qui ? dit le comte.

— Contre elle. Si vous ne venez pas à mon aide, elle m'arrachera les deux yeux tout au moins

— Mon cher client, l'affaire n'est pas de ma compétence. Défendez vos yeux vous-même, si vous tenez à les garder.

— Si j'y tiens, c'est qu'ils me servent à voir Tolla.

— Voici bientôt un an qu'elle vous les arrache

tous les jours, reprit la comtesse, et vous n'êtes pas seulement borgne. »

Toto ajouta : « Avec tous les yeux qu'elle t'a arrachés, on aurait de quoi paver la queue d'un paon. Voyons, confesse-toi : qu'as-tu fait ?

— Rien encore ; mais je médite une escapade.

— Renonce à ton escapade, et je réponds de tes yeux.

— Impossible, mon ami, j'ai donné ma parole. Il s'agit d'un voyage.

— A Albano ?

— Plus loin ; mais il est convenu que nous courrons la poste et que notre absence ne durera pas longtemps.

— Huit jours ?

— Davantage. Enfin, puisque j'ai commencé ce diable d'aveu, sachez que mon oncle, bien malgré moi, pour que mon frère ne soit pas seul à ce mariage, a voulu, ne pouvant pas quitter Rome, où il a ses habitudes, me faire partir pour Londres, et il m'a été impossible de refuser. Vous comprenez que si Tolla.... »

Il n'eut pas le temps d'achever sa phrase. Toto, le comte et la comtesse s'étaient dressés comme par ressort autour de lui.

« Vous êtes faible, Lello Coromila, dit sévèrement le comte.

— Lâche cœur, cria Toto.

— Elle en mourra ! dit la comtesse.

— Écoutez-moi, reprit-il d'une voix émue. Je vous jure que j'aime Tolla et que je l'épouserai. Maintenant écoutez-moi. Mon oncle et mon frère, qui sont toute ma famille, désirent absolument que je fasse ce voyage. Je souffre plus que vous ne sauriez croire à la seule pensée de quitter Rome ; mais je voudrais concilier tous mes devoirs. Si je témoigne de la complaisance à mes parents, je puis compter qu'ils me payeront de retour. J'assiste au mariage de mon frère pour que bientôt il assiste au mien.

— Monsignor Rouquette n'est-il pas de la partie ? demanda le comte. Il a obtenu du cardinal-vicaire un congé de trois mois.

— Cela vous prouve, répliqua vivement Lello, que notre absence ne sera pas longue : trois mois au plus, peut-être deux.

— Combien de temps, demanda Toto, a duré son voyage à Venise ?

— Je t'assure, mon ami, que l'on calomnie ce pauvre Rouquette. Depuis six mois que je l'étudie sans qu'il s'en doute, j'ai appris à lui rendre justice. Il m'aime, et il se rangera plutôt avec nous contre les miens, qu'avec ma famille contre nous.

— Puisque vous avez foi en M. Rouquette, dit la

comtesse avec amertume, asseyons-nous. Vous avez vu comme la nouvelle de ce départ nous a agréablement surpris : jugez par nous de l'effet qu'elle va produire sur Tolla.

— Chère comtesse, je souffrirai plus qu'elle. Aidez-moi à adoucir la violence du coup. Je sens que je n'ai plus de courage.

— Il doit t'en rester assez, dit Toto, car tu n'en dépenses guère au palais Coromila.

— Eh bien, oui! je suis faible, je suis lâche; j'ai peur de mon oncle, quoiqu'il soit le meilleur des hommes; j'ai peur de mon frère, j'ai peur de tout. Accable-moi, tu le peux, je te le permets, je ne me défendrai pas : il y a des moments où je me méprise moi-même! Mais que veux-tu! j'ai promis de partir, ma parole est donnée, la ville entière le sait. Hier, à dîner, devant moi, ils ont annoncé mon départ à plus de vingt personnes! Tout cela empêche-t-il que je n'aime ta sœur et que je ne l'épouse à mon retour? La sotte promesse que mon oncle m'a arrachée viole-t-elle les serments que je vous ai faits? »

Lello s'arrêta brusquement; il avait entendu la voix de Tolla, qui descendait en chantant le grand escalier du palais.

La pauvre fille ouvrit la porte, courut à Lello, et s'arrêta tout interdite à la moitié du chemin. Elle vit son père horriblement pâle, sa mère agitée d'un tremblement nerveux, les yeux de son frère pleins de larmes, la figure de son amant bouleversée. Ils se taisaient tous et n'osaient ni se regarder ni la regarder. Son cœur se serra; elle se laissa tomber sur une chaise sans essayer de rompre ce morne silence. Trois longues minutes s'écoulèrent, durant lesquelles on n'entendit que les sanglots de Mme Feraldi. Enfin Tolla n'y tint plus.

« Qu'est-il arrivé? demanda-t-elle; ma mère, mon père, mon frère, Lello, qu'avez-vous? Parlez, je vous en prie. J'aurai du courage; répondez-moi. Maman, je t'en supplie. Ah! vous me ferez mourir! Par pitié, dites-moi ce qui m'arrive!

— Pauvre enfant! répondit sa mère, tu le sauras trop tôt! »

Elle ne demanda rien de plus; elle courut dans la chambre voisine et fondit en larmes sans savoir encore pourquoi. Ce premier moment passé, elle reprit possession d'elle-même et rentra résolument au salon.

« J'ai pleuré, dit-elle. Vous voyez que je suis calme. Maintenant je veux savoir ce que je suis condamnée à souffrir. »

Au premier mot de départ, elle s'évanouit. Sa mère et Toto la portèrent dans sa chambre. Le comte la suivit, oubliant Lello, qui s'enfuit tout éperdu. En passant devant la loge du concierge, il appela Menico, lui mit deux écus dans la main, et le supplia de lui apporter des nouvelles de sa maîtresse. Il attendit deux heures dans une anxiété mortelle. Enfin Menico parut : il était plus pâle qu'à l'ordinaire, mais il avait toujours son air calme et indolent.

« Parle vite! lui cria Lello. Comment va-t-elle?

— Mieux, Excellence. Elle a eu de grosses convulsions; maintenant elle dort : vous ne l'avez pas tuée tout à fait. » Il ajouta, en posant les deux écus sur la cheminée : « Voici votre argent. Vous allez voyager, vous en aurez besoin. Madame vous fait dire que vous pouvez venir au palais demain soir. »

Le lendemain, en entrant dans ce salon où il avait passé de si douces heures, Lello fut saisi d'un frisson étrange. Personne ne se leva pour venir au-devant de lui. Tolla était trop faible pour courir comme autrefois à sa rencontre. Le comte et Toto s'étaient habillés comme pour une cérémonie. On avait enlevé tous les rideaux qui cachaient les vieux portraits de la famille, et Lello pouvait compter autour de lui dix générations de Feraldi. Le comte lui montra de la main le fauteuil qui l'attendait, puis il commença d'une voix ferme et triste :

« Manuel Coromila, vous voyez que nous sommes

ici en conseil de famille. J'ai convoqué mes ancêtres à cette réunion solennelle : je voudrais pouvoir convoquer aussi les vôtres. Vous allez quitter Rome pour longtemps ; je dis longtemps, parce qu'il ne faut pas plus d'un mois pour changer le cœur d'un homme de votre âge. Ce départ, ce n'est pas vous qui l'avez voulu : il vous a été imposé par votre oncle et votre frère. Je sais pourquoi. L'ambition de vos parents ne veut pas que vous épousiez ma fille, et l'on compte sur les plaisirs de Paris et de Londres pour vous la faire oublier. Vous étiez libre de rester : vous avez consenti à partir. Vous étiez libre de déclarer ouvertement votre amour pour Vittoria, depuis tantôt deux mois que vous n'avez plus de père ; vous vous êtes obstiné dans votre prudence et votre timidité. Je ne vous accuse pas. Je ne vous reproche ni les partis que vous nous avez fait rejeter, ni l'amour incurable que vous avez mis au cœur de ma fille, ni les calomnies que vos assiduités ont attirées sur nous, ni la scène d'hier et la douleur dont vous avez rempli ma maison ; mais je pense que c'en est assez et que nous avons assez souffert. Je vois bien que vous n'aimez plus, ou que vous aimez moins, ou que vous n'aimez pas assez pour que l'amour vous donne du courage. Votre constance ne tient plus qu'à un fil, et, sans toutes ces promesses et tous ces serments qui vous sont échappé, la pauvre Tolla serait déjà oubliée. Eh bien ! soyez heureux ; rien ne vous retient plus : je vous rends votre parole. »

VII

Manuel avait écouté avec résignation les reproches du comte, mais la conclusion le mit hors de lui. Il s'était attendu à des paroles sévères, non à cette dédaigneuse restitution de sa liberté. Il pâlit de colère, et balbutia d'abord quelques paroles inarticulées.

« Calme-toi, lui dit Toto ; tu n'as ici que des amis. »

Il reprit avec violence : « Des amis ! Monsieur le comte, si je ne m'étais pas accoutumé à vous regarder comme un second père, je n'endurerais pas si patiemment un tel outrage. Vous me croyez capable de violer mes serments !

— Non.

— Pardonnez-moi. Lorsqu'on dit à un homme : « Je vous rends votre parole, » c'est qu'on le juge assez méprisable pour la reprendre. Je m'appelle Coromila, et l'histoire de Venise, qui est celle de mes ancêtres, ne leur a jamais imputé ni un mensonge ni une trahison. Qui vous a permis de croire que je valais moins qu'eux et que je méditais de les déshonorer tous en ma personne ? J'ai promis d'épouser votre fille ; j'ai fait mieux, je l'ai juré ; je ne l'ai pas juré une fois, mais cinquante, et sur tout ce qu'il y a de plus sacré : je l'ai juré par écrit, vous en possédez les preuves, et vous avez les mains pleines de mes serments ! Et vous m'estimez assez peu pour me dire de sang-froid : « Soyez libre ; je « vous accorde que vous n'avez rien promis, rien « écrit, rien juré ! Décidons à l'amiable que toutes « vos lettres sont des faux, toutes vos promesses des « mensonges, tous vos serments des parjures ! » Monsieur le comte, si l'on parle de la sorte aux hommes qu'on estime, que restera-t-il donc pour exprimer le mépris ?

— Lello, reprit le comte, vous m'avez mal compris, ou plutôt j'ai mal parlé. A Dieu ne plaise que j'élève un doute sur votre honneur, qui m'est aussi cher que le mien. Voici ce que j'ai voulu dire. Lorsque vous avez demandé la main de ma fille, il y a huit ou neuf mois, vous étiez encore dans la dépendance d'un père. En engageant votre personne et votre fortune, vous disposiez en quelque sorte de biens qui ne vous appartenaient pas. Il est possible, et jusqu'à un certain point raisonnable, que le changement survenu dans votre condition, la teneur du testament de votre père, les intérêts nouveaux qui vous condamnent à ménager certaines personnes, les dispositions de votre famille, qui ne s'était pas prononcée en ce temps-là et qui depuis s'est montrée contraire à nos projets, enfin le temps qui use toute chose, même les passions qui se croyaient éternelles, il est possible, dis-je, que l'un de ces motifs vous engage, non pas à violer, mais à regretter vos promesses. S'il en était ainsi, si vous n'aimiez plus ma fille que par scrupule et si vous ne l'épousiez plus que par devoir, mon devoir à moi, dans son intérêt comme dans le vôtre, serait de tout rompre. Si au contraire je me suis trompé, si la prudence, qui est un défaut de mon âge, m'a aveuglé, prouvez-moi mon erreur et guérissez mes craintes : reprenez ces anciens serments qui vous sont échappés dans la première ferveur de votre amour, et donnez-moi en échange une promesse sérieuse et irrévocable, faite de sang-froid, dans la pleine possession de vous-même, en présence de tous les obstacles que vous savez, et à la veille d'un voyage où l'on vous entraîne pour vous arracher à nous. »

Pendant ce discours du comte, Lello sentait peser sur lui les regards de toute la famille. Après un accès de hardiesse dont il ne se serait jamais cru capable, sa timidité naturelle avait repris le dessus. Immobile et morne, il comptait machinalement les fleurs du tapis, dont le dessin se grava pour toujours dans sa mémoire. Il n'osait regarder personne en face, pas même la comtesse et sa fille, dont les yeux le cherchaient pour l'encourager. Il fit un effort pour regarder Tolla, et il leva les yeux jusqu'à ses mains, qui pendaient, à demi fermées, sur ses genoux. Ces petites mains pâles et amaigries parlaient plus éloquemment que le comte Feraldi. Elles rappelaient à Lello tant de chastes baisers, tant de douces étreintes! L'index de la main droite s'était levé si souvent en signe de menace amicale et souriante! Que de fois il s'était appuyé sur les lèvres de Lello pour lui imposer silence! La main gauche portait cette bague de turquoises qu'il y avait mise lui-même, dans une des plus belles heures de sa vie, et qu'il avait promis de remplacer par un anneau de mariage. La maigreur de ces pauvres petites mains résumait une longue histoire de larmes, de soucis, d'incertitudes, de patience, de résignation, de calomnies noblement pardonnées, de prières à mains jointes pour les calomniateurs. La main droite, négligemment renversée et entr'ouverte comme pour recevoir une main amie, semblait se tourner vers lui et lui dire : «Tu ne me veux plus!» Lello entendit ce langage muet, tout en écoutant les paroles du comte. Ces deux discours, l'un ferme et précis, l'autre vague et confus, arrivaient ensemble à son âme, comme le chant et l'accompagnement d'une même mélodie. Il se leva de son siége, s'agenouilla devant Tolla, prit sa main dans la sienne, leva hardiment les yeux sur toute la famille, et dit d'une voix ferme et résolue :

« Je jure....

— Arrêtez, interrompit le comte. Avant de vous lier par ce nouveau serment, songez qu'il doit être irrévocable. Si vous engagez à ma fille cette liberté que je viens de vous rendre, aucun prétexte, aucune raison ne pourra plus vous délier, pas même l'opposition la plus formelle de vos parents.

— Monsieur le comte, je ferai tous mes efforts pour que mon bonheur soit approuvé de ma famille; mais, si mes parents s'obstinent dans une injuste et tyrannique opposition, je me souviendrai que Dieu m'a fait libre. Et maintenant, par ce Dieu qui a comblé votre fille des plus adorables vertus, par ce Dieu qui m'a inspiré pour elle l'amour le plus pur, par ce Dieu miséricordieux avec qui elle m'a réconcilié, par ce Dieu terrible qui n'a jamais laissé le parjure impuni, je jure de n'avoir jamais d'autre femme que Vittoria Feraldi. »

Tolla se pencha vers lui pour l'embrasser; mais la joie fut plus forte qu'elle, elle s'évanouit. Lorsqu'elle revint à elle, elle se cramponna instinctivement au bras de Lello : « Pourquoi t'en vas-tu ? lui dit-elle à l'oreille.

— Maudit voyage ! j'ai consenti sans savoir ce que je disais ; je dégagerai ma parole.

— Ne pars pas ! Tu vois comme je suis faible. Qui sait si tu me retrouveras à ton retour ? »

Il pleura un peu, promit beaucoup, et sortit réconcilié avec les Feraldi et avec lui-même.

En rentrant au palais Coromila, il trouva le tailleur, le brodeur et le passementier qui venaient prendre ses ordres pour un habit de cour. Il eut honte d'annoncer à ces ouvriers qu'il était changé d'avis et qu'il ne voyageait plus. Il les laissa prendre leurs mesures, discuta avec eux la coupe, la broderie, les galons, et ne s'ennuya pas à cet entretien. Rouquette survint, approuva son goût, et lui prédit qu'il ferait oublier Brummel à l'Angleterre. Le colonel entra ensuite, et lui dit : « Toi qui te connais en chevaux, tu m'achèteras en arrivant à Londres une jument pur sang pour la selle et un joli attelage de calèche. Tu t'en serviras durant ton séjour en Angleterre, et tu me les feras expédier le jour de ton départ. » Malgré la perspective d'une commission si agréable, Lello prit son courage à deux mains ; il essaya de dire qu'il n'était pas encore parti, et qu'il avait peur de s'embarquer dans un voyage aussi coûteux. Son frère se présenta fort à point pour répliquer qu'il se chargeait de toute la dépense. Que répondre à de si bonnes raisons? Tolla elle-même renonça à réfuter les arguments du tailleur et du frère, de Rouquette et du colonel. Lello aimait trop le plaisir pour sacrifier un si beau voyage. Tolla aimait trop Lello pour ne pas lui pardonner.

Pour conjurer les mille dangers qu'elle prévoyait, elle ne ménagea point les recommandations à Lello, qui ne lui ménagea point les promesses. Elle employa toutes les soirées d'avril à demander et à obtenir des serments, sans parvenir à se rassurer. Elle fit jurer à Lello que son absence ne durerait pas plus de deux mois. « Mais, pensa-t-elle en frémissant, si dans ces deux mois quelque autre femme!... » Il fit serment de fuir toutes les occasions d'infidélité. « Malheureuse ! se dit-elle ; il aura beau fuir, les occasions viendront à lui ; il est si beau ! » Elle chercha comment elle pourrait l'enlaidir pour deux mois. Elle s'avisa de lui faire couper ses jolies moustaches noires. Le jour où Lello se présenta devant elle avec la lèvre rasée, elle le trouva si étrange et si laid qu'elle se crut sauvée. Elle lui fit promettre, séance tenante, qu'il ne *mettrait* pas ses moustaches avant de rentrer à Rome. Pour être sûre que Rouquette ne lui volerait pas l'estime de son amant, elle fit jurer à Lello que, quoi qu'on pût lui dire contre elle, il suspendrait son jugement jusqu'au retour. « Et moi, dit-elle, quoi qu'on fasse, quoi qu'on dise, quelques preuves qu'on m'apporte, je ne me croirai abandonnée que si tu viens me l'apprendre toi-même. » Un matin, après avoir communié ensemble, ils s'agenouillèrent côte à côte devant l'autel de la Vierge. Tolla fit vœu d'entrer dans un cloître si Dieu ne lui permettait pas d'être à Lello. Lello fit vœu de se retirer dans un ermitage à Capri si quelque malheur ou quelque trahison l'empêchait d'épouser Tolla. Chacun d'eux appela la mort sur sa tête, s'il manquait jamais à ses serments. Au milieu de ces protestations, le mois d'avril passa vite.

Lorsque Rome apprit le prochain départ de Lello, l'avis unanime fut que les Feraldi avaient perdu la partie. On alla jusqu'à dire que Lello se marierait en France. Les mieux informés nommaient la fille qu'il devait épouser. La générale, alarmée par ces faux bruits, craignit d'avoir fait la guerre à ses frais pour quelque famille du faubourg Saint-Germain. Pour sortir de peine, elle invita Rouquette à dîner; mais Rouquette, occupé de mille affaires et peu soucieux de ménager des alliés désormais inutiles, se tira de cette invitation par une réponse évasive. Madame Fratief et sa fille se dépitaient de ne rien savoir. Pendant un long mois on les vit piétiner tous les salons de Rome, le nez au vent, l'oreille au guet, flairant l'air, aspirant le moindre bruit, interrogeant les visages, quêtant les nouvelles, plaignant tout haut la pauvre Tolla, maudissant tout bas monsignor Rouquette, et poursuivant l'introuvable Lello, qui passait toutes ses soirées au palais Feraldi.

La marquise Trasimeni n'était pas à Rome. Le docteur Ely, à la suite d'un gros rhume, l'avait envoyée à Florence dans les derniers jours de mars. Philippe avait pris un congé d'un mois pour accompagner sa mère. Il revint seul le 25 avril, et la première nouvelle qu'il apprit, fut que Lello partait dans quatre jours.

Il poussa un cri de surprise et de colère. « Et Tolla? se dit-il. Est-ce que je serais un sot? Moi qui viens encore de prêcher à ma mère que ses soupçons avaient tort et que ses craintes étaient folles, me suis-je laissé berner par ce vieil ivrogne de colonel? Nous verrons bien! »

Il ne fit qu'un bond jusqu'au palais de Coromila. Lello le reçut au milieu du pêle-mêle de ses bagages. Rouquette, assis sur une malle, lui offrit en ricanant un cigare de la Havane.

« Ah! monsieur, dit Rouquette, que vous arrivez à propos! Nous nous plaignions tout à l'heure d'être obligés de partir sans prendre congé de vous.

— J'arrive tout botté, et voilà sur mon habit la poussière de Florence. Vous voyez, monsignor, que je n'ai pas perdu de temps.

— Croyez-vous ? Il me semble que vous êtes resté un siècle dans cette belle Toscane.

— Un mois, monsignor; pas davantage. Je vous remercie d'avoir trouvé le temps long.

— Il s'est passé tant de choses en votre absence ! Monsieur, si l'homme était sage, il ne s'éloignerait jamais de ses amis.

— Vous parlez d'or, monsignor; mais ne savez-vous pas qu'il y a de mauvais génies qui font métier de séparer ceux qui s'aiment ?

— C'est ce que l'Église appelle des esprits infernaux.

— Oui, monsignor, infernaux. Si jamais j'en tiens par les oreilles !

— Monsieur, reprit Rouquette d'une voix douce, ces esprits-là ont le bras long et les oreilles courtes. On rencontre leur bras avant d'arriver à leurs oreilles.

— A qui diable en avez-vous, interrompit Lello, avec vos oreilles d'esprits infernaux ? Est-ce que Philippe est devenu théologien ? Aide-moi un peu à fermer ceci. Appuie hardiment le genou ! bon ; voilà qui est fait. Que je suis aise, mon Pippo, que tu sois arrivé à temps !

— C'est ce que je disais, ajouta Rouquette ; monsieur arrive à temps.

— Peut-être plus à temps qu'on ne pense, monsignor.

— Mais je dis tout à fait à temps, pour aider votre ami à fermer ses malles. Je vais voir si mon valet de chambre s'occupe des miennes. Monsieur le marquis Trasimeni, vous devez avoir bien des choses à dire après une si longue absence. Tâchez, s'il est possible, de réparer le temps perdu. Au plaisir !

— Ah ! tu me défies, pensa Philippe. Eh bien ! ma revanche ! Il est trop tard pour empêcher Lello de partir : l'homme qui s'est donné la satisfaction de remplir toutes ces malles ne consentira jamais à les défaire. Il ira en France, en Angleterre, au bout du monde, si bon lui semble ; mais il ne faut pas qu'on puisse profiter de son absence pour égorger ma pauvre Tolla. Il me reste quatre jours pour lui assurer un refuge contre toutes les calomnies, pour compromettre Lello aux yeux du monde entier, pour rendre toute rupture impossible, pour berner à mon tour ce digne colonel, et pour lier les mains à monsignor Rouquette, qui a les bras si longs. Quatre jours, c'est peu, mais c'est assez : les plus longues batailles n'ont pas duré plus de vingt-quatre heures. En avant !

— A quoi rêves-tu? lui demanda Lello. Tu as aujourd'hui une physionomie étrange. »

Philippe répondit avec un abandon bien joué :
« Tu le demandes, frère? Je songe à ce voyage qui va peut-être bouleverser tout mon avenir.

— Et qu'y a-t-il de commun, s'il te plaît, entre ton avenir et mes voyages?

— Tu le sauras un jour; mais parle-moi de Tolla. J'ai bien souvent pensé à elle, durant ce long mois que j'ai vécu loin d'elle. Tout est rompu entre vous, n'est-il pas vrai?

— Rompu! es-tu fou?

— Avoue-le-moi franchement, je ne t'en voudrai pas. Je comprends tes raisons : ton oncle, ton frère, monsignor Rouquette, ton nom, ta fortune.... J'ai fait bien des réflexions en un mois, et mes idées ont changé. D'ailleurs tu ne la rendais pas heureuse. Qu'a-t-elle dit quand tu lui as annoncé ton escapade?

— Elle a pleuré, elle a été un peu malade, puis elle m'a pardonné.

— Adorable fille! il y a vingt ans que je la connais, que je l'aime; nous avons été élevés ensemble. Eh bien! mon ami, depuis que j'ai l'âge de raison, je me demande s'il y a un homme qui mérite une telle femme! Tu reviendras dans six mois?

— Dans deux mois.

— Six !

— Deux ! te dis-je.

— Mettons cinq. Pendant ces six mois restera-t-elle dans sa famille, ou va-t-elle s'enfermer dans un couvent ?

— A quoi bon le couvent ? Elle vivra, comme toujours, auprès de sa mère.

— Tu as raison : pas de couvent ; j'y perdrais trop. D'ailleurs le colonel n'entendrait pas raison sur ce chapitre.

— Et pourquoi ?

— Parbleu ! crois-tu que ton oncle t'envoie à Paris et à Londres pour hâter ton mariage avec elle ? Il prévoit tout ce qui peut advenir en six mois ; il vous applique à tous deux la médecine des grands parents, aussi vieille qu'Aristote : à l'amant, le grand air et la poussière des chemins ; à l'amante, le tourbillon des valses, le bourdonnement des danseurs et la poussière des salons. Et si la guérison se fait trop attendre, si l'amant traverse la mer sans écouter les sirènes, le fleuve sans regarder les ondines et la forêt sans causer avec les dryades ; si la jeune fille est assez impertinente pour aimer obstinément celui qu'on veut qu'elle oublie, alors aux grands maux les grands remèdes ! Un parent vénérable, un ami de la famille, un homme d'Église au besoin, dresse un piége à la pauvre enfant sans défiance ; on tend une bonne calomnie sur son passage, on fait faire à sa réputation une culbute dont elle ne se relèvera jamais : cela vous apprendra, mademoiselle, à marcher droit ! Rappelle-toi Venise et les amours de ton frère. Crois-tu que ce mariage eût été aussi facile à rompre, si le maladroit, avant de partir, avait enfermé sa maîtresse dans un couvent? Le couvent, mon ami, est la seule forteresse où la réputation d'une fille soit à l'abri, parce que les hommes n'y pénètrent jamais. La vertu est robuste, elle se conserve partout, dans le monde, dans les bals et dans la valse à deux temps; la réputation est comme une robe blanche qu'il faut serrer dans un tiroir, si l'on ne veut pas qu'elle soit éclaboussée par un rustre ou déchirée par un faquin. Que Tolla reste dans le monde, je réponds de sa vertu, je ne réponds pas de sa robe blanche.

— Et tu ne veux pas que je l'enferme dans un couvent?

— D'abord consentirait-elle?

— J'en réponds.

— Ses parents?

— Je m'en charge.

— Et la permission des autorités ecclésiastiques?

— Le cardinal Pezzato l'obtiendra.

— Mais ton oncle?

— Il apprendra l'affaire lorsqu'elle sera faite.

— Et monsignor Rouquette ?

— Je suis plus fin que lui.

— Tu serais homme à garder un secret pendant quatre jours ?

— Je ne suis donc pas Romain ?

— Comme tu prends feu pour le couvent ! Cependant, mon ami, à juger froidement les choses, il n'y a pas péril en la demeure. Que crains-tu ?

— Tout !

— Non, tu ne crains rien du cœur de Tolla, trop heureux garçon ! Le seul danger, c'est qu'un Rouquette à Paris, un Fratief à Rome lui imputent à crime quelques distractions innocentes. Que t'importe ? Tu fermeras l'oreille et tu laisseras dire. Qu'est-ce qu'ils pourraient inventer de nouveau après ce que nous avons entendu ? Quelle créance accorderais-tu à leurs paroles, toi qui as vu comment ces artistes travaillent la calomnie ? Si l'on t'écrivait dans un mois qu'on a rencontré Tolla à dix heures du soir, en voiture, avec un jeune homme sur la route d'Albano ; si monsignor Rouquette déposait sur ton bureau une liasse de lettres anonymes ; si ton oncle t'écrivait que tu es la fable de Rome, comme tu l'as jadis écrit à ton frère, ne renverrais-tu pas loin de toi ces vieux mensonges, si usés qu'ils montrent la corde ?

— Oui; mais si véritablement Tolla se laissait étourdir par ce tourbillon du monde?

— Sois tranquille, je veillerai sur elle, et jamais le cœur d'une femme n'aura un gardien plus jaloux.

— Mais....

— Tu ne me connais pas, Manuel. J'aime Tolla, depuis l'enfance, d'une amitié passionnée. Sans toi, je l'aurais peut-être aimée d'amour. Juge de ce que je deviendrais si je voyais qu'elle te trahit pour un indigne !

— Cependant....

— Toi parti, je m'attache à sa personne, je me fais son garde du corps, je l'accompagne dans tous les bals, je ne la quitte pas plus que son ombre. Le soir, à l'heure où tu lui faisais ta visite quotidienne, j'irai la voir, je m'assoirai à ta place, nous parlerons de toi, et quelquefois nous pleurerons ensemble. Les larmes sont moins amères lorsqu'elles sont essuyées par l'amitié.

— C'est fort joli, mais....

— Entends-tu d'ici les bonnes langues? Elle aime Philippe! Elle épouse Philippe! Philippe a supplanté son ami! Je ne poserai pas sur son front un baiser fraternel sans que le bruit en retentisse dans toute l'Italie. Que nous rirons de bon cœur!

— Mais, par tous les saints!... interrompit violemment Lello.

— Encore un mot. Le couvent a du bon, je te l'accorde; mais jusqu'à quel point as-tu droit d'emprisonner celle qui t'aime?

— Je me soucie bien du droit! cria Manuel. Droit ou non, je te dis qu'elle ira au couvent, et qu'elle y restera jusqu'à mon retour, et qu'elle n'y recevra personne, excepté sa mère et notre confesseur. Je ne suis pas jaloux; mais, puisque tu te charges de l'être à ma place, tu vas voir comme je saurai profiter de tes conseils! Quel est le couvent le plus sévère?

— Les *Sepolte vive* (les *Enterrées vives*).

— C'est trop dur; un autre?

— Saint-Antoine-Abbé.

— Y reçoit-on des pensionnaires?

— Oui.

— Elle ira à Saint-Antoine-Abbé.

— Mais, mon cher Lello, que veux-tu que je devienne? Tu pars pour Londres, tu enfermes Tolla: quels amis me laisses-tu?

— Tu en trouveras d'autres : on en a toujours assez. Où ai-je fourré mon chapeau? Le voici. Mes gants? Dans ma poche. Mon ami, je ne te renvoie pas : je cours chez elle, chez sa mère, chez son oncle, chez le cardinal-vicaire, chez l'abbé La Marmora et chez la supérieure du couvent.

— Moi, je rentre à la maison : nous ferons route ensemble jusqu'aux Saints-Apôtres. »

Chemin faisant, Manuel se disait avec une vivacité fébrile :

« Ah! maître Philippe! vous l'aimez, et vous n'en savez rien! Et elle ne s'en doute pas! Mais moi, j'ai l'œil bon, Dieu merci! J'allais m'embarquer dans un joli voyage! Heureusement le couvent arrange tout. »

Philippe cachait sous un visage abattu la joie la plus triomphante : « Il est jaloux, donc il l'aime encore. Comme il a dévoré l'hameçon! Ses yeux lançaient des éclairs : il doit m'avoir en horreur. Tolla sera heureuse : le couvent sauve tout; il ferme la bouche au colonel, à Rouquette, à la Fratief et au monde. Il rend toute défection impossible. Quand Manuel aura enfermé sa maîtresse dans un cloître, il sera forcé de l'y reprendre. »

Le lendemain, Philippe déjeunait dans sa chambre lorsqu'il vit entrer Dominique. Il lui offrit une chaise et un grand verre de vin de Marsalla, brillant comme la topaze et chaud comme le soleil. Dominique, en valet bien appris, accepta le vin et refusa la chaise.

« C'est *elle* qui t'envoie? demanda Philippe.

— Non, ser Pippo ; je viens de ma part. Savez-vous qu'*il* a la cruauté de l'enfermer au couvent ?

— Elle a consenti ?

— Est-ce qu'elle peut rien lui refuser ? Madame pleure, mais nos hommes sont contents. Notre oncle le cardinal est allé hier au soir à Saint-Antoine ; il a tout conté à la supérieure, la permission sera signée aujourd'hui ; mais on exige que mademoiselle cache son amour à toutes les sœurs et à toutes les pensionnaires, et qu'elle ne laisse deviner à personne le *pourquoi* de sa retraite. Pauvre fille ! Être obligée de resserrer ses sentiments, d'étouffer ses soupirs et de dévorer ses larmes ! Et Dieu sait combien de temps elle va rester là toute seule à ronger son cœur ! Croyez-vous qu'on me permettrait d'entrer au couvent avec elle ? Je ne compte pas, moi ; je ne suis pas un homme ; je suis le chien de la maison, qui lèche la main des maîtres et qui aboie aux ennemis.

— Impossible, mon pauvre chien ; tu ressembles trop à un beau garçon. Il faudrait trouver une fille dévouée qui consentît à se renfermer pour quelques mois.

— Hélas ! ser Pippo, les gens dévoués sont rares. Après vous et moi, j'ai beau chercher, je n'en vois plus.

— Comment! parmi toutes les femmes de la maison?

— Je n'en connais pas. Songez donc, monsieur : deux mois de prison, peut-être trois, ou même davantage; cent jours peut-être sans voir personne : quelle perspective pour une femme!

— Comment appelles-tu cette grande fille qui a couru chercher le médecin quand tu avais la tête cassée?

— Amarella. Elle n'a pas beaucoup de cœur, allez. C'est une fille qui a ses idées.

— Peste! tu es difficile, si tu trouves qu'elle n'a pas prouvé assez de dévouement.

— Non, monsieur. Ce qu'elle a fait, ce n'est pas pour mademoiselle; c'est pour moi.

— Qu'importe? Si elle consent à entrer au couvent, je m'inquiète bien si c'est pour l'amour de toi ou pour l'amour de Tolla! Ce qu'il faut, entends-tu? c'est que ta maîtresse ne soit pas seule; elle périrait d'ennui, d'amour et de silence. Va trouver cette fille. Tu as quelque crédit sur elle?

— Je le pense, *ser* Pippo; mais je n'ai jamais essayé, parce qu'elle a ses idées et moi les miennes.

— Laisse-moi tes idées en repos. Va trouver cette fille, dis-lui ce que tu voudras, promets-lui ce qu'il faudra, arrange-toi comme tu pourras, mais décide-là à entrer au couvent : il s'agit du salut de mademoiselle.

— Je cours, monsieur. Jusqu'ici je n'avais trompé personne, mais le salut de mademoiselle avant tout ! »

Le 29 avril, à dix heures du soir, Tolla et sa femme de chambre entrèrent au couvent de Saint-Antoine-Abbé. Elles y furent conduites par le comte, la comtesse, Victor, Lello, Philippe, l'abbé La Marmora et Menico. La supérieure reçut Tolla des mains de sa mère. Elle l'embrassa tendrement et lui fit une petite exhortation maternelle sur les nouveaux devoirs qu'elle aurait à remplir, les privations auxquelles elle se condamnait, le passage de la vie tumultueuse des salons à la vie austère du cloître, et les avantages spirituels et temporels que Dieu lui réservait en échange d'un si vertueux sacrifice. Tolla dit adieu à tout le monde. Lorsqu'elle serra la main de Lello, deux grandes larmes descendirent lentement le long de ses joues pâles; elle se pencha vers lui et lui dit à l'oreille :

« Me voici où tu as voulu; j'y resterai jusqu'à ce que tu viennes me reprendre : ne me fais pas attendre trop longtemps. »

Menico pleurait à la dérobée. Amarella lui demanda tout bas :

« Est-ce pour moi, ces larmes ?

— Et pour qui donc ? » répondit-il en rougissant un peu de son mensonge.

Lorsque la supérieure eut emmené sa nouvelle pensionnaire, les parents et les amis de Tolla restèrent quelques instants à écouter le grondement lugubre des portes qui se fermaient sur elle. Ce grand parloir sombre et froid n'était éclairé que par une lampe de cuisine dont la fumée montait en tournoyant jusqu'au plancher. Personne n'osait prendre la parole; Menico s'approcha de Lello et lui dit à haute voix :

« Adieu, Excellence; je vous souhaite un bon voyage et *beaucoup de plaisir*.

— Ma pauvre fille ! murmura la comtesse en étouffant un sanglot.

— Madame la comtesse, reprit Lello, c'est ici que j'ai voulu prendre congé de vous et de votre famille. C'est ici que je vous donne rendez-vous dans deux mois pour conduire votre fille à l'autel. »

A la même heure, et tandis que Lello s'engageait irrévocablement à épouser Tolla, Rouquette et le chevalier soupaient joyeusement ensemble. Ces deux vases d'élection, l'un vaste et large comme un tonneau, l'autre sec et noueux comme un sarment de vigne, avaient déjà vidé six bouteilles de lacryma-christi rouge, le plus capiteux de tous les vins d'Italie. Le colonel s'enfonçait tout doucement dans cette ivresse tranquille et béate qui est le privilége des buveurs endurcis. L'excès du vin produisait en lui une félicité sans éclat, une torpeur sans malaise, un délicieux anéantissement. Sa grosse figure, aussi puissamment modelée que le masque antique de Vitellius, se couvrait par couches égales d'un coloris radieux; sa tête se renversait en arrière; ses jambes mollissaient sous lui, jusqu'au moment où, tous les ressorts venant à se détendre, il passait sans secousse du fauteuil au tapis et de la veille au sommeil. Rouquette, les yeux écarquillés, la figure plaquée de rouge, avait une ivresse agitée et capricante. Il élevait la voix, se démenait sur son siége et se ressuscitait lui-même par ses soubresauts; d'ailleurs maître de lui jusqu'au dernier moment, fidèle à l'habitude de peser ses paroles, et toujours éveillé aux affaires.

« Mon cher Rouquette, disait le colonel en grasseyant, vous êtes un grand homme.

— Hé! hé!

— Vous irez loin, si vous n'êtes jamais pendu. »

Rouquette sauta comme un baril de poudre.

« Rasseyez-vous donc, vous m'éblouissez. Est-ce que vous ne pourriez pas empêcher vos yeux de tourner dans leurs cages comme des écureuils? Que disions-nous? J'y suis. Vous avez sauvé une fois la famille Coromila. Une grande famille, Rouquette! Je tiens à mon nom, sans en avoir l'air; je ne le donnerais pas pour cent mille bouteilles de ce vin-là. Reste à sauver le petit. Il est bien empêtré mon cher Rouquette.

— Soyez tranquille, Excellence : je l'emmène!

— Oui, mais il reviendra.

— Il reviendra tellement changé, que sa maîtresse ne le reconnaîtra plus.

— Ne croyez pas cela, Rouquette. J'ai passé par là, tel que vous me voyez. Eh bien! celle que j'ai... comment dit-on? trahie? oui; celle que j'ai trahie me reconnaît toujours. Ayez bien soin du petit.

— Comme de moi-même, Excellence.

— S'il avait envie de faire quelques folies, mon ami, laissez-le faire, cela le distraira. Je payerai tout. Nous ne regardons pas à l'argent dans la famille.

— Nous y voici, pensa Rouquette, qui tressaillit au mot d'argent. Excellence, j'ai déjà éprouvé votre générosité.

— Oui, oui. Ces vingt mille francs qu'on vous a donnés après l'affaire de Venise! Vous en verrez bien d'autres. C'est une mine d'or que cette maison-ci. Piochez, Rouquette, piochez! Pendant que vous travaillerez là-bas, nous nous occuperons, nous, de la petite fille. Nous lui ferons une réputation. Que faut-il pour faire la réputation d'une femme? Des paroles, et rien de plus. J'en achèterai; je ne regarde pas à l'argent. Il faut que Tolla Feraldi soit citée dans toutes les familles de l'Italie comme un exemple à ne pas suivre. Quand tout le monde dira que c'est une fille perdue, Lello n'osera plus la vouloir. Buvez donc, Rouquette. Vous n'êtes pas de ma force. Je suis un Romain de la vieille roche, moi. J'aurais fait un bel empereur. Toi, mon garçon, tu ne seras jamais qu'un pape. Si tu guéris le petit, je te donnerai tout ce que tu voudras. Veux-tu quarante mille francs, dis? Quarante. Réponds vite, avant que je m'endorme.»

Un domestique entra sur la pointe du pied.

« Que veux-tu? murmura le colonel. Va te coucher! Tu vois bien que tu dors.

— Une lettre très-pressée pour monsignor.

— Donne-la-lui et va te coucher. Je te défends de ronfler en ma présence.»

Rouquette déchira l'enveloppe d'une main avinée.

« Du marquis Trasimeni, dit-il en bégayant.

— Trasimeni! Voilà plus de quinze ans qu'il dort! Chut! c'était mon ami. Si je ne craignais pas de l'éveiller, je te conterais une bonne histoire. Sais-tu avec qui il s'est marié, Trasimeni?»

Rouquette n'était plus à la conversation. Il s'était levé, il s'appuyait au mur, auprès d'un candélabre, et épelait en se frottant les yeux la lettre suivante :

« Monsignor,

« Il me semble qu'il y a un siècle que je ne vous ai vu. Il s'est passé tant de choses depuis notre dernière rencontre ! Mon ami Lello a conduit Mlle Vittoria Feraldi au couvent de Saint-Antoine-Abbé, afin de mettre son honneur en sûreté et de faire connaître à toute la ville de Rome qu'il était décidé à la prendre pour femme. Je m'étonne que vous n'ayez rien su de cette affaire, pour laquelle le cardinal-vicaire a donné sa signature. On peut donc avoir le bras très-long et l'oreille très-courte? Je vous cherche depuis une heure pour vous apprendre une nouvelle aussi intéressante. Impossible d'arriver jusqu'à vous : il y a de mauvais génies qui font métier de séparer ceux qui s'aiment.

« Philippe Trasimeni. »

Rouquette poussa un cri aigre, revint à la table, avala une carafe d'eau et relut sa lettre pour la seconde fois. Il n'en fallut pas davantage pour le dégriser. « Colonel ! » cria-t-il. Le colonel avait disparu sous la nappe. Rouquette tira violemment la table en renversant les flacons et les verres ; il découvrit une masse aussi imposante, mais aussi immobile que les lions de basalte qui décorent l'entrée du Capitole. Il essaya de le secouer : peine inutile ! Il lui jeta quelques gouttes d'eau sur le visage : le formidable dormeur, pour toute réponse, lui détacha un coup de poing qui l'aurait assommé, s'il ne s'était retiré à temps.

« Lourde brute ! murmura le pauvre Rouquette. Et il y a cinquante ans qu'il apprend à boire ! Que faire ? Nous partons demain matin à cinq heures ; il est minuit. Cinq heures pour arracher cette fille de son couvent ! Ah ! si j'étais pape ! Tu me le payeras, Philippe Trasimeni ! Si nous la laissons là, tout m'échappe, Lello, l'argent, l'avenir, les Coromila ! Comment le cardinal-vicaire a-t-il signé ? Est-ce qu'il sait tout ? Est-ce qu'il se cache de moi ? N'est-il pas un peu parent des Feraldi ? S'il m'échappait comme le reste ? Tout s'ébranle, tout craque, tout s'écroule sur ma tête. Travaillez donc comme un manœuvre à bâtir votre fortune, pour que l'espiéglerie d'un gamin la jette à bas ! Voilà la justice céleste ! Il faut que je parle à ce Lello ! C'est lui qui a fait la sottise, c'est à lui de la réparer. »

Il sortit, en trébuchant un peu, de la salle à manger, et courut à l'appartement de Lello. Le domestique qui lui avait apporté la lettre courut après lui, et l'arrêta avec cette fermeté polie que les valets savent opposer à un maître qui a trop bu. Rouquette, exaspéré par un tel contre-temps, voulut jeter ce respectueux obstacle par la fenêtre. Le valet menaça d'appeler main-forte, et déclara qu'il ne laisserait point troubler le repos du chevalier Lello. Rouquette changea de tactique et demanda à voir le prince. Un valet de chambre et quatre laquais, attirés par tout ce bruit, lui répondirent que le prince avait défendu qu'on entrât chez lui avant quatre heures sous aucun prétexte.

« C'est bien, reprit-il, laissez-moi. Je vais tâcher d'éveiller le colonel. » Tous ces hommes jurèrent qu'on les mettrait en morceaux avant de secouer le bras du colonel. « Alors ouvrez-moi la porte, cria-t-il, je veux sortir! » Ces braves gens se demandèrent s'il était prudent de lâcher dans la ville un si incorrigible réveille-matin. C'est après une résistance héroïque, des pourparlers interminables et des recommandations à exaspérer un saint, qu'ils tirèrent les verrous et l'abandonnèrent sur le Corso à la grâce de Dieu.

Rouquette erra quelques instants à l'aventure sans savoir à quelle porte frapper à une heure si ridiculement indue. Il regardait d'un œil hébété les maisons énormes qui bordent le Corso, lorsqu'il lut au coin d'une des rues qui viennent y aboutir : *Via Frattina*. Il se souvint qu'il était à deux pas de la générale, et, sans écouter l'avis officieux des horloges du quartier qui sonnaient unanimement deux heures du matin, il courut frapper à sa porte. Comme il arrive en pareil cas, les coups de marteau réveillèrent d'abord les gens d'en face, puis les maisons voisines, puis le locataire du troisième, puis l'Anglais du second, puis le marchand du rez-de-chaussée, avant d'être entendus chez Mme Fratief, qui logeait au premier. Lorsque son domestique se décida enfin à ouvrir un volet pour parlementer, Rouquette essuyait les feux croisés de quatorze bourgeois flanqués de quatorze chandelles, qui lui lançaient quatorze questions à la fois. Force lui fut de décliner son nom au milieu de ce curieux auditoire, qui se demanda depuis quand les *monsignori* faisaient leurs visites à deux heures du matin. La porte s'ouvrit enfin. La générale, réveillée en sursaut par une heureuse nouvelle, accourut en si grande hâte, qu'elle oublia de mettre ses dents. Rouquette, aussi pressé qu'elle pour le moins, ne prit pas le temps d'excuser la rareté de ses visites et tous les péchés d'omission qu'il avait sur la conscience. Il alla droit au fait, annonça qu'il venait,

de la part de Lello, prendre congé de ces dames.
L'affaire était en bon chemin, Lello semblait fort décidé à ne prendre sa femme ni en France ni en Angleterre : il reviendrait à Rome dans deux mois ; d'ici là, la belle Nadine et sa mère recevraient de ses nouvelles. Malheureusement Tolla, conseillée par sa mère ou par quelque autre intrigante, était allée se jeter dans un couvent ; toute la ville de Rome l'apprendrait dans quelques heures, et le parti Feraldi, profitant du départ de Lello, ne manquerait pas de dire que c'était lui qui l'avait cloîtrée : calomnie dangereuse qu'il fallait démentir à tout prix en forçant cette petite folle à rentrer dans le monde. Tant qu'elle serait à Saint-Antoine-Abbé, personne n'aurait prise sur elle, et elle aurait prise sur Lello. Elle se poserait en victime et ameuterait tous les pleurards de l'Italie. « Si j'avais une journée à moi, dit-il, je saurais bien l'arracher de sa retraite ; mais je pars à cinq heures du matin pour Civita-Vecchia, à trois heures du soir pour la France, et les bateaux à vapeur n'ont pas l'habitude d'attendre. Agissez, il y va de votre intérêt. Dites tout ce qu'il vous plaira, que ce n'est pas Lello qui l'a cloîtrée, mais la police ; qu'on l'a mise au couvent par correction : si cela prend, elle sortira pour prouver qu'elle est libre, et, une fois sortie, on ne lui permettra plus de rentrer. Rendez-lui le séjour du couvent insuppor-

table ; si elle a quelque servante avec elle, prenez-lui sa servante. Enfin, vous êtes une femme de tête ; guettez les occasions, inspirez-vous des circonstances, parlez, agissez, remuez ; tous les moyens sont bons, argent, promesses, prières, menaces, pourvu qu'elle sorte : tout est là.

— Hé ! cher monsignor, que voulez-vous que je fasse ? je n'ai ni crédit, ni pouvoir, ni.... (elle s'arrêta fort à propos au moment où elle allait dire ni argent), ni auxiliaire. J'avais autrefois un domestique dévoué ; il a disparu le 6 octobre sans me dire adieu.

— Et en emportant vos bijoux ?

— Dieu ! non, le pauvre garçon ! L'Anglais qui demeure là-haut l'accusait d'avoir volé un fusil : c'est peut-être ce qui lui a fait prendre la maison en horreur. Quand je l'avais ici, ce bon Cocomero, je savais tout ; il pénétrait jusque dans le palais Feraldi pour m'apporter les nouvelles. Le butor qui l'a remplacé n'est capable de rien : autant vaudrait un sourd-muet aveugle et manchot.

— Qu'à cela ne tienne ! Voulez-vous que je vous laisse un homme ?

— Oui, certes.

— La police est dans les attributions du cardinal-vicaire. J'ai du crédit dans les bureaux ; je puis mettre un sbire à votre disposition.

— Donnez, monsignor, donnez !

— Attendez ! Il y a six mois, j'ai enrôlé un drôle qui m'avait tout l'air d'avoir fait quelque mauvais coup ; mais à tout péché miséricorde : c'est la devise de la police. Il m'a prié instamment de le placer hors de Rome ; je lui ai offert Albano, l'Ariccia ou Velletri ; il a demandé en grâce qu'on l'envoyât d'un autre côté : il est à Civita-Vecchia, il surveille les libéraux ; ses chefs sont contents de lui ; je vous l'expédierai aujourd'hui même.

— Mais s'il refusait de revenir à Rome ?

— Je voudrais bien voir qu'il essayât de refuser quelque chose ! On est toujours sûr du dévouement d'un homme lorsqu'on a de quoi le faire pendre. Adieu, madame, je vais travailler pour vous : aidez-moi. Mes baisemains à mademoiselle votre fille !

— Elle dort, la pauvre innocente, tandis que nous nous occupons de son bonheur ! »

Nadine écoutait à la porte.

VIII

Rouquette trouva un carrosse attelé dans la cour du palais Coromila. Lello et son frère, lestés d'une tasse de chocolat, se promenaient en fumant, tandis qu'on remplissait un fourgon de bagages. Le colonel dormait comme Noé après la première vendange : il avait fait ses adieux la veille pour avoir le droit de se lever à midi. Tous les gens de la maison vinrent, chapeau bas, baiser les mains de leurs maîtres. Le prince leur distribua un gros sac d'argent. Rouquette, qu'ils examinaient comme une curiosité d'histoire naturelle, aurait voulu leur distribuer des coups de bâton. On partit à cinq heures précises.

Jusqu'à Civita-Vecchia, Lello bâilla, fuma, soupira et regarda par la portière ; son frère lut le premier chant de *Don Juan* dans le texte anglais ; Rouquette dormit. Les quatre domestiques que l'on emmenait à Londres émerveillèrent les alouettes par l'éclat de leurs boutons neufs. En entrant dans la ville, les postillons firent claquer si superbement leurs fouets, qu'on crut voir entrer le duc de Toscane, dont l'arrivée était annoncée pour ce jour-là. La garnison prit les armes, les tambours battirent aux champs, et le gardien des portes refusa obstinément d'examiner les passe-ports. Les deux frères traversèrent au galop cet enthousiasme officiel : ils trouvèrent sur le port leur intendant, qui était venu la veille pour assurer les places et disposer les logements sur le bateau. Rouquette courut à la police, se nomma et demanda François le Napolitain. Il eut quelque peine à reconnaître son protégé. François le Napolitain, ci-devant Cocomero, avait rasé ses favoris et laissé croître ses cheveux. Ce changement de décoration, joint à la peur du bagne voisin, dont le spectacle l'avait horriblement maigri, lui avait fait une autre figure, aussi longue que la première était large. Depuis le 6 octobre et l'*accident* de Menico, François n'avait jamais dormi que d'un œil : aussi ses chefs louaient-ils sa vigilance. Il faisait le guet autour de la ville, gardait toutes les issues à la fois, et dépistait merveilleusement les nouveaux venus, tant il avait peur de voir arriver un couteau suivi du bras de Dominique. Malgré les témoignages de satisfaction qu'il avait souvent obtenus, il ne recherchait pas les occasions de comparaître devant les autorités policières ; il avait peur de ses chefs, de ses camarades et de son ombre.

Lorsqu'il se vit en présence de monsignor Rouquette, secrétaire intime de son Éminence le cardinal-vicaire, il serra instinctivement les mâchoires, de peur qu'on n'entendît claquer ses dents.

« J'ai besoin de toi, » lui dit Rouquette. La figure de Cocomero s'épanouit.

« Tu vas partir ce soir pour Rome. » La figure de Cocomero s'allongea.

« Tu iras *via Frattina*, n° 15 ; tu demanderas Mme la générale Fratief. »

Cocomero tomba à genoux : « Grâce ! cria-t-il, grâce, monsignor ! Je suis, ou du moins je serai un pauvre père de famille ! Ne me perdez pas : je vous servirai toute ma vie !

— Je ne veux pas te perdre, je veux t'employer. Je sais tout. »

Rouquette ne savait rien ; mais *je sais tout* est un talisman presque infaillible, et il y a bien peu d'hommes assez irréprochables pour entendre sans trembler ce bienheureux *je sais tout*.

« Et, monsignor, balbutia Cocomero, vous croyez qu'il n'y a pas d'imprudence à m'envoyer dans *cette* maison ? Est-ce que l'Anglais du fusil n'y est plus ?

— Tiens, tiens ! » pensa Rouquette.

Il reprit à haute voix :

« L'Anglais du fusil y est encore ; mais tu es si changé qu'il ne te reconnaîtra pas. Parlons un peu du fusil de l'Anglais. »

Cocomero joignit piteusement les mains.

Le confesseur improvisé poursuivit : « Maître Cocomero, car je sais tous tes noms, fidèle valet de Mme Fratief, on ne vole pas un fusil pour aller faire la chasse aux moineaux !

— Plus bas ! monsignor, au nom du ciel ! Menico m'avait provoqué : il m'avait roué de coups deux fois de suite, dans la cour du palais Coromila et devant la porte de ses maîtres, ces scélérats de Feraldi. Ma patience était à bout : j'ai demandé pardon à Dieu, j'ai fait quatre neuvaines, et puis... on est vif, et un malheur est bientôt arrivé. »

« Mais c'est un trésor que cet homme-là, pensa Rouquette. Il déteste les Feraldi, il a déjà servi la Fratief, il sait le métier d'espion, et il loge une balle à cent pas dans la tête d'un homme. Je veux faire sa fortune. »

Il continua tout haut, d'un ton digne et sévère :

« Vous êtes un grand coupable, mais vous pouvez réparer vos crimes. Choisissez entre l'expiation honorable que je vous propose et les peines honteuses que la loi suspend sur votre tête. Vous partirez pour Rome par la voiture de ce soir. Vous irez demain, à la brune, prendre les ordres de la respectable Mme Fratief; vous exécuterez aveuglément tout ce que cette sainte femme vous commandera. Vous n'aurez rien à craindre de la justice tant que vous serez exact à remplir les nouveaux devoirs que le gouvernement du saint-père vous impose Si vous croyez être en butte à quelque vengeance particulière, défendez-vous, sans jamais oublier la prudence. Pour subvenir à vos besoins, vous toucherez tous les mois une somme de vingt écus chez l'intendant des princes Coromila-Borghi. Voici vos gages du mois de mai, et deux écus pour votre voyage. Allez, et souvenez-vous que vous êtes dans ma main. »

Cocomero, prosterné comme devant un saint, s'empara d'une des basques de l'habit de Rouquette, qu'il couvrit des plus tendres baisers et des larmes les plus reconnaissantes. Rouquette s'enfuit jusqu'au bateau en riant comme un augure qui vient d'en voir un autre.

Le voyage se fit en ligne directe, à toute vapeur, en moins de quarante heures. La mer était belle. Lello ne fut pas malade, et Rouquette lui donna deux longues leçons de français sans lui parler du couvent de Saint-Antoine. En débarquant à l'hôtel, Lello chercha au fond d'une malle le portrait de Tolla. La chère petite image était presque laide : les exhalaisons salines de la mer avaient altéré les couleurs. Il se consola comme il put en griffonnant une longue lettre à sa maîtresse. Ni son frère ni Rouquette ne lui demandèrent à qui il écrivait; mais quand il parla de faire venir un barbier pour raser ses moustaches, qui avaient repoussé d'un millimètre, on le plaisanta si vertement qu'il se rendit. Son frère appelait le barbier l'exécuteur des hautes œuvres de Tolla. Rouquette demanda depuis quand les nobles Romains étaient taillables à merci. On fit acheter une paire de moustaches postiches qu'on posa sur un coussin avec cette inscription : *Offrande à la beauté*. Rouquette crayonna une femme ornée de moustaches; il écrivit au-dessous : *Tolla parée des présents de Lello*. La cheminée de sa chambre était surmontée d'un amour de plâtre : on lui mit un rasoir entre les bras et l'on grava sur le socle : *Cruel enfant!* Pour obtenir la paix, Lello remit l'opération à des temps meilleurs; mais il confessa noblement sa faute dans la première lettre qu'il écrivit à Tolla.

Le séjour de Paris, où les trois voyageurs s'arrêtèrent jusqu'au 10 juin, ne refroidit pas l'amour de Lello. Paris n'a que des séductions banales pour un étranger qui ne sait pas le français et qui court du matin au soir derrière un *cicerone* de place, demi-valet, demi-drogman. La manufacture des Gobelins, la colonne Vendôme, les caveaux du Panthéon, et même le musée historique de Versailles, sont aussi incapables d'éteindre les passions que de les allumer. Lello écrivait sans mentir qu'il avait les yeux à Paris et le cœur à Rome.

Lorsque son frère lui montrait aux Champs-Elysées une délicieuse toilette d'été, il répondait naïvement :

« Oui, cela irait bien à Tolla. »

Rouquette ne rencontrait jamais une jolie femme sans la lui faire remarquer.

« J'aime mieux Tolla, répondait-il ; d'abord elle est aussi belle, puis elle m'aime, enfin elle parle italien. »

« Essayons du grand monde, » dit Rouquette. On porta une douzaine de lettres de recommandation, qui attirèrent cinq ou six invitations à dîner : il y avait déjà beaucoup de familles à la campagne. Lello s'ennuya partout : son frère, qui parlait français, et Rouquette, qui avait de l'esprit, l'éclipsèrent totalement. Il en prit son parti en rêvant à Tolla. Sa pensée voyageait incessamment entre la chère fenêtre et le parloir de Saint-Antoine. Ce gros garçon, qui n'avait jamais eu deux idées à la fois, fut pensif comme un philosophe et distrait comme un algébriste : en foi de quoi ses compagnons de voyage l'avaient surnommé le *hanneton*.

Son principal et presque unique souci durant les trois premières semaines fut le silence de Tolla. Tous les jours, son domestique de place s'en allait rue Jean-Jacques-Rousseau et revenait les mains vides. Il accusa d'abord la poste de Paris, qui lui paraissait un chaos épouvantable : il ne comprenait pas qu'une administration qui transporte ses facteurs en omnibus pût distribuer des lettres sans en perdre la moitié. Ses soupçons se portèrent ensuite sur son oncle et sur la poste romaine, qui fut de tout temps sujette à caution. Enfin il surveilla Rouquette et son frère sans parvenir à les prendre en faute. Au bout de vingt-deux jours, son banquier lui remit un mot de Tolla qui éclaircit tout le mystère. Elle lui avait écrit onze fois, ni plus ni moins, sous le nom de Manuel Miracolo, et les onze lettres attendaient bureau restant, casier M, que Miracolo vînt les prendre. Lello y courut, suivi de son interprète à dix francs par jour. L'employé lui montra onze lettres à l'adresse de Manuel Miracolo, et lui demanda son passe-port. Lello s'étonna que, sur la terre de la liberté, un étranger eût besoin de son passe-port pour obtenir sa correspondance. Dans la ville de Rome, où les facteurs ne vont pas en omnibus, on donne les lettres à qui veut les prendre. Si vous vous appropriez le bien d'autrui, l'administration le met sur votre conscience. Lello montra un passe-port au nom de Coromila. On le renvoya à un autre employé qui présidait à la lettre C, mais qui n'avait rien à son adresse. A force d'aller d'un guichet à l'autre, il comprit, son domestique aidant, qu'il faudrait un ordre exprès du directeur général des postes pour rendre à la lettre C les trésors d'amour que la lettre M avait usurpés. Il se défiait trop de Rouquette pour lui faire part de son embarras et lui demander assistance. Son inséparable interprète le conduisit chez un écrivain public qui expliqua l'affaire comme il la comprit, et lui recommanda expressément de faire viser la pétition par son ambassadeur. Manuel se transporta sans retard à la nonciature apostolique, et mit tous les bureaux dans le secret. Un si beau zèle ne pouvait pas rester sans récompense : les lettres lui furent remises au bout de dix jours, quand son frère, son oncle, Rouquette, Rome et Paris en eurent appris l'histoire.

Tolla était bien triste. Si ses lettres n'étaient pas mouillées de larmes, c'est que son mouchoir avait préservé le papier. Sa retraite n'avait pas imposé silence à ses ennemis. Les uns disaient que Lello l'avait mise au couvent par mépris pour sa mère et pour ne la point laisser aux mains d'une intrigante. Les autres prétendaient que Lello n'était pour rien dans l'affaire, et qu'elle avait été enfermée par ordre du pape, comme une fille perdue. Un sbire, dont on ignorait le nom, s'était vanté publiquement d'avoir pris part à cette exécution. On faisait circuler des copies d'une lettre de monsignor Rouquette, où il était dit en propres termes : « Vous pouvez assurer aux Feraldi que Lello n'est pas pour eux. » A l'appui de cette menace, la générale affirmait qu'il était venu la voir trois heures avant de quitter Rome. Les gens sensés avaient beau dire que le fait était invraisemblable, puisqu'on l'avait vu partir à cinq heures du matin, les habitants de la via Frattina déclaraient qu'à deux heures un homme en habit laïque avait réveillé tout le quartier en frappant au n° 15. Le séjour du couvent n'était pas trop aimable : les religieuses étaient bonnes, encore qu'un peu curieuses; mais les murs étaient bien gris, la cellule bien étroite, et pas de jardin! Amarella avait d'abord pris le couvent en patience, mais au bout de quelques jours son humeur s'était aigrie. Mme Feraldi venait tous les soirs à la grille, avec Toto et Menico. Il y avait un parloir pour les domestiques et les sœurs converses, mais personne n'y était encore entré pour Amarella. Le comte était accablé d'affaires, Philippe allait chercher sa mère à Florence, l'abbé La Marmora venait deux fois par semaine. Tolla recommandait à Lello de fréquenter les sacrements, « Cela est facile à dire, répondait Lello; mais où trouver des prêtres dans cette ville de païens ? A peine si en un mois j'en ai rencontré quatre, et tous Français! J'essayerais bien de me confesser en français, avec ce peu que j'ai appris; mais comment faire ? il m'est impossible de parler français sans rire. Je prie matin et soir, et je remets les sacrements à mon retour. Les sacrements ne sont bons qu'à Rome.

« Veux-tu savoir l'emploi de mes journées? écrivait Tolla. Je me lève à neuf heures; à dix, je vais à la messe ; je reste à l'église jusqu'à midi, à prier Dieu pour toi. A midi, je dîne avec les religieuses. A une heure un quart, on sonne la cloche du silence, et chacun est obligé d'aller dormir dans sa chambre. A trois heures, le silence est rompu, et les religieuses descendent au chœur. Je me lève un peu plus tard, et je me mets à écrire jusqu'à ce qu'on vienne me prendre pour la lecture spirituelle et le rosaire, qui se dit dans une grande salle où elles sont toutes à travailler. A six heures, je vais à la grille voir ma mère et les personnes qu'elle amène avec elle. Après leur départ, je remonte à ma chambre, ou je me promène sur une terrasse qui est auprès ; j'y reste tant que les sœurs sont à matines, c'est-à-dire une heure environ après l'*Ave Maria*. Je descends alors à l'église, où je prie toute seule pendant un bon quart d'heure, puis je viens souper dans ma chambre. A neuf heures, on sonne le silence ; tout le monde se couche, et l'on n'entend plus souffler dans la maison. Je m'enferme avec Amarella, qui dort dans un cabinet auprès de moi, et nous restons, elle à travailler, moi à lire, jusqu'à minuit. Nous faisons nos neuvaines et nos autres oraisons, puis je me mets au lit, et jusqu'à ce que le sommeil me vienne, je pense aux jardins, aux forêts, aux belles fleurs et aux grands arbres, aux chevaux, aux bais, à la musique, à l'amour, à la vie, car je ne vis pas. » — « Moi, répliquait Lello, je me lève à dix heures ; c'est un peu tard. Je déjeune à onze, je sors à midi pour voir les monuments ; je dîne à cinq ; puis vite au théâtre ! Et après le spectacle, une petite promenade sur le boulevard des Italiens, où l'on voit une multitude de braves filles mises à la dernière mode et attendant la Providence ! C'est un spectacle horrible à voir, et qui inspire plus de dégoût que de désir. »

Il faut connaître les mœurs et les idées romaines pour comprendre tout ce que le dernier trait de cette peinture ajouta aux ennuis de Tolla. Rome n'est pas une ville d'innocence, tant s'en faut ; mais c'est une ville de bon exemple : la police n'y souffre aucun scandale. Jamais un jeune homme n'y rencontre ces dangers ambulants qui fourmillent dans les rues de Paris. La débauche y est voilée, et le vice y a des allures discrètes. Tolla fut plus étonnée qu'une Parisienne à qui l'on dépeint les mœurs des îles Marquises. Son imagination chaste, mais active, se figura le boulevard des Italiens comme une porte de l'enfer, un théâtre éclairé par des langues de feu, où l'on représentait jour et nuit le grand mystère de la tentation de saint Antoine.

Cependant Lello ne se mettait jamais au lit sans baiser la pâle miniature de sa chère Tolla.

Lorsqu'on partit pour Londres, la question n'avait pas fait un pas : Lello se fortifiait dans son amour et Tolla dans sa retraite. Mme Fratief était aux abois; elle allait faire une tentative sur Amarella, par acquit de conscience. Rouquette ne savait plus à quoi se prendre; il prévoyait bien que les plaisirs brumeux de l'Angleterre et les augustes réjouissances du couronnement ne produiraient pas plus d'effet que les séductions de Paris. Dans cet épuisement de toutes ses ressources, il essaya de regagner la confiance de Lello. Il adoucit ses plaisanteries contre Tolla; il témoigna même un certain respect pour ce grand exemple de constance. Il laissa entendre que, s'il n'avait aucune pitié pour les amours follets et les romans d'une heure, qui font les délices des pensionnaires et le désespoir des familles, il savait admirer l'héroïsme d'une passion persévérante. Sous la même inspiration, le colonel écrivit coup sur coup deux longues lettres à son neveu. Le gros homme adoucissait sa voix, il reprochait à Lello son manque de confiance, et frappait timidement à son cœur pour se faire ouvrir. Sans sortir des banalités d'une correspondance de famille, il se vantait d'avoir une indulgence de père; rien ne pourrait lui ôter de la mémoire qu'il avait fait sauter le petit Lello sur ses genoux. C'était pour lui, bien plus que pour son frère, qu'il avait renoncé aux douceurs du mariage et accepté les ennuis de la vie de garçon. Il s'était toujours promis de lui laisser tout son bien, à telles enseignes que le testament était fait et cacheté. Pourquoi donc l'objet d'une prédilection si marquée témoignait-il si peu de reconnaissance? On n'exigeait de lui aucun sacrifice, on ne demandait que de la sincérité.

Ce texte un peu vague fut commenté savamment par Rouquette.

« Vous avez tort, dit-il, de vous cacher de votre oncle : c'est un homme dont vous avez tout à espérer et rien à craindre. A votre place, je lui raconterais naïvement l'histoire, puisqu'il la sait, et je lui demanderais son consentement, quitte à m'en passer.

— Me l'accordera-t-il, mon cher Rouquette?

— Pourquoi non? Cependant, entre nous, je crois qu'il a le couvent de Saint-Antoine sur le cœur. On a dit à Rome que vous aviez enfermé Mlle Feraldi afin de la protéger contre votre oncle. Quelle injure pour un pauvre homme qui vous aime et qui vous a fait son héritier! Que voulez-vous qu'il pense lorsqu'il voit que vous aimez mieux martyriser votre maîtresse que de la laisser vivre tranquillement dans la même ville que lui?

— Il est vrai, mon bon Rouquette, Tolla souffre le martyre.

— Vous le saviez ? On vous a donc parlé de tous les maux qu'elle endure dans cet horrible couvent ?

— Elle m'en a écrit quelque chose.

— Et vous a-t-elle parlé de sa santé ?

— Quoi ! serait-elle malade ?

— Vous a-t-elle dit que l'ennui la dévorait jusqu'aux os ? que la fièvre...?

— Parlez, Rouquette, au nom du ciel ! ne me cachez rien de ce que vous savez.

— On dit qu'elle ne dort pas, qu'une fièvre la consume, qu'elle est maigre à faire peur, que ses beaux yeux se creusent, que ses couleurs se flétrissent et qu'on ne la reconnaît plus. Sa femme de chambre ne peut plus tenir au régime du couvent et menace de la quitter : que deviendra-t-elle, seule avec ses chagrins ?

— Pas un mot de plus, mon ami ! je me prendrais moi-même en horreur. J'ai fait, sans le savoir, le métier d'un bourreau ; mais ne croyez pas que je l'aie mise à Saint-Antoine par défiance de mon oncle. J'avais d'autres raisons : je craignais que l'amitié d'un certain jeune homme ne profitât de mon absence pour se métamorphoser en amour.

— Quelle idée, mon cher Lello ! La nature vous a-t-elle fait pour être supplanté par personne ?

— Non, mais....

— D'ailleurs je vous réponds, moi qui me connais en femmes, que celle-là est incapable de trahir. Vous savez si je la regarde avec des yeux prévenus: vous m'avez toujours vu la juger très-librement, trop librement peut-être, car je commence seulement à apprécier ses vertus. Eh bien! croyez-en ma parole, Tolla ne vous trahira jamais. »

Lello écrivit à Tolla qu'il lui permettait de quitter le cloître, si elle s'y trouvait toujours aussi mal. Bientôt il la pria de retourner chez ses parents. Sous la dictée de Rouquette, la simple prière se changea en ardent désir, puis en *amoroso comando*. Enfin il déclara que la présence de sa maîtresse dans ce maudit couvent le mettait au désespoir.

« Si tu persistais, disait-il, tu m'attirerais tant de chagrins, que mes forces physiques n'y tiendraient pas. »

Cependant Tolla persistait.

« J'ai déjà trop enduré, répondit-elle, pour ne pas aller jusqu'au bout. Si je t'obéissais, j'exposerais tout le fruit de mes souffrances. Demande-moi ce que tu voudras, excepté le sacrifice de notre avenir : tu me trouveras soumise à tes volontés et même à tes caprices.

« Qui donc te pousse à me faire sortir d'ici? Cette idée ne vient pas de toi. Veux-tu savoir ce qu'elle vaut? Demande-toi si ceux qui te l'ont inspirée désirent notre union, ou s'ils cherchent à l'empêcher. Tu sais où tendent tous leurs efforts. Irons-nous leur rendre le succès facile en suivant leurs conseils? Est-ce dans notre intérêt qu'ils parlent, ou dans le leur? Voudrais-tu qu'après avoir tout fait pour ne leur point laisser d'armes contre nous, j'allasse leur en fournir par un changement de conduite!

« Mes parents approuvent ma persévérance, la marquise Trasimeni m'engage à continuer, le docteur Ely m'a dit qu'on m'admirait dans les plus honorables maisons de Rome; l'abbé La Marmora jure que je suis perdue si je passe le seuil de la porte; l'abbé Fortunati, qui de sa vie n'a dit ni oui ni non, avoue que l'idée d'entrer au couvent a été une inspiration du ciel. J'y reste donc. Je l'ai juré, et moi je tiens mes promesses; ta main seule ou celle de la mort pourra m'en arracher. »

Pendant ces débats, le frère de Lello épousa une Anglaise assez jolie et une dot véritablement belle. Lello, abstraction faite de la dot, reconnut que sa belle-sœur ne soutiendrait pas la comparaison avec Tolla. C'est dans la semaine qui suivit ce mariage que la chambre des lords revêtit sa robe de velours cramoisi doublé d'hermine pour assister au couronnement de la reine, une des plus belles fêtes de ce siècle. Lello, confondu dans les rangs de la légation napolitaine, vit toute la cérémonie. Il mit son célèbre habit de cour à cinq heures du matin, et l'ôta à trois heures après minuit. Il serait mort de faim dans l'intervalle, s'il n'avait eu la précaution d'apporter des gâteaux dans ses poches. Cette mémorable journée et toutes les belles choses qui passèrent sous ses yeux ne lui firent pas oublier Tolla, bien au contraire. N'entendait-il pas crier : « Vive Victoria ! » Et le nom de Victoria ne brillait-il pas en lettres de feu au milieu de toutes les illuminations? Le lendemain de la fête, plus amoureux que jamais, il écrivit au colonel, sous la dictée de Rouquette, quatre pages d'aveux et de prières. Lorsqu'il eut cacheté l'enveloppe, Rouquette l'embrassa paternellement : « Bravo! lui dit-il, vous agissez en bon neveu et en homme d'esprit. Cette petite lettre est grosse de plusieurs millions. Vous serez aussi riche que votre frère.

— Maintenant, mon cher Rouquette, je vais attendre la réponse de mon oncle à Paris. Londres m'ennuie : je ne comprends pas les enseignes des boutiques, et je trouve que les Anglais ne sont pas polis. »

Lello n'avait pas plus compris la magnifique politesse des Anglais que les enseignes des boutiques.

« Ma foi ! dit Rouquette, pour un rien j'irais à

Paris avec vous. Votre frère est dans sa lune de miel, et il regarde le genre humain du haut en bas, comme les habitants de toutes les lunes. Il se passera de moi aussi facilement qu'un perdreau d'un coup de fusil. Allons à Paris! nous continuerons nos leçons de français. »

Le 8 juillet, ils s'installaient pour la seconde fois à l'hôtel Meurice. Rouquette, pour être plus agile, dépouilla le *monsignor*, et s'appela sur ses cartes le comte de Rouquette. Lello, qui n'avait pas plus compris la cuisine anglaise que le reste, fut ravi de retrouver les dîners de l'hôtel et les déjeuners du café de Paris. Il allait au théâtre tous les soirs pour apprendre la langue. Rouquette n'avait qu'un regret, c'était de ne pouvoir l'y conduire deux fois par jour. Il espérait toujours que Tolla serait détrônée par une cantatrice ou une comédienne, et il savait par expérience que les passions de théâtre sont celles qui mènent le plus loin, parce que la vanité y vient en aide à l'amour. Malheureusement, au mois de juillet, les Italiens étaient en voyage et l'Opéra en réparation. A la Comédie-Française tous les chefs d'emploi étaient en congé, et les banquettes regardaient jouer les doublures. Lello était réduit au drame et au vaudeville. Il avait un faible pour le vaudeville, quoiqu'il lui arrivât rarement de saisir la plaisanterie du premier bond ; il riait après tout le monde, et sa gaieté retardait de quelques minutes sur celle du parterre. Quelquefois même il digérait un bon mot jusqu'au lendemain, et surprenait Rouquette par un éclat de rire homérique qui partait comme une fusée au milieu du déjeuner.

Trois jours après leur arrivée, les deux inséparables s'étaient fourvoyés aux Folies-Dramatiques. Lello, du haut de l'avant-scène, lorgna très-attentivement une jeune première blonde et blanche que l'affiche désignait sous le nom de Cornélie, et que l'auteur avait honorée d'un rôle de trente-cinq lignes. Il profita du premier entr'acte pour questionner l'ouvreuse, et il apprit, à son grand étonnement, que Mlle Cornélie Sarrazin était sage. Elle vivait chez son père, ne sortait qu'avec sa mère, et montrait avec orgueil deux petites mains rouges comme des pivoines ; d'ailleurs bonne fille : son cœur n'avait pas parlé, mais rien ne prouvait qu'il fût sourd-muet de naissance. Cette nouveauté piqua la curiosité de Lello, et il regretta que pour cinq francs l'ouvreuse ne lui en eût pas conté plus long. Heureusement Mlle Cornélie, qui ne jouait que dans la première pièce, se débarbouilla sommairement de son blanc et de son rouge, et vint s'asseoir au balcon avec sa mère. Lello grillait de contempler de près cette vertu paradoxale et cette mère d'une sévérité provisoire. Son gracieux compagnon l'y conduisit comme par la main. Rouquette, en homme qui a fréquenté le théâtre et qui sait son répertoire, ouvrit la conversation par un compliment et un sac de raisins glacés. Les bonbons firent accepter le compliment ; la toilette des deux amis fit agréer les bonbons : on refuse quelquefois les bonbons d'un poëte, jamais ceux d'un millionnaire. Mme Sarrazin apprécia du premier coup d'œil les bijoux insolents dont Lello était émaillé. Les mères d'actrices sont les personnes qui se connaissent le mieux en bijoux après les bijoutiers. Elle ne lui demanda pas s'il était de Paris : il faut être bien étranger pour venir au mois de juillet, paré comme une châsse, à l'avant-scène des Folies. Rouquette présenta son ami, après s'être présenté lui-même, le tout en un tour de main ; on ne doute jamais des gens qui ne doutent de rien. Il se garda bien de faire à Lello les honneurs de Mlle Cornélie ; il affecta de travailler pour son compte et de se mettre en première ligne, pour que Lello eût le plaisir de le distancer. Le hasard voulut que la jolie blonde parlât un peu l'italien ; elle l'avait appris à sa première année de Conservatoire, lorsqu'elle espérait avoir de la voix ; elle en savait juste autant que Lello de français. Lello fut ravi de rencontrer une femme capable de le comprendre : il lui sembla qu'il retrouvait l'Italie. Après le spectacle, Mme Sarrazin se laissa reconduire jusqu'à sa porte : elle occupait un quatrième étage à l'entrée du faubourg Saint-Denis. Chemin faisant on prit des glaces devant le café de l'Ambigu.

En retournant à l'hôtel, Lello plaisanta beaucoup sur les vertus de théâtre qui daignent s'asseoir devant un café entre deux inconnus. Rouquette défendit Cornélie ; il soutint que ce sans-gêne et cette facilité apparente ne prouvaient rien ; que les artistes avaient des mœurs à part, et qu'on pouvait être une bonne fille sans avoir une mauvaise conduite. Bref, il paria pour la vertu, Lello contre, et le lendemain à quatre heures ils montèrent l'escalier de Mme Sarrazin. Lello avait pris un bouquet chez Mme Prévost : il s'en repentit en entrant au salon. La mère raccommodait un bas, la fille en tricotait un autre ; M. Sarrazin fourbissait une canne gigantesque : il était tambour-major dans la garde nationale. Le meuble en velours d'Utrecht jaune sentait la vertu d'une lieue. « Mes fleurs sont ridicules, pensa Lello ; si j'avais su, j'aurais apporté des cornichons. » Il examina avec stupéfaction les lithographies qui pendaient à la muraille. C'était une galerie de papiers enluminés représentant *Mélanie*, *Victorine*, *Henriette*, *Julie*, *le Marié* et *la Mariée*. Le *Marié* ressemble au monsieur que tout paysan voudrait être ; il a des bagues à tous les doigts et une grosse chaîne autour du cou. Il promène un sourire aimable autour de lui, et tient un bouquet dans une main, une boîte de bonbons dans l'autre. « Me voilà ! » dit avec douleur le pauvre Lello. Il lut au bas de l'image : *le Marié*, et en italien *lo Sposo*. Évidemment cette lithographie était une personnalité. *Victorine*, qu'un hasard malicieux avait suspendue à côté du *Marié*, est une fille qui a les yeux plus grands que la bouche, un pot de fleurs dans la main droite, un éventail dans la gauche ; la prodigalité de l'artiste lui a dessiné une rose sur le dos de la main. Un poète, que le monde n'a pas connu, a écrit au bas de cette image un distique que Lello ne lut pas sans confusion :

> Soyez constant dans vos amours,
> Et vous serez heureux toujours.

Pendant qu'il se livrait à cet examen, il entendit Mme Sarrazin qui causait avec Rouquette et qui disait :

« Ma fille économise pour acheter une armoire à glace, parce que l'armoire à glace est un meuble comme il faut.

— Bon ! fit-il en lui-même ; j'enverrai une armoire à glace, et je ne reviendrai plus. »

Sur ces entrefaites, il entra quelques visites. Ce fut d'abord une amie de Cornélie, plus avancée qu'elle dans la science de la vie, car elle avait un cachemire des Indes; puis un jeune peintre un peu débraillé, puis un auditeur au conseil d'État ganté de neuf, puis un jeune journaliste, puis un vaudevilliste qui commençait à se faire jouer, puis un joli sous-chef du ministère de l'intérieur, enfin un jeune-premier de la Gaîté. Ces six jeunes gens se partageaient, en attendant mieux, l'amitié de Cornélie. Le jeune-premier était un ancien camarade du Conservatoire; le feuilletoniste *la soignait* dans ses articles; le sous-chef la protégeait au ministère; le peintre allait faire son portrait pour la prochaine exposition; l'auditeur, sans être très-riche, avait des parents assez généreux pour qu'on pût de temps en temps lui demander un service de cinq louis; le vaudevilliste achevait pour Cornélie une pièce en trois actes, destinée à mettre en relief toutes les perfections de sa petite personne. Au premier acte, elle était paysanne et montrait ses jambes; au second, elle était marquise et montrait ses épaules; au troisième, elle jetait son bonnet par-dessus les moulins et montrait ses cheveux. Cornélie témoignait à tous ses amis une reconnaissance impartiale. Il n'y avait point de préférés, partant point de jaloux, et ces rivaux, qui ne se saluaient pas dans la rue, vivaient chez elle en bonne harmonie. Lello entendit pour la première fois une conversation parisienne, vive, fringante, entremêlée de propos de coulisses, d'anecdotes du monde et de charges d'atelier, saupoudrée de calembours, pailletée de bons mots et assaisonnée de scandales dont personne ne se scandalisait. Il fut tout ébaubi de cette joute assise, de ce tournoi d'esprit, de ces lances rompues et de cette petite fête courtoise donnée par six chevaliers en redingote à une reine d'amour en peignoir. Il comprit le discours de son oncle sur les séductions de Paris, et il se promit de ne point retourner à Rome avant d'avoir soupé en si curieuse compagnie.

Il en eut bientôt la joie. Deux jours après, Mme Sarrazin, qui avait reçu une armoire à glace anonyme, invita tout son monde à un pique-nique. Le sous-chef envoya un saumon, le journaliste un pâté, le comédien un buisson d'écrevisses, l'auteur dramatique un parthénon en gelée d'ananas, le peintre un feu d'artifice complet qu'on aurait tiré dans le salon, si le propriétaire l'avait permis; l'auditeur fournit les truffes, Rouquette les vins, Lello l'argenterie. Trois ou quatre amies de Cornélie honorèrent de leur présence cette fête de famille. M. Sarrazin y présida en vrai tambour-major, avec la dignité bouffonne qui n'appartient qu'à cette institution. Lello se grisa du vin de Rouquette et surtout des regards de Mlle Cornélie. La table enlevée, on dansa tant qu'il resta des cordes au piano. Avant de se séparer, tous les convives prirent rendez-vous pour le surlendemain : on irait à Versailles voir jouer les grandes eaux et dîner à l'hôtel des Réservoirs. « Quand je pense, disait Lello, que j'ai failli quitter la France sans connaître l'hôtel des Réservoirs et sans avoir vu les grandes eaux ! »

Il mettait un pantalon blanc pour aller à Versailles, lorsque son domestique de place, qui ne l'accompagnait plus dans ses promenades, lui apporta la lettre suivante :

« Du monastère de Saint-Antoine.

« Rome, 5 juillet 1838.

« Où êtes-vous, Lello ? Où sont vos promesses, votre amour et mes espérances ? Moi, je suis toujours au couvent, dans la même cellule et dans le même ennui. Savez-vous combien il y a de temps que vous ne m'avez écrit ? Vos lettres étaient ma seule consolation. Que Dieu vous pardonne le mal que vous me faites, et qu'il vous préserve de souffrir jamais autant que moi ! Je n'ose vous dépeindre l'état de mon âme : j'empoisonnerais tous vos plaisirs. De ma santé, je ne vous en parle pas ; vous comprenez que mon cœur est trop malade pour que le corps puisse se bien porter. J'avais pris pour deux mois de courage; mais il y a plus de deux mois que vous êtes parti, et ma provision est épuisée. Mon ami, souvenez-vous de temps en temps, en courant à vos plaisirs, que vous m'avez aimée pendant quelques jours et que je vous adorerai toute ma vie.

« TOLLA. »

« Venez-vous? cria Rouquette à travers la porte. La voiture est en bas : il ne faut pas faire attendre ces dames.

— Je suis à vous, mon cher. Donnez-moi seulement cinq minutes : une petite affaire à expédier. »

Il écrivit :

« Paris, 16 juillet 1838.

« Ma chère Tolla,

« Tu connais bien mal mon cœur, si tu crois que c'est l'amour des plaisirs frivoles qui m'a entraîné loin de toi et qui me retient sur cette terre d'exil. Sache que le but secret de mon voyage était d'obtenir le consentement de mon oncle. On peut demander dans une lettre ce qu'on n'oserait pas solliciter de vive voix. Tu te souviens bien que j'ai toujours désiré que notre bonheur obtînt la sanction de ma famille, et tu es trop tendre fille pour blâmer un sentiment si délicat. Nous ne devons pas, pour satisfaire notre caprice, déclarer la guerre à nos parents.

« Après une lettre affectueuse de mon oncle, dont les tendres reproches m'ont déchiré le cœur, je me suis décidé à lâcher le grand mot. En effet, notre situation était trop pénible : nous aimer en ayant l'air de ne nous point connaître! D'ailleurs les méchantes langues avaient trop beau jeu contre nous.

« Tu dois comprendre combien je désire et je crains tout à la fois la réponse de mon oncle. Dieu veuille toucher son cœur et nous le rendre favorable! Rien ne manquerait plus à notre félicité. Si sa réponse n'est pas telle que je le désire, il faudra essayer de tous les moyens pour changer sa volonté. Je ne retournerai pas à Rome que la question ne soit résolue. En attendant je souffre le martyre, le doute me tue ; plains-moi. »

Rouquette frappa à la porte :

« Il y a dix minutes que les cinq minutes sont écoulées!

— Une seconde encore! mon bon ami. Je suis aussi pressé que vous. »

Il continua :

« C'est maintenant, ma Tolla, qu'il faut redoubler

nos prières et mettre en Dieu toutes nos espérances. S'il a décidé que nous serions heureux, il saura bien attendrir le cœur de mon oncle. Tournons-nous vers cette Vierge sainte qui aime tant à consoler les affligés ; qui sait si elle ne voudra pas faire quelque chose pour nous ? J'importune non-seulement saint Joseph, comme tu me l'as recommandé, mais tous les autres saints du paradis. Je voudrais qu'ils fussent plus nombreux, pour avoir plus d'avocats auprès du juge suprême. Enfin jetons-nous dans les bras de la Providence, et espérons. Je t'aime.

« Lello. »

« Oui, je t'aime ! dit Lello en allumant une bougie pour cacheter sa lettre, et il y a bien quelque mérite à garder mon amour intact au milieu des plaisirs de Paris. Elle craint, pauvre enfant, que je ne l'oublie ! Mais j'ai pensé vingt fois à elle pendant cet infernal souper ! Rien ne triomphera de ma passion, parce que ma passion c'est moi-même, et que je suis plus fort que tout. Il y a pourtant de pauvres sires à qui une bouteille de vin de Champagne ou le sourire d'une jolie fille fait oublier leur maîtresse ! Mon amour est comme la salamandre, il traverse le feu sans y brûler ses ailes. »

La promenade à Versailles fut suivie de beaucoup d'autres. Mme Sarrazin s'aperçut que Lello connaissait fort mal Paris et les environs : elle lui fit voir du pays. C'était une bonne femme, aimée du théâtre et de son quartier, et dévouée sans préjugés au bonheur de sa fille. Elle avait toujours dit à Cornélie :

« Mon enfant, l'autorité maternelle a ses limites, et je n'ai pas la prétention ridicule de te garder en sevrage jusqu'à l'âge de trente ans. D'ailleurs, je le voudrais, la loi ne le permettrait pas. Vois donc à te pourvoir. Si tu trouves un mari opulent, j'en serai bien aise : il me servira une pension alimentaire. Malheureusement les Folies-Dramatiques n'ont pas la vogue pour les mariages, et l'on n'y en a pas vu beaucoup cette année. Avec la dot que je te donne, à savoir le talent et la beauté, il est rare qu'on trouve à se marier définitivement. Passe encore si tu étais à l'Opéra ! L'empereur de Russie paye tous les ans deux ou trois grands seigneurs pour qu'ils épousent des danseuses. Mais tu es aux Folies; règle-toi là-dessus. Moi, si jamais je te vois amoureuse d'un homme jeune, bien élevé et riche, je commencerai par te faire une bonne morale (si je t'ennuie, tu ne m'écouteras pas); puis j'irai trouver ce monsieur, je lui dirai tous les sacrifices que j'ai faits pour ton éducation, et, s'il a bon cœur, il me laissera ma fille, ou du moins il me remboursera mes dépenses. »

Le 8 août 1838, trois semaines environ après le voyage à Versailles, Lello apprit à n'en pouvoir douter que Mme Sarrazin avait dépensé pour l'éducation de sa fille vingt mille francs et quelques centimes. La chute de Mlle Cornélie ne fit pas plus de bruit que celle d'une pomme. Chose incroyable ! aucun des six adorateurs de la jolie blonde ne tint rigueur à Lello. Il crut même s'apercevoir qu'ils lui serraient la main avec gratitude. Il ne sut jamais combien son bonheur avait fait d'heureux. Rouquette se fit sa part dans la félicité commune.

M. Sarrazin conserva l'habitude de marcher tête levée, excepté lorsqu'il passait sous la porte Saint-Denis.

Rouquette choisit le jour où Cornélie pendait la crémaillère dans un appartement de six mille francs pour envoyer à Lello la réponse de son oncle. Il la gardait en portefeuille depuis une semaine.

Lello hésita un instant avant de briser le cachet. Évidemment la lettre contenait un *oui* ou un *non*. Un *non* lui fermait le paradis du mariage ; un *oui* le chassait du paradis terrestre qu'il venait de meubler à grands frais. Un *non* le séparait de Tolla ;

un *oui* l'arrachait à Cornélie. Cependant je dois dire à sa louange que son dernier vœu fut pour un *oui*.

La lettre disait *non*. Le colonel n'avait point cherché de périphrases. Il écrivait à son neveu :

« Je te permets toutes les folies, excepté une. Jette ton argent par les fenêtres, je t'en donnerai d'autre; ne jette pas ton nom : nous n'avons que celui-là. Je t'ai dit souvent que je n'avais rien à te refuser, je le répète encore. Veux-tu un million? Mais si tu cherches une corde pour te pendre, je n'en suis pas marchand. Remarque bien que tu peux te marier sans mon consentement : ce n'est donc pas une permission que tu me demandes, c'est un conseil. Or le diable en personne ne saurait me contraindre à t'en donner un mauvais. Fais ce que tu voudras : tu es maître absolu de tes actions, comme moi de mes écus. Je ne te défends pas d'épouser la fille qui t'a choisi et qui te fait la cour depuis plus d'une année; mais je t'avertis que, si tu persistes, tu peux te dispenser de m'écrire; je ne te répondrai pas. Sur ce, je t'embrasse. Faut-il ajouter : *pour la dernière fois ?* »

« Diable d'homme! se dit Lello. Il parle avec autant d'assurance que s'il avait raison. Je vais mal souper ce soir. Rouquette! »

Rouquette n'était jamais loin. Il parcourut la lettre, et la trouva conforme au brouillon qu'il avait envoyé. « Eh bien? demanda-t-il.

— C'est moi qui vous dis : eh bien?

— Eh bien! votre oncle a tort. Il ne rend pas justice aux vertus de Mlle Feraldi.

— N'est-il pas vrai, Rouquette? Tant de vertu, de beauté, de noblesse....

— Je ne te parle pas de sa noblesse : on m'a assuré que la généalogie du docteur Feraldi était un peu véreuse. Quant à la beauté, elle en a eu autant que femme du monde : maintenant, nous ne savons pas ce qui lui en reste. Je passe légèrement sur la question financière. Elle vous apporte en dot une vigne de deux cent mille francs; c'est un joli denier. De plus elle assure par contrat un héritage de quatre ou cinq millions au prince votre frère : toute la fortune du colonel! Mais elle a des vertus. Or les vertus sont hors de prix par le temps qui court; vous le savez bien, vous qui venez d'en acheter une.

— Mauvais plaisant!... Rouquette, vous devriez intercéder auprès de mon oncle!

— Bien obligé! Je trouve que j'ai assez d'ennemis.

— Alors faites-moi un brouillon.

— Pour dire que vous vous soumettez?

—Non, pour expliquer que je ne peux pas me soumettre.

— A quoi bon ? Il jetterait ma prose au feu dès la première ligne.

— Il faudrait pourtant lui faire savoir que je suis engagé d'honneur avec le comte Feraldi.

— Une idée ! Priez M. Feraldi de lui conter toute l'affaire. C'est lui qui est le plus intéressé à la conclusion de ce mariage, car vous conviendrez qu'il y gagne plus que vous. D'ailleurs n'est-il pas avocat ? Il ne refusera pas de plaider sa propre cause. Faut-il vous faire un brouillon pour le comte ?

— Faites, mon ami ; je ne lui ai jamais écrit, et je ne saurais pas comment m'y prendre. »

Lello se promena de long en large dans sa chambre, tandis que Rouquette écrivait :

« Paris, 11 août 1838.

« Très-cher comte,

« Je n'avais jamais pris la liberté de vous écrire, sachant comme votre profession vous occupe, et combien le temps des hommes d'affaires est précieux ; mais une cruelle nécessité me force à vous imposer l'ennui de me lire.

« Depuis mon départ de Rome, mon unique

préoccupation a été de faire approuver à mes parents mon mariage avec mademoiselle votre fille. Après deux mois d'hésitation, je me suis armé de courage, et j'ai écrit à mon oncle. Je lui ai tout confessé, je lui ai fait connaître la violence de mon amour et l'ancienneté de nos engagements, j'ai dépeint à ses yeux les vertus qui sont la plus belle richesse de Vittoria, j'ai décrit avec une scrupuleuse exactitude l'état de nos sentiments, j'ai conjuré mon oncle de ne pas séparer deux cœurs si bien unis. J'ai attendu longtemps sa réponse ; plût à Dieu qu'elle ne fût jamais arrivée ! Non-seulement mon oncle se refuse formellement à ma demande, mais il déclare en terminant qu'il m'embrasse pour la dernière fois.

« Vous pouvez vous figurer mes angoisses au milieu de ce conflit d'affections. Je ne voudrais pas renoncer au bonheur, mais le devoir me commande de respecter la volonté de ma famille. Je voudrais dompter mes passions ; mais quand je songe aux vertus de l'ange que j'adore, la force me manque.

« Dans ce cruel embarras, je me tourne vers vous, et je remets notre sort entre vos mains. Puisque le destin me condamne ou à obtenir ce consentement ou à faire le terrible sacrifice, je viens vous prier à mains jointes de plaider ma cause auprès de mon oncle et d'obtenir, par une intervention amicale, ce que j'ai eu la douleur de m'entendre refuser. Si, par un malheur que je n'ose prévoir, vos prières échouaient comme les miennes, croyez, monsieur, que j'ai trop à cœur la réputation de mademoiselle votre fille pour continuer les relations d'intimité qui existaient entre nous; mais je conserverai pour elle et pour votre famille une estime éternelle.

« Je me fais un devoir de vous déclarer que je n'ai mis dans le secret que mon frère et mon oncle. Tout est resté entre nous, et l'honneur de la jeune fille a été soigneusement sauvegardé. J'espère que ma résolution sera approuvée de vous et de votre vertueuse fille, à qui je vous autorise à montrer cette lettre. Je vous prie de présenter mes compliments, et suis pour la vie votre très-affectionné serviteur et ami,

« Manuel Coromila Borghi. »

Quand Lello eut copié cette lettre, Rouquette réclama son brouillon pour le brûler. Il le mit sous enveloppe et l'envoya à Mme Fratief.

Lello écrivit ensuite à Tolla une lettre touchante :

« Mon cœur saigne, disait-il. Dieu! quelle sentence cruelle! D'un côté la passion qui me consume, de l'autre le devoir qui m'égorge. J'entends ta voix qui me crie : « Fais ton devoir, quoi qu'il en coûte; le devoir est la loi de Dieu. » Oui, ma Tolla, tu es assez vertueuse pour me parler ainsi. Tu aimes tes parents, tu sais qu'il est impossible de rien refuser à ces êtres chers et respectables qui nous ont tenus tout enfants sur leurs genoux; tu approuveras la résolution que j'ai prise. Si tu écoutes le monde, il me blâmera peut-être; si tu fais parler ta conscience, elle me donnera raison.

« Un espoir nous reste. J'ai écrit à ton père, je l'ai conjuré de s'entremettre pour nous auprès de mon oncle : peut-être obtiendra-t-il quelque chose. Si cette dernière branche de salut nous échappe, hélas! je suis forcé de t'oublier. Le pourrai-je? Dieu, qui exige de nous ce sacrifice, nous donnera la force de l'accomplir; mais si mon cœur doit te retirer sa tendresse, jamais il n'oubliera l'image d'un ange orné de tant de belles vertus, et tu auras une place éternelle dans l'estime de ton très-affectueux ami,

« LELLO.

« P.-S. De la réponse de ton père dépendra notre bonheur. »

Lello monta en voiture avec Rouquette, porta

ses lettres à la grande poste et se fit conduire au nouvel appartement de sa maîtresse. L'arrivée des deux amis interrompit le jeune peintre, qui ébauchait un petit portrait de Cornélie.

IX

Amarella n'était pas entrée au couvent pour le plaisir de prier Dieu et d'accompagner sa maîtresse : elle pensait qu'on peut prier partout, et son dévouement pour Tolla n'allait pas jusqu'à l'abnégation. Elle avait la captivité en horreur, comme tous les êtres remuants; elle était friande du grand air, comme tous ceux qui sont nés au village; elle aimait à se faire voir, comme toutes les femmes. Ajoutez que, comme tous les Romains des deux sexes, elle avait la passion de la loterie. La loterie est un jeu légal, une partie engagée entre le saint-père et ses sujets : les joueurs y gagnent quelquefois, le gouvernement toujours. Amarella faisait comme tous les domestiques, mercenaires, mendiants et frères quêteurs de la capitale du monde chrétien : elle économisait onze sous par semaine pour avoir le droit de prendre un billet, de rêver trois numéros, et d'attendre, confortablement logée dans un château en Espagne, le tirage du jeudi et la ruine de ses espérances. En entrant à Saint-Antoine, elle avait renoncé à la loterie, au grand air, à la liberté et à l'admiration des hommes, le tout pour plaire à Menico. Menico lui avait dit en la prenant par la taille : « Si tu étais une brave fille, tu irais tenir compagnie à mademoiselle. Crains-tu de t'ennuyer? je te promets que vous recevrez des visites : le parloir n'est pas fait pour les chiens. As-tu peur que tous les garçons ne se marient en votre absence et qu'il n'en reste plus pour toi? Sois tranquille : j'en connais un qui attendra patiemment et qui fera vœu, si tu l'exiges, de ne pas regarder une femme avant votre retour. » Ces promesses tant soit peu jésuitiques, appuyées de quelques caresses, avaient trompé la subtile Amarella. Elle sacrifia trois mois de sa liberté, avec la confiance d'un joueur qui risque son seul habit sur la carte qu'il croit bonne. Ce Menico si longtemps poursuivi était, à ses yeux, quelque chose de plus qu'un homme : c'était un *terne* qu'elle avait nourri deux ans.

Lorsque les portes du cloître se fermèrent sur elle et qu'elle vit Dominique pleurer côte à côte avec Lello, elle sentit naître au fond de son cœur quelque sympathie pour sa maîtresse : une conformité d'âge, de chagrin et d'espérance l'unissait à Tolla, et peu s'en fallut qu'elle ne lui fît confidence de son amour. Quinze jours se passèrent sans qu'elle reçût une visite de Menico : elle s'imagina qu'il était retenu au palais Feraldi par quelque indisposition légère ou par la nature sédentaire de ses fonctions. Elle attendit une seconde quinzaine, et s'arma d'une patience rageuse : « Peut-être veut-il m'éprouver, » pensait-elle. Mais lorsqu'elle sut, par une indiscrétion innocente de Tolla, que Menico venait tous les jours au couvent avec la comtesse, lorsqu'elle fut forcée de reconnaître qu'elle avait été sa dupe, elle se prit d'une haine effroyable, non contre lui, mais contre Tolla. La jalousie lui fit voir une rivale dans sa maîtresse; elle la soupçonna d'avoir usé d'une indigne coquetterie pour voler un cœur plébéien dont elle n'avait que faire; elle se rappela les naïves confidences de Menico sur la route de Lariccia, les larmes de Tolla lorsqu'on l'avait cru mort, et le fameux baiser qu'elle lui avait donné le jour de l'Assomption : elle était trop aveuglée pour comprendre que le prétendu amour de Menico était une adoration religieuse, et que Tolla ne s'en apercevait pas plus que les madones peintes et dorées n'entendent les prières qu'on murmure à leurs pieds. Dans un premier mouvement de colère, elle monta à sa chambre et fit ses paquets, bien décidée à abandonner Tolla à ses ennuis; puis elle se ravisa, remit tout en place et redescendit dans la cour en souriant à un autre projet de vengeance.

Dès ce jour, elle commença contre sa maîtresse une guerre sourde : « Attends ! dit-elle, je ferai de ton cœur une pelote à épingles ! » Lorsque Tolla avait reçu quelque bonne nouvelle, Amarella accourait partager sa joie; ce n'était jamais sans y verser une goutte de poison : « Il vous aime, disait-elle, il veut donner au monde un grand exemple de constance. Qui l'aurait cru? Mademoiselle voit bien qu'il vaut mieux que sa réputation. Je le savais, moi, qu'il ne vous tromperait pas comme toutes les autres. » Si Tolla était triste, si cette pauvre âme, à force de creuser l'avenir, avait trouvé quelques raisons de désespoir, Amarella se faisait un visage de gaieté et d'insouciance, elle étourdissait la maison de son rire argentin et sonore, elle venait s'asseoir auprès de sa maîtresse et lui faire une peinture charmante du bonheur qu'elle n'espérait plus : « Pourquoi vous chagriner, mademoiselle ? Les beaux jours viendront. Qui sait si dans deux mois vous n'entrerez pas à l'église, habillée comme une reine, en robe de velours blanc avec des boutons de perles, et une couronne d'oranger dans les cheveux ? Dans un an nous baptiserons un beau petit Lello, rouge comme une écrevisse ; il me semble déjà que je l'entends crier ! Dans vingt mois, il sera blanc comme du lait, frais comme une rose et ferme comme une pomme. Les dents lui viendront deux à deux ; il essayera ses mains mignonnes ; il voudra parler et faire de longues phrases, mais il ne saura dire que *mamma* et *babbo* ; il prendra son élan pour courir, mais il ne saura pas mettre une jambe devant l'autre, et il embrouillera ses deux petits pieds comme s'il en avait cinq ou six. Vous vous agenouillerez près de lui sur le tapis, vous le tiendrez par la ceinture de sa robe.... Vous pleurez, mademoiselle ? Sotte que je suis ! je vous ai fait de la peine. J'oubliais que, si M. Coromila vous abandonne, vous avez fait vœu de rester au couvent et de renoncer au bonheur d'être mère ! Allons, mademoiselle, ne vous désolez pas ; cela ne sera rien : peut-être n'êtes-vous pas tout à fait trahie. Voulez-vous que je vous chante une jolie chanson ?

Io ti voglio ben assai.
Ma tu....

— Tais-toi ! criait Tolla, et elle éclatait en sanglots.

— Chut ! ma chère demoiselle ; les religieuses

vont vous entendre. Vous avez juré de renfermer votre amour en vous-même. »

Tolla rentrait ses pleurs et dévorait son mouchoir pour s'empêcher de crier. Elle tint toutes ses promesses, et, sans les bavardages calculés d'Amarella, personne dans le couvent n'aurait deviné ses douleurs. Les religieuses de Saint-Antoine étaient jeunes pour la plupart : quelques-unes avaient moins de vingt ans. Elles observaient scrupuleusement la règle de leur ordre, et surtout leur vœu d'obéissance : elles ne pouvaient changer de robe, ni laisser une bouchée de la portion qu'on leur servait, sans en demander la permission. Séparées du monde avant de l'avoir connu, elles se berçaient dans la monotonie des habitudes monastiques, et se croyaient heureuses parce qu'elles étaient résignées. Tolla enviait la tranquillité de leur âme, comme les vivants sont quelquefois jaloux des morts. Elle respectait leur ignorance, cachait son amour, s'efforçait de rire lorsqu'elle était triste, et de manger lorsqu'elle avait le cœur gros; sinon, toute la table aurait voulu savoir pourquoi elle n'avait pas d'appétit. Amarella se plut à mettre tout le couvent dans les secrets de sa maîtresse : elle ne doutait pas qu'un tel scandale ne retombât sur la tête de Tolla. L'effet ne répondit pas à son attente : les sœurs n'eurent que de la pitié et de la tendresse pour cette pâle victime d'un mal qu'elles ne connaissaient point. Peut-être quelqu'une des plus jeunes envia-t-elle à son tour les souffrances de la belle pensionnaire ; mais jeunes et vieilles observèrent une discrétion unanime, et donnèrent le rare exemple d'une communauté religieuse possédant un secret sans le commenter.

Le 23 août, après quatre mois de captivité volontaire, sans une seule visite de Menico, Amarella avait épuisé toutes les ressources de la haine et ne savait plus à quel démon se vouer. On lui dit qu'un homme l'attendait au parloir : elle y courut en se demandant quel remords de conscience pouvait lui ramener Menico ; mais ce n'était pas Menico qui l'avait fait appeler : c'était un gros homme blond, bien rasé, bien frisé, bien nourri, bien fleuri et d'une physionomie toute paternelle. Ce digne personnage, qu'elle reconnut à l'accent pour un Napolitain, lui apprit que sa belle conduite et son dévouement évangélique avaient touché le cœur d'une très-noble et très-riche étrangère ; que cette dame, Russe de nation, mais catholique de religion, voulait à tout prix l'attacher à son service, prête à doubler ses gages, s'il le fallait. Amarella, prise entre la crainte de lâcher sa vengeance et l'envie de regagner sa liberté, demanda quelques jours de réflexion. Elle allégua que la famille Feraldi lui avait promis une dot de cent écus, si elle restait avec mademoiselle.

« Qu'à cela ne tienne, répondit l'inconnu. La personne qui m'envoie est au moins aussi généreuse que vos Feraldi. Réfléchissez au plus vite ; je reviendrai demain. »

Le même jour, le comte Feraldi reçut les deux lettres de Lello en date du 11 août. Après avoir lu la sienne, il n'hésita pas à ouvrir celle qui portait l'adresse de Tolla. La comtesse écouta cette lecture d'un œil sec et stupide : elle croyait entendre l'arrêt de mort de sa fille. Toto était assis, serrant les poings et mordant ses lèvres. Cette consternation se changea en fureur lorsqu'on vit accourir le docteur Ely, l'abbé Fortunati et Philippe Trasimeni ; chacun d'eux avait reçu, sans savoir comment, une copie de la lettre au comte. Un exemplaire de la même lettre avait été placardé à la porte du palais Feraldi, et Menico, qui l'avait arraché, l'apporta en pleurant. Les parents et les amis de Tolla tinrent conseil en tumulte : Menico jurait d'assommer le colonel et tous ses domestiques ; Philippe et Toto voulaient partir le soir même pour Paris ; le docteur assurait qu'en lisant une seule de ces lettres Tolla mourrait sur le coup ; la comtesse offrait de se jeter aux pieds du vieux Coromila ; l'abbé parlait d'en appeler au pape ; le comte avait perdu la tête et ne savait auquel entendre. Il allait, venait, se laissait tomber sur une chaise, se levait en sursaut, froissait dans ses mains les deux lettres de Lello, et répétait machinalement le *post-scriptum* de la dernière : *De la réponse de ton père dépendra notre bonheur !* Tout était désordre, affliction et contradiction ; chacun parlait au hasard sans écouter ni les autres ni soi-même. Au milieu de la confusion générale, Menico prit sur lui d'aller chercher l'oncle du comte, le cardinal Pezzato. L'entrée de ce beau vieillard en cheveux blancs apaisa la multitude et rassit les esprits les plus exaltés. Les jeunes gens fermèrent la bouche, et tous les conseils violents se turent en présence de l'auguste octogénaire, qui avait été ministre de Pie VII et de Léon XII. Le cardinal se fit lire les deux lettres par le jeune Feraldi, dont la voix tremblait d'émotion et de colère. Il déclara sans hésiter que la prière de Lello était absurde, et que le comte ne pouvait pas décemment demander au colonel la main de son neveu ; mais comme M. Coromila s'était engagé par serment à épouser Vittoria Feraldi, comme il avait invoqué le nom de Dieu à l'appui de ses promesses, l'affaire était du ressort de la police ecclésiastique, et il fallait recourir au cardinal-vicaire.

L'intervention de la police dans les affaires de

conscience est un des traits caractéristiques de l'administration pontificale ; les papes ne croient pas gouverner des hommes, mais des âmes. Leurs tribunaux participent de la nature du confessionnal : le juge est doux, discret, familier, curieux, indulgent pour les fautes confessées ; prêt à tout pardonner hormis la fierté et la résistance ; inhabile à distinguer un péché d'un délit et un mauvais chrétien d'un mauvais citoyen ; confiant dans les verrous, ennemi de la violence, incapable de verser le sang d'un criminel et capable d'oublier un innocent en prison. La police est plus taquine que rigoureuse, et plus humiliante qu'oppressive ; le gouvernement est un despotisme velouté, onctueux, décent, modeste, et patient parce qu'il se croit éternel. Le prince Odescalchi, cardinal-vicaire, ne fut point surpris de la demande du cardinal Pezzato : il trouva tout simple que pour empêcher un jeune fou de violer ses serments et d'offenser la majesté divine, on eût recours à l'autorité du vicaire de Jésus-Christ. D'ailleurs, le prince Odescalchi était allié à la famille Feraldi : sa sœur avait épousé en 1817 un cousin germain du comte. Enfin la vertu, le malheur et la beauté de Tolla lui inspiraient un vif intérêt. Sans accorder une entière confiance aux accusations qui s'élevaient contre son secrétaire intime, il fit écrire à Rouquette que son congé était expiré et qu'il eût à revenir au plus tôt, s'il tenait à sa place. Sans vouloir contraindre en rien la volonté du colonel Coromila, il promit de le mander en sa présence et de ne rien négliger pour obtenir son consentement. Il pria le comte de lui adresser une note courte et précise en forme de supplique, contenant en quatre pages le résumé de ses relations avec Lello ; il demanda qu'on lui remît les lettres, la bague et le portrait, et qu'on y joignît un extrait de tous les passages de la correspondance où le nom de Dieu était positivement invoqué. Le cardinal Pezzato se rendit en toute hâte au palais Feraldi, et rédigea avec le comte la supplique suivante :

« Prince éminentissime,

« Le comte Alexandre Feraldi se voit contraint d'implorer l'intervention officieuse de Votre Éminence révérendissime en faveur d'une noble, innocente, vertueuse enfant, qui a eu l'honneur d'être tenue sur les fonts de baptême par la propre sœur de Votre Éminence, mariée au cousin germain de l'exposant.

« Cette enfant, fille unique et l'aînée des deux enfants du suppliant, comblée des plus rares talents par les bontés de la Providence, a reçu l'éducation la plus chrétienne, la plus noble et la plus vertueuse qu'on puisse trouver dans notre Italie. Les certificats ci-joints et la liste des prix et des accessits qu'elle a remportés à l'Institut impérial et royal de Marie-Louise à Lucques feront voir à Votre Éminence si elle a répondu aux soins de ses parents. Rentrée dans sa famille, toute la sollicitude de son père et de sa mère s'est employée à lui trouver un établissement avantageux et honorable. Plusieurs partis se sont offerts, qui ont été repoussés l'un après l'autre, parce qu'aucun ne semblait digne d'elle. En dernier lieu, un des fils de la très-noble et très-riche famille Morandi, d'Ancône, se mit sur les rangs, et pressa de tout son pouvoir la conclusion de cette affaire, comme il résulte des lettres originales que l'on soumet à Votre Éminence.

« Ce fut alors que Manuel, cadet de la très-illustre famille Coromila-Borghi, qui, en rencontrant la jeune fille dans les réunions de la noblesse, avait pris pour elle des sentiments affectueux, se présenta à l'exposant et à sa femme dans la compagnie d'un très-honorable cavalier, le marquis Trasimeni, et, déclarant avoir connaissance de l'affaire qui allait se conclure avec Morandi, demanda que l'on rompît toutes les négociations, si l'on croyait que la jeune fille pût être plus heureuse avec lui, car il était décidé à la prendre pour femme. Les époux Feraldi ne manquèrent pas d'opposer à Manuel Coromila toutes les difficultés imaginables relativement au consentement de son père, sans lequel les comtes Feraldi n'auraient jamais permis une telle union. Il prit sur lui d'obtenir ce consentement, n'y ayant rien qui pût y faire un légitime obstacle, puisque la jeune fille n'était ni de la basse classe ni de la bourgeoisie, mais d'un rang à avoir pour tantes la sœur de Votre Éminence et la fille du prince Barberini.

« Après s'être entendu dire que sa démarche le rendait garant du consentement de son père et responsable de l'avenir de la jeune fille, il renouvela ses déclarations et ses serments, ajoutant que, vu le déplorable état de la santé de son père, il attendrait qu'il fût rétabli pour lui demander son assentiment. Rassuré par ces paroles, le comte Feraldi lui déclara que la dot de sa fille devait être de vingt mille sequins en argent, mais que, pour reconnaître autant qu'il était en lui l'honneur d'une telle alliance, il doublerait la somme, et donnerait quarante mille sequins en biens allodiaux situés dans l'île de Capri, libres de toute hypothèque, dépendance ou redevance, et faisant partie du domaine patrimonial de sa famille : lesdits biens évalués quarante mille sequins dans une estimation faite quinze ans auparavant à l'occasion d'un partage. Afin que Manuel Coromila, dans une affaire de si grand poids, pût se décider en toute connaissance de cause, on lui confia les lettres du comte Morandi. Il les rapporta le lendemain, et renouvela, après les avoir froidement examinées, tous les engagements qu'il avait pris. Ce fut après cette seconde et formelle déclaration que l'on fit dire au comte Morandi que sa demande, si honorable qu'elle fût, ne pouvait être agréée. Durant toutes les négociations, la jeune fille, en bonne chrétienne, alluma des cierges devant toutes les images miraculeuses, se recommanda aux prières des communautés les plus saintes, fit et fit faire des neuvaines et des *tridui* en nombre incroyable, pour intéresser le ciel au succès de l'affaire.

« Au mois de février, Dieu rappela à lui le prince Coromila, et Manuel, majeur d'âge, fut maître de ses actions. Des devoirs de reconnaissance et de respect le liaient à son oncle le colonel et lui commandaient à tout prix d'obtenir son consentement. Sollicité d'entreprendre à cette fin les démarches nécessaires, il répondit qu'il le ferait aussitôt après le mariage de son frère aîné, et il annonça son départ pour l'Angleterre. Les époux Feraldi n'eurent pas de peine à deviner dans quelle intention la famille Coromila poussait Manuel à ce voyage. Cependant ils ne voulaient pas croire qu'on se proposât de conduire ce jeune homme au parjure et leur fille innocente au sacrifice. Ils mandèrent Manuel Coromila, et, après l'avoir adjuré de penser sérieusement à ce qu'il avait fait et à ce qui pourrait advenir par la suite, ils lui déclarèrent, en présence de la jeune fille elle-même, que si la mort de son père avait changé ses idées ou s'il prévoyait que ce voyage pût les modifier, il était encore temps de retirer sa parole, et qu'on le déliait de toutes les obligations qu'il avait contractées; mais si, majeur et libre comme il l'était, il réitérait ses promesses, qu'il se souvînt bien que son engagement devenait irrévocable, nonobstant toute injuste opposition de sa famille. Il répondit à cette déclaration par les promesses les plus formelles, les protestations les plus ardentes, et les plus terribles serments de ne changer jamais.

« Pour s'engager irrévocablement, et pour fermer la bouche à tous ceux qui voudraient, par de faux rapports, le prévenir contre la jeune fille, il voulut qu'elle se renfermât durant son absence dans un couvent cloîtré, et il pria lui-même leur commun directeur, le digne abbé La Marmora, d'aller l'y confesser tous les huit jours. La vertueuse Vittoria, soumise aux volontés de celui qui avait juré de devenir son époux, passa des brillants salons de la capitale à la vie austère d'un cloître. Ses prières et ses vertus excitèrent l'admiration et gagnèrent l'amitié de toute cette communauté religieuse: Votre Éminence révérendissime peut aisément s'en assurer.

« Cependant les lettres de Manuel Coromila se succédaient à chaque courrier. Ces lettres attestent ses engagements et les sacrifices de la jeune fille. Elles sont pleines de serments, non pas de ces serments légers qui s'échappent au hasard au milieu d'un vague parlage d'amour, mais de serments solennels, entourés des idées les plus sérieuses et des sentiments les plus religieux. Votre Éminence révérendissime remarquera en plus de dix endroits l'invocation expresse de ce Dieu redoutable qui ne veut pas que son nom devienne un instrument de fraude et d'imposture. Ces lettres prouvent d'une manière éclatante la pureté des sentiments dont ces deux cœurs sont enflammés. Le conseil réciproque de fréquenter les sacrements, la confiance dans la bonté de Dieu, l'invocation de la Vierge et des saints, choses bien rares dans des écrits de ce genre, font de toute cette correspondance une lecture agréable et édifiante, propre à toucher les cœurs honnêtes et religieux. Tout cela jusqu'à la lettre du 16 juillet inclusivement.

« Tout à coup, et hors de toute attente, l'exposant reçoit une lettre en date du 11 courant, où Manuel, changeant brusquement de langage, invite l'exposant lui-même, père de la malheureuse fille, à intervenir auprès du colonel Coromila pour obtenir le consentement qu'il refuse. Si cette démarche (inutile, absurde et inconvenante) reste sans résultat, Manuel déclare qu'il se croira délié de tous ses engagements, alléguant qu'une passion et un amour doivent céder aux devoirs impérieux de la famille. Si l'on ne mettait dans la balance qu'une simple passion et un amour aveugle, cette maxime serait incontestable et sacrée; mais, dans l'espèce, il s'agit de tout autre chose, puisqu'à l'amour et à la passion se joignent des devoirs directs et positifs, résultant d'obligations réelles contractées par une personne majeure, sans qu'elle y ait été amenée ni par contrainte, ni par prière, ni par séduction. Ajoutez à cela les devoirs de stricte justice résultant des dommages irréparables causés à une noble et vertueuse fille âgée de plus de vingt ans, qui a renoncé à un établissement avantageux, qui s'est laissé compromettre aux yeux de toute l'Italie, qui a vécu quatre mois enfermée dans un cloître, qui est d'une santé assez délicate pour succomber à la perte de ses légitimes espérances, qui enfin a fait vœu de prendre le voile et de renoncer à son avenir temporel, si elle était abandonnée; ajoutez la sainteté terrible de serments formels, réitérés à haute voix et par écrit, avec l'invocation expresse du nom de Dieu, et Votre Éminence reconnaîtra que Manuel n'est pas, comme il le suppose, mis en demeure d'opter entre sa passion et ses devoirs envers son oncle, mais entre ses devoirs de simple reconnaissance et les lois inviolables de la justice, de l'honneur, de la conscience et de la religion.

« Éminence révérendissime, il faut que le colonel Coromila n'ait pas été informé de tous les faits énoncés ci-dessus; car il est certain que, s'il en avait connaissance, un cavalier si accompli et un chrétien si exemplaire emploierait son autorité à toute autre chose qu'à commander le parjure et le sacrilége. Si les discours de la malice et de l'envie n'avaient pas égaré sa conscience, il serait le premier à favoriser un projet formé au milieu des prières, et que la prière a sanctifié jusqu'à ce jour. Rome entière le cite comme un homme juste et craignant Dieu. Pour obtenir le consentement qu'il refuse, il ne faut ni supplications ni menaces, il faut seulement lui apprendre la vérité : on aura gagné son cœur lorsqu'on aura dessillé ses yeux.

« Le comte Feraldi a l'âme trop haute pour aller lui-même plaider devant le colonel la cause de sa fille; mais il serait un mauvais père s'il ne cherchait pas à lui faire connaître les engagements sacrés de Manuel.

« C'est pourquoi le suppliant se jette aux pieds de Votre Éminence révérendissime. Plein de confiance dans l'efficacité d'une intervention qu'il espère sans oser la demander, il a le très-haut honneur, en baisant votre pourpre sacrée, d'être, avec la plus profonde vénération,

« De Votre Éminence révérendissime,

   « Le très-humble, très-dévoué

      « et très-obéissant serviteur,

               « ALEXANDRE FERALDI. »

Voilà comme on écrit à un cardinal-vicaire. La supplique, copiée en belle ronde sur papier jésus in-folio, fut portée le soir même au prince Odescalchi, avec l'extrait de la correspondance et toutes les lettres de Lello, que la comtesse emprunta à sa fille pour les relire. On n'osa lui demander ni le portrait ni l'anneau, de peur d'éveiller ses soupçons.

Le lendemain matin, le colonel se rendit à jeun chez le cardinal Odescalchi. Il devinait fort bien ce qu'on pouvait avoir à lui dire et pourquoi on le faisait lever avant midi; mais il n'était ni inquiet ni intimidé. Il s'enfonçait dans les coussins de sa voiture avec la pesante assurance d'un homme qui ne craint rien au monde que l'apoplexie. « Parbleu! disait-il entre ses dents, il est heureux que Manuel ait quelques millions et quelques ancêtres : s'il s'appelait Nicolas, fils de Mathieu, propriétaire de deux bons bras, les cafards l'auraient déjà marié malgré moi et malgré lui. On l'aurait fait espionner par quelques agents de la morale publique, on aurait donné le mot à sa maîtresse, et, au plus beau moment d'un rendez-vous, il aurait vu sortir d'une armoire un prêtre, deux gendarmes et un enfant de chœur. Cela se fait tous les jours, et les filles ne réclament jamais contre ces brutalités de la police. Il faut que le pauvre diable pris en flagrant délit choisisse, séance tenante, entre le mariage, prison des âmes, et le château Saint-Ange, prison des corps. S'il accepte l'eau bénite du prêtre, les gendarmes servent de témoins au mariage; s'il se décide en faveur du cachot, le prêtre sert de témoin à l'arrestation; dans les deux cas, la vertu est vengée, le coupable est puni : prisonnier pour toujours ou marié à perpétuité! Mais, grâce à Dieu! ces plaisanteries-là ne sont pas faites pour nous, et, quand la morale publique se livre à ces fredaines, elle choisit d'autres plastrons que les Coromila. Que va-t-il me dire, ce vieil Odescalchi? Il ferait aussi bien de se mêler de ses affaires. Parce que sa sœur a eu la sottise d'épouser un Feraldi, veut-il que tous les princes romains se mettent dans le Feraldi jusqu'au cou? C'est l'histoire du renard à qui l'on a coupé la queue; mais à renard, renard et demi! Est-ce qu'il se serait mis en tête de me faire un sermon? Fi donc! les cardinaux ne prêchent pas; ils laissent cela aux capucins. D'ailleurs, quoi qu'il pense de moi, il ne m'en dira pas seulement la moitié; c'est un de nos priviléges, à nous autres gens de qualité : on ne nous montre jamais une vérité toute nue. Les prêtres nous vénèrent, les cardinaux nous respectent, les papes nous ménagent, et je parie que Dieu lui-même, au jugement dernier, cherchera quelque circonlocution pour nous apprendre que nous sommes damnés! »

Il sauta gaillardement hors de sa voiture; mais en entrant dans le cabinet du cardinal il prit un air digne et confit. Il lut attentivement la supplique du comte et l'extrait des lettres de Manuel, haussa deux ou trois fois les épaules, et murmura quelques réflexions morales sur la légèreté de la jeunesse; puis il rendit toutes les pièces au prince Odescalchi.

« Éminence, dit-il, je vous remercie de m'avoir éclairé sur cette affaire.

— Je n'ai fait que mon devoir, Excellence.

— Éminence, le comte Feraldi me paraît un fort honnête homme, et je l'estime infiniment.

— Vous lui rendez justice, Excellence.
— La jeune fille est très-intéressante.
— Très-intéressante assurément.
— Et mon neveu est un enfant terrible.
— Je n'aurais pas osé le dire, mais....
— C'est moi qui le dis! Je ne sais pas masquer la vérité. Il est évident que Manuel a aimé cette jeune fille, qu'il s'en est fait aimer, qu'il a promis de l'épouser.
— Oui, Excellence.
— Maintenant il ne l'aime plus.
— Je le crains.
— J'en suis sûr. S'il l'aimait encore, il ne chercherait pas de mauvaises raisons pour rompre avec elle. Il l'épouserait sans s'inquiéter de ce qu'on pourra dire, et sans en demander la permission à personne. Lorsqu'on aime (Votre Éminence excusera la liberté de mon langage), on oublie les amis, les parents, les lois, et tous les devoirs de convenance et de reconnaissance; on court au but sans regarder en arrière. Ceux qui songent à quêter des permissions, à ménager des amitiés, à apaiser des mécontentements, sont des chercheurs de prétextes qui n'aiment pas ou qui n'aiment plus.

— Mais, reprit le cardinal, si l'amour est un sentiment passager....

— Je devine, interrompit le colonel, ce que Votre

Éminence va me dire, et j'admire la justesse de sa réflexion. Oui, si l'amour est un sentiment passager, qui nous vient quand il lui plaît, qui s'en va quand bon lui semble, il n'en est pas de même des promesses, des serments et des actes sérieux et définitifs que nous faisons sous son influence; l'amour passe, les obligations restent. Mon neveu est impardonnable. »

Le cardinal chercha dans le dossier les deux dernières lettres de Manuel.

« Avez-vous lu, demanda-t-il, ces deux lettres où il rejette sur vous toute la responsabilité de sa trahison?

— Et voilà, reprit vivement le colonel, ce que je ne lui pardonnerai jamais! Il peut se marier sans mon consentement : il est majeur, son père est mort, sa fortune est indépendante, personne n'a le droit de lui demander compte de ses actions; quelle mouche le pique, et pourquoi cette rage d'obtenir ma signature? Pourquoi? je le sais, et c'est un secret que je puis confier à Votre Éminence. Manuel me demande mon consentement parce qu'il sait qu'une puissance supérieure me défend de le lui accorder.

— Et quelle voix pourrait parler plus haut que l'honneur, la justice et la conscience?

— La dernière volonté d'un mort. »

Le colonel se rapprocha du fauteuil du cardinal, et lui dit d'un ton mystérieux et solennel :

« Dieu seul et moi, nous avons entendu les paroles suprêmes de mon frère bien-aimé, feu le prince Coromila. Ce père excellent, ce chrétien sublime, avant d'entrer au sein de la béatitude éternelle, m'a laissé des ordres précis, touchant la gloire et la prospérité de sa famille. Il était instruit des relations clandestines, sans doute innocentes, qui existaient entre son fils et la jeune Vittoria. Il les désapprouvait absolument pour des raisons qu'il n'a jamais exprimées, et qui sont ensevelies dans sa tombe. Ce que je sais, et ce que Manuel n'ignore pas, c'est que le prince m'a défendu de bénir cette union, et que son dernier soupir a été contraire à la famille Feraldi.

— Mais le nom des Feraldi est sans tache, leur noblesse remonte à quatre siècles, leur fortune....

— Prenez garde, Éminence. Je suis de votre avis et vous argumentez contre un mort. »

Le cardinal se leva, le colonel suivit son exemple. « Excellence, dit le prince Odescalchi, je suis heureux de voir que, comme tous les honnêtes gens, vous blâmiez la conduite de votre neveu. Je porterai cette consolation à la famille Feraldi ; mais je regretterai éternellement que, lorsqu'il suffirait d'une parole pour ramener ce jeune homme à ses devoirs, des raisons de l'autre monde vous empêchent de la dire.

— Mes paroles, Éminence, n'ont pas tout le crédit que vous daignez leur attribuer : il n'y a que les paroles magiques qui aient la vertu de changer les cœurs. Mon neveu n'aime plus Vittoria : si je lui accordais mon consentement, il susciterait lui-même quelque nouvel obstacle; il serait capable de dire qu'il lui faut le consentement de son père. Je m'intéresse, comme vous, à la situation du malheureux comte, et pour lui épargner, ainsi qu'à Votre Éminence, des démarches inutiles, je crois devoir vous confesser une dernière faute de Manuel. Il aime ailleurs. Malgré les sages avis de monsignor Rouquette, dont les vertus vous sont bien connues, il s'est épris d'une fille de théâtre qui lui coûte à l'heure qu'il est près de deux cent mille francs, la dot de Mlle Feraldi! C'est à vous de décider, maintenant que vous savez tout, s'il n'y a pas un peu de cruauté à laisser derrière les grilles d'un couvent une jeune fille dont l'amant se perd dans les plaisirs. »

Le colonel sorti, le prince Odescalchi écrivit au comte : « Je n'ai rien obtenu; venez ce soir à l'*Ave Maria* avec son Éminence le cardinal Pezzato; nous tiendrons conseil. » Menico, qui attendait dans une antichambre, reçut le billet des mains du camérier du prince et courut à toutes jambes le porter au palais Feraldi. La famille de Tolla, assistée de la marquise et de Philippe, fondit en larmes à la lecture de cette sentence. « C'est ma faute! criait en pleurant la pauvre comtesse. Je n'aurais pas dû le recevoir ici avant le consentement de sa famille.

— C'est moi qui l'ai amené, disait Philippe. J'ai cru, comme un sot, que son oncle était un bon homme.

— Je suis plus coupable que toi, ajoutait la marquise. Je savais, moi, que le colonel ne permettrait jamais ce mariage, et cependant je n'ai rien dit!

— Ah! murmurait fièrement Victor Feraldi, le colonel Coromila veut garder son neveu pour lui! Nous verrons!

— Je jure, dit Philippe, qu'il ne le gardera pas longtemps; car je le tuerai entre ses bras, s'il reste encore deux lames d'acier en ce monde. »

La marquise se leva doucement et alla prendre son châle et son chapeau, qu'elle avait ôtés en entrant.

« Attendez-moi, dit-elle, je vais parler au chevalier Coromila. »

Elle prononça ces paroles du ton dont un con-

damné à mort dit à son bourreau : « Je suis prêt. »
Son fils et ses amis la laissèrent partir sans une
question, sans une parole, sans un geste. Philippe
connaissait son aversion pour le colonel, Mme Feraldi en pressentait les causes ; chacun devinait
dans cette démarche simple et sans apparat le dévouement sublime des martyrs.

Elle entra au palais Coromila quelques minutes
après le colonel. Le gros homme allait se mettre à
table. L'annonce d'une visite si peu attendue lui
coupa l'appétit. Il dissimula son trouble sous une
politesse de corps de garde, et présenta un siége
à la marquise en la saluant du nom de belle
dame.

« Pierre Coromila, lui dit-elle, vous devinez qu'il
faut des motifs bien puissants pour que je vienne,
après plus de vingt années, réveiller mes chagrins
et vos remords. »

« Diantre ! pensa le colonel, est-ce que la belle
Assunta serait lasse d'être veuve, et voudrait-elle...?
Hé ! hé ! les Coromila sont très-demandés depuis
quelque temps. » Il reprit à haute voix : « J'espérais,
madame la marquise, que mon ami Trasimeni aurait enseveli vos chagrins comme il a enterré mes
remords. Cependant, s'il vous plaît de revenir sur
le passé, nous en parlerons ensemble. Je comprends
tous les goûts, sans excepter l'amour de l'histoire

ancienne; d'ailleurs je n'ai jamais rien su refuser à la beauté. Or, vous êtes toujours belle, Assunta, aussi belle et peut-être plus que le jour de notre premier baiser. »

La marquise fut prise d'une petite toux sèche, et les pommettes de ses joues se colorèrent pour un instant : le séjour de Florence ne l'avait pas guérie. « Ce n'est pas de moi, dit-elle, que je viens vous parler, c'est de Tolla.

— Encore! » s'écria involontairement le colonel.

Il reprit avec douceur :

« Madame, je sors de chez le cardinal-vicaire; il m'a dit sur cette malheureuse affaire tout ce que vous pouvez avoir à me dire; je vous en prie, ne me forcez pas de vous répéter tout ce que je lui ai répondu.

— Soyez tranquille : j'éviterai les répétitions et je vous dirai ce que personne autre que moi n'a le droit de vous dire. Vous savez avec quelle résignation j'ai subi le sort que vous m'avez imposé; je me suis sacrifiée, sans une plainte, à votre égoïsme et à l'ambition de votre famille.

— Vous avez trouvé un consolateur.

— Taisez-vous, mon pauvre Pierre : quand on n'a pas l'honneur du soldat, on ne doit pas en afficher la brutalité. Je vous ai rendu votre parole et toutes vos lettres, comme on rend les titres d'une créance à un débiteur insolvable. J'ai traîné ma vie, près d'un quart de siècle, dans la même ville que vous, triste au milieu des heureux, morte au milieu des vivants, sans qu'un seul de mes regards vous ait reproché votre conduite et mes souffrances; mais si j'ai supporté patiemment toutes les tortures, je ne sais pas assister les bras croisés au supplice d'une autre, et je me révolte. Vous avez prononcé ce matin, devant le cardinal-vicaire, l'arrêt de mort de Tolla.

— Elle n'en mourra pas, madame. Tous ceux que nous avons tués se portent à merveille.

— Vous trouvez ! »

Il est impossible de rendre l'accent de douleur, d'amertume et de découragement avec lequel elle prononça cette parole. Tout autre que le colonel aurait frémi, comme en écoutant le râle d'une mourante. Il se contenta de ricaner, et répondit en appuyant lourdement sur sa plaisanterie : « Vous êtes fraîche comme une rose. »

La marquise ne se contint plus. « Lâche ! dit-elle, tu ne m'as point pardonné de n'être pas morte sur le coup, et ce peu de vie qui me reste est une offense à ta vanité ! Tu trouves que mon agonie a été trop longue, et que j'aurais dû me hâter un peu, pour ta gloire. Eh bien, console-toi: Tolla ne résistera pas si longtemps. Je la vois dépérir et je te promets qu'elle s'éteindra bientôt, à l'honneur de Lello, dans la prison où lui-même l'a cloîtrée. On connaîtra que les Coromila ne sont point dégénérés et qu'ils ont fait des progrès dans l'art de tuer les femmes ; mais, après ce beau triomphe, je te conseille de cacher soigneusement ton cher Lello : Philippe a du cœur, il est le digne fils d'un honnête homme, il aime Tolla comme sa sœur, il la vengera !

— Si Philippe est le digne fils de son père, répliqua aigrement le colonel, il épousera Mlle Feraldi, au lieu de la venger. Qui sait si le fabricateur souverain n'a pas inventé les Trasimeni pour consoler les victimes des Coromila ? »

Quand la marquise fut sortie, le colonel se sentit soulagé, mais non satisfait. Les dernières paroles de Mme Trasimeni lui restaient sur le cœur, et il craignait pour la réputation et pour la vie de Lello. Avant de se rendre aux prières de son maître d'hôtel et à l'appel de son déjeuner, il écrivit à Rouquette et donna des ordres à Cocomero. Il disait à Rouquette : « Je remets en vos mains la vie de Lello ; ne le quittez sous aucun prétexte. Le cardinal Odescalchi va probablement vous rappeler : faites la sourde oreille. Si vous perdez votre place, je vous indemniserai largement : la maison Rothschild a cinquante mille francs pour vous. Le jeune Feraldi et son ami Philippe iront chercher querelle à notre enfant : tirez-le de leurs mains. Lisez tous les jours la liste des étrangers débarqués à Paris; au premier danger, partez pour l'Angleterre, et ne dites à personne où vous allez. En attendant, et pour plus de prudence, fréquentez le tir de Lepage et la salle de Bertrand. »

Il déclara à Cocomero qu'il fallait, pour l'honneur de la famille Coromila, que Mlle Feraldi sortît au plus tôt de Saint-Antoine.

« Que faire, Excellence?

— Tu me le demandes, animal! C'est à toi de le trouver : je te paye pour avoir de l'esprit. Délibère avec la dame russe, ton associée.

— Elle n'est pas mon associée, Excellence. C'est....

— Je ne tiens pas à savoir ce que c'est. As-tu parlé à la femme de chambre?

— Oui, Excellence, hier soir. Elle sortira si on lui fait une dot.

— Promets-lui mille écus, et qu'elle sorte aujourd'hui même. Tu me l'amèneras sans tarder. »

Ce chiffre de mille écus fit réfléchir Amarella. Pour six cents francs, elle serait sortie sans marchander; elle trouva que mille écus, pour enjamber le seuil d'une porte, étaient un maigre salaire. Les paysans sont ainsi faits ; offrez-leur cinq francs d'un bahut, ils vous frappent dans la main; offrez-en cinquante, ils en veulent dix mille : c'est le dernier prix. N'essayez pas de discuter, ils ne le laisseront pas à moins : vous leur avez persuadé que le bahut contenait un trésor. Le pauvre Cocomero devint un habitué du parloir de Saint-Antoine. Le 1ᵉʳ octobre, après trente-sept jours de discussions, il n'avait pas gagné un pouce de terrain.

Le comte Feraldi employa tout ce temps à une lutte désespérée contre le mauvais vouloir de Lello. Trop sûr que l'obstination de l'oncle résisterait à toutes les remontrances, il s'était rejeté sur le neveu et ne se lassait pas de lui écrire; mais Lello était bien conseillé. M. Feraldi sortait du cabinet du cardinal-vicaire, de l'oratoire de la marquise ou du parloir de sa fille avec des arguments qu'il croyait sans réplique; Lello, entre deux verres de vin de Champagne, dans un cabinet du café Anglais ou dans le boudoir de Cornélie, trouvait une réplique triomphante à tous les arguments. Si le comte lui rappelait qu'il avait promis d'aimer Tolla jusqu'à la mort, il répondait imperturbablement que jusqu'à la mort il aimerait Tolla.

« Mais, reprenait le comte, vous avez ajouté : « Je « jure de n'avoir pas d'autre femme que Vittoria « Feraldi. »

— En ai-je donc épousé une autre? demandait Lello.

— Vous avez dit et écrit à Tolla : « Je t'épouserai. »

— Et je suis prêt à le faire, dès que j'aurai obtenu le consentement de mes parents.

— Vous avez déclaré que, si vos parents s'obstinaient à refuser leur consentement, vous sauriez vous en passer.

— Sans doute, après avoir épuisé tous les moyens de conciliation; mais je suis loin de les avoir épuisés; peut-être même sont-ils inépuisables. »

Si le comte essayait de rappeler le beau sacrifice de Tolla et le courage qu'elle avait eu de s'enfermer dans un cloître, Lello énumérait victorieusement tous les efforts qu'il avait faits pour l'en arracher. Le comte se plaignait de la scandaleuse publicité qu'on avait donnée à la lettre du 11 août; Lello blâmait l'indiscrétion de ceux qui avaient fait lire sa correspondance à son oncle. Dans le cours de cette discussion, où Lello poussa la mauvaise foi jusqu'à l'impertinence, la douceur et la modération du comte ne se démentirent pas un instant. Il réfutait un mensonge par jour sans exprimer un doute sur la sincérité de Lello; il traitait d'erreurs et de malentendus les faussetés les plus notoires; il prédisait que les légers nuages qui s'étaient élevés entre son gendre et lui se dissiperaient au premier souffle; il évitait par politesse, mais aussi par prudence, de trop mettre Lello dans son tort; il n'avait garde de faire allusion à la conduite qu'il menait à Paris. Ses lettres, écrites dans la douleur la plus profonde et l'indignation la plus légitime, commencent toutes par *très-cher Manuel Coromila*, et finissent par *votre très-affectionné serviteur et ami*. Lello, de son côté, écrivait *très-cher comte*, et signait *vostro affettuosissimo servo ed amico*. Tolla n'entendit parler ni des lettres ni des réponses.

Elle n'en était pas plus heureuse. Lello ne lui avait écrit, du 16 juillet au 1ᵉʳ octobre, que la lettre du 11 août, que ses parents s'étaient bien gardés de lui faire lire: elle était donc restée deux mois et demi sans nouvelles de son amant. Sa passion avait résisté à une si cruelle épreuve : elle aimait avec désespoir, mais elle aimait. Elle écrivait sans se lasser à celui qui ne lui répondait plus. Jamais on n'entendit une plainte sortir de sa bouche: sa douleur tranquille et résignée édifiait tout le couvent; les religieuses apprenaient à son école l'art sublime de souffrir sans murmure et d'adorer le bien-aimé jusque dans ses rigueurs. Les plus austères expliquaient dans un sens mystique le triste roman qui se dénouait sous leurs yeux : elles le commentaient comme certaines âmes naïvement ferventes ont commenté le cantique des cantiques de Salomon. « Puissions-nous, disaient-elles, aimer notre divin époux comme elle aime son Lello ! » Les salons de Rome, naguère hostiles à Tolla, commençaient à se tourner contre ses ennemis. Ses malheurs et son courage étaient cités partout, et l'on ne parlait plus d'autre chose. En l'absence de toute autre préoccupation, dans un pays où la politique est obscure et souterraine, où les journaux sont aussi insignifiants que des almanachs, où les procès se jugent clandestinement dans une cave, où le théâtre est sans liberté et partant sans intérêt, l'attention publique, qui se prend où elle peut, s'attacha au couvent de Saint-Antoine. Les Romains ont l'âme bonne et les pleurs faciles ; leur sensibilité un peu banale n'est pas tempérée par cette ironie dont nous sommes si fiers : ils ont plus d'abandon, plus d'ouverture, plus de chaleur et moins d'esprit que nous. Rome entière applaudit, comme dans un théâtre, à la belle conduite du jeune Morandi, qui vint pour la troisième fois demander au comte la main de Tolla. Morandi fut pendant huit jours l'orgueil de l'Italie : jusqu'au moment où il repartit pour Ancône sans avoir obtenu autre chose que les remercîments et les larmes de la famille Feraldi, il marcha d'ovations en ovations. Les paysans qui ve-

naient au marché ou les maçons qui s'en allaient à
l'ouvrage lui criaient à tue-tête : *Bravo, ser pajno!*
« Bien, monsieur le monsieur! » Ces témoignages
éclatants de l'opinion firent rentrer sous terre tous
les ennemis de Tolla. Ceux qu'une petite jalousie
avait soulevés contre elle lui accordèrent sa grâce
dès le jour où elle inspira plus de pitié que d'envie.
La générale, dont les sentiments ne pouvaient
changer, parce que ses intérêts étaient toujours les
mêmes, se crut cependant obligée de faire une visite à Mme Feraldi : elle vint avec Nadine apporter
quelques grimaces de condoléance dans ce palais
où ses calomnies avaient fait couler tant de larmes.
Tels étaient les frémissements de l'émotion publique, qu'ils traversèrent les murailles du couvent et
parvinrent jusqu'aux oreilles de Tolla. Malgré les
précautions admirables de ses parents et les ordres
exprès du docteur Ely, qui déclarait qu'une mauvaise nouvelle pouvait la tuer, la pitié indiscrète de
quelques amis, une allusion maladroite à la trahison de Manuel, un blâme sévère exprimé contre
Rouquette, la mirent sur la trace de la vérité : la
haine ingénieuse d'Amarella fit le reste. Cette créature, née mauvaise, et que la passion avait rendue
pire, alla jusqu'à faire entendre à sa maîtresse
qu'il existait des preuves écrites de son abandon.
Rien n'est plus propre à faire juger des angoisses

et de la résignation de Tolla, que cette lettre choisie au milieu de toutes celles qu'elle écrivit à Lello.

« Rome, 16 septembre 1838.

« Il y a deux mois aujourd'hui que je n'ai reçu une ligne de toi : d'où vient cela, mon Lello ? Ils disent que cela vient de ce que tu ne m'aimes plus. Ton nom et celui de monsignor Rouquette sont dans toutes les bouches, suivis des épithètes les plus infâmes. On raconte mille traits qui te déshonorent ; on dit que tu te fais un jeu de tromper les filles et de les faire mourir ; on énumère la liste de celles que tu as perdues : juge si j'ai de quoi souffrir, moi qui connais ton cœur, qui sais tes serments et qui suis sûre que tu n'y manqueras point ! Chaque fois qu'il me vient une visite à la grille, j'ai peur. Ils voulaient me persuader que tu étais infidèle : j'ai répondu que je ne le croirais jamais. « Et si « vous en voyiez les preuves écrites ? » m'a-t-on demandé. J'ai dit que cela était impossible, mais que, si je voyais un aussi méchant écrit, je répondrais qu'il n'est pas de toi, ou qu'on t'a forcé, et que ta bouche démentira ta main ; enfin que je ne me croirai trahie que lorsque tu me l'auras dit toi-même. Je l'ai juré : quoi que je voie, quoi que j'entende, je ne croirai rien avant ton retour. A tout ce qu'ils me disent, je réponds : « C'est impossible, » et je les fais taire. Cependant tu ne m'écris pas ; pourquoi me faire cette peine ? Est-ce que tu crains de m'apprendre la réponse de ton oncle ? Je l'ai devinée, va, et j'en ai pris mon parti. Je te réconcilierai avec lui quand je serai ta femme. Mais tu m'as écrit, on aura intercepté tes lettres ; il est impossible que tu ne m'aies pas écrit : une mortelle ennemie, qui t'aurait supplié comme je l'ai fait, aurait obtenu au moins quelques lignes. Si tu voyais ta Tolla, mon bon Lello, elle te ferait pitié. Je ne ris plus, je dors bien peu, et ce peu est si agité que je m'éveille à chaque instant. Tout le jour, je pleure aux pieds de la sainte Vierge en la suppliant de me venir en aide. Je me lève aussi la nuit pour prier Dieu, et mes prières sont toujours trempées de larmes : quelquefois les sanglots m'étouffent. Ah ! reviens vite, si tu veux que je vive ! J'ai souffert assez, je n'en peux plus, je sens que mes forces sont à bout : si l'on mourait de tristesse, il y a longtemps que tu n'aurais plus de Tolla. Mais sois tranquille, la force pourra me manquer, non le courage ; on désespérera de ma vie avant que je doute de ton honneur, et j'emporterai jusqu'au fond de la tombe ma foi dans tes promesses et ma confiance en toi. »

L'amant de Mlle Cornélie (c'est Lello que je veux dire) avait tant d'occupations qu'il laissait à Rouquette le soin de dépouiller sa correspondance.

X

Le 1ᵉʳ octobre, Cocomero s'introduisait assez avant dans la confiance d'Amarella. Il lui apporta une copie de cette terrible lettre du 11 août qu'il avait reproduite lui-même, sous la dictée de Nadine, à plus de vingt exemplaires. Amarella, ravie d'avoir en main de quoi assassiner sa maîtresse, ouvrit son cœur à l'aimable Napolitain :

« Ne croyez pas, lui dit-elle, que ce soit l'intérêt qui me retienne ici ; c'est une plus noble passion, la haine. Quand vous m'avez vue refuser successivement tant d'offres magnifiques, vous avez peut-être supposé que je ne songeais qu'à me faire donner une plus grosse dot, et que mon ambition croissait avec vos promesses. Non, mon cher monsieur ; mais que ferai-je d'une dot, si je ne trouve pas un mari ?

—Vous en trouverez de reste. L'argent attire les épouseurs comme le grain les moineaux, et l'on ne voit pas, dans toute l'histoire romaine, qu'une fille bien dotée ait jamais coiffé sainte Catherine.

— Oui, si je voulais prendre un mari à la douzaine ! Mais quand *on veut du bien* à quelqu'un ! »

Les Italiens ont tout un dictionnaire à l'usage de l'amour. *Vouloir du bien*, c'est aimer passionnément. On ne dit pas l'amant, mais le *voisin* d'une femme mariée : le marquis un tel avoisine, *avvicina*, telle comtesse, qui loge à une lieue de son palais.

Amarella raconta longuement qu'elle voulait du bien à un jeune homme qui ne lui voulait que du mal. Elle apprit à Cocomero le nom de son ingrat, les services qu'elle lui avait rendus, et comment elle lui avait sauvé la vie un soir qu'il avait été frappé dans l'ombre par un lâche assassin. Cocomero salua. Elle se déchaîna ensuite contre sa maîtresse, qu'elle accusait d'être la complice de Menico.

« Enfin, dit-elle, depuis quatre mois, je ne me nourris que d'amour et de haine ; je ne vis plus que pour épouser Menico et me venger de Tolla.

— Eh ! chère enfant, que ne le disiez-vous ? Vos désirs sont légitimes, et ils seront satisfaits, s'il y a une justice. Quoi de plus naturel que de faire du bien à ceux qu'on aime et du mal à ceux qu'on déteste ? Dieu lui-même n'agit pas autrement : il a fondé le paradis pour ses amis et l'enfer pour ses ennemis. Mais pourquoi n'avoir pas parlé plus tôt ? Il y a un grand mois que je vous aurais vengée et mariée.

— Mariée à Menico ?

— A lui-même.

— Vous êtes donc un ange du ciel ?

— Pas tout à fait.

— Un sbire de la police ?

— Peut-être.

— Vous pouvez le forcer de me prendre pour femme ?

— Est-ce la première fois que la police pontificale se mêle de mariages ?

— Ne me trompez pas, je vous en prie ; cette... affaire se ferait-elle bientôt ?

— Il est quatre heures ; avant minuit, vous aurez reçu le sacrement.

— Que faudra-t-il que je fasse ?

— Presque rien : vous irez porter cette lettre à votre maîtresse.

— C'est ma vengeance.

— Vous lui direz que, puisque tout espoir est perdu pour elle et qu'elle n reste plus au couvent que pour son plaisir, vous ne vous souciez pas de lui tenir éternellement compagnie.

— Soyez tranquille, je lui dirai cela, et bien autre chose. Après?

— Vous sortirez immédiatement de Saint-Antoine, et vous viendrez habiter le logement que je vous ai préparé *via de' Pontefici*, 24. N'oubliez pas de laisser ici votre nouvelle adresse : il faut que Menico sache où vous demeurez. Il aime Tolla, dites-vous?

— J'en suis sûre.

— C'est lui qui vous a décidée à vous renfermer avec elle?

— Lui seul.

— Il viendra ce soir vous prier de retourner au couvent. Il faut qu'il vous trouve au lit. Vous disputerez, vous résisterez, vous ferez traîner la discussion jusqu'à minuit. On frappera violemment à votre porte : vous crierez d'effroi, vous craindrez d'être compromise, vous le cacherez dans un cabinet. Je me charge du reste.

— Vous serez là?

— Non, il ne faut pas que je paraisse. C'est le cardinal-vicaire qui fera les frais de la cérémonie. Je lui apprendrai à neuf heures, par un avis anonyme, que vous avez quitté le cloître pour courir à un rendez-vous. Le cardinal est un saint homme, ennemi juré de l'immoralité : il enverra le prêtre et les gendarmes.

— Et... j'aurai la belle dot que vous m'avez promise ?

— Ce soir même je vous donnerai mille écus; vous me signerez un reçu de deux mille.

— Vous offriez hier de me donner les deux mille écus !

— Oui, mais je n'offrais pas de vous donner Menico. »

Marché fait, Amarella monta en courant chez sa maîtresse. Tolla était assise, la tête penchée, les bras pendants, sur une chaise basse, devant une petite table de bois noir. Elle avait commencé une lettre à Lello, sans avoir le courage de la finir. Depuis plus d'une semaine, elle était en proie à un malaise étrange : son appétit diminuait tous les jours, et, quelques efforts qu'elle fît sur elle-même, souvent elle sortait de table sans avoir rien pris. Elle sentait tous les ressorts de son être se détendre : sa fière volonté, sa pétulante énergie, s'enfuyaient lentement, comme le vin découle d'un cristal fêlé. Tous ses sens, autrefois si alertes et si heureux, étaient lents, émoussés et tristes : le soleil lui paraissait terne, l'air froid, la musique sourde. Son embonpoint si sobre, si juste et si chaste, avait fondu comme un rayon de cire; ses joues s'étaient creusées, et les jolies fossettes étaient devenues de grands trous. La pâleur de son visage semblait moins fraîche et moins lumineuse ; sa peau n'était plus ce réseau transparent sous lequel on voyait courir la vie. Ses grands yeux avaient pris une beauté morne et désespérée : ils ne lançaient que des sourires pâles et des éclairs éteints. Ses mains étaient si faibles, qu'un instant avant l'entrée d'Amarella elle avait laissé tomber sa plume, comme un fardeau trop lourd. A ses pieds, un mouchoir taché de sang traînait à terre : elle avait saigné du nez plus de vingt fois en une semaine. Amarella contempla cette douleur et cet abattement comme un habile ouvrier regarde son ouvrage au moment d'y mettre la dernière main. Elle fut impitoyable ; elle raconta sans ménagement tout ce qu'elle savait de la trahison de Lello ; elle ajouta à ce qu'elle avait appris tous les détails que son imagination put lui suggérer : elle le peignit consolé, joyeux, entouré de maîtresses, et lisant, pour égayer quelque orgie, les lettres lamentables de Tolla. Ses paroles étaient chargées d'une pitié accablante ; elle écrasait sa maîtresse sous d'odieuses consolations, et, à travers les fausses larmes qu'elle se forçait de répandre, on voyait percer le triomphe et l'insolence de ses regards. Sa conclusion fut de prendre congé et de donner la lettre.

Tolla resta plus d'une heure en présence de cette dépêche de mort, qu'elle regardait sans la lire, qu'elle lisait sans la comprendre, qu'elle comprit enfin, mais dans un tel trouble d'esprit, qu'elle n'en aperçut pas toute la portée. Elle la tournait dans ses mains, et jouait avec elle comme un enfant avec un couteau. Elle ne s'avisa même pas que l'écriture n'était point celle de son amant, et lorsqu'on vint lui dire, à six heures, que sa mère l'attendait au parloir, on la surprit à baiser machinalement l'autographe de Cocomero.

La comtesse, rassurée par la résignation apparente de sa fille, lui avoua tout, les lettres de Lello, les démarches du cardinal et de la marquise, les refus du colonel, les réponses dictées par Rouquette et la perte des dernières espérances.

« Mon enfant, lui dit-elle, Amarella a raison ; il faut sortir du couvent. »

Ce mot provoqua une crise violente : Tolla fondit en larmes. Sa mémoire, son jugement, sa passion, ses forces, se réveillèrent à la fois. Elle cria :

« C'est impossible ! Il n'est pas capable de me trahir. Ces lettres sont écrites pour son oncle ; il veut le gagner par un semblant de soumission. Tu n'as rien compris, tu ne le connais pas : moi seule je le connais. Ne le juge pas ! Il est fidèle, je réponds de lui. Il est impossible que dans l'espace de quatre mois un cœur si tendre et si religieux soit devenu un monstre. Ses lettres respirent les meilleurs sentiments : elles sentent bon comme l'encens des églises! Il me dit de prier Dieu, les saints, la vierge Marie; il prie lui-même du matin au soir. Est-ce qu'il oserait parler à Dieu s'il ne m'aimait plus? D'ailleurs il sait mon vœu: crois-tu qu'il soit assez cruel pour me condamner au couvent pour toute la vie? Que deviendrais-je s'il m'abandonnait? Que ferais-je de mon cœur? Dieu n'en voudrait pas: il exige qu'on soit toute à lui. Ma pauvre mère! que tu as dû souffrir pendant ces deux mois! C'est pour toi que j'aurais voulu être heureuse: la vue de mon bonheur t'aurait fait tant de bien! Voilà maintenant que je te prépare une triste vieillesse. Cependant crois-tu qu'il ait pu oublier tout ce qu'il m'a promis? »

Là-dessus, elle cita avec une volubilité fébrile des paroles, des discours et des lettres entières de Manuel; puis elle retomba dans un abattement doux et tranquille; elle pria sa mère de lui renvoyer Amarella pour quelques jours; elle demanda que son confesseur vînt la voir le lendemain mardi; elle voulait communier le mercredi, jour consacré à saint Joseph. A huit heures, elle prit congé de sa mère, qui se félicitait intérieurement de la voir si calme après tant d'agitations. Elle remonta à sa chambre en tenant la rampe de l'escalier. Comme elle traversait la *loge*, ou galerie couverte qui conduisait à sa cellule, elle se tourna vers la basilique de Sainte-Marie Majeure en murmurant une prière. A cet instant, ses genoux fléchirent, un éblouissement la contraignit de fermer les yeux, et elle crut entendre une voix d'en haut qui lui disait :

« Pourquoi pleures-tu ? N'as-tu pas une tendre mère dans le ciel ? »

Elle dormit d'un sommeil agité, et s'éveilla le lendemain avec un grand mal de tête. Elle se leva, se traîna péniblement jusqu'à son petit miroir, et s'effraya en voyant combien ses traits étaient altérés. Sa faiblesse, et un frisson qui ne dura pas plus de dix minutes, la forcèrent de rentrer au lit. Quand les religieuses vinrent savoir de ses nouvelles, elle avait le pouls violent, le visage rouge, la peau sèche, la gorge enflammée, les entrailles brûlantes : le progrès fut si prompt et si imprévu, qu'on n'eut pas le temps de la renvoyer à sa famille, comme le prescrivait la règle du couvent. La comtesse, mandée en toute hâte, accourut avec son médecin. Le docteur Ely reconnut tous les symptômes de la fièvre typhoïde, et pratiqua immédiatement une saignée. Il s'efforça de rassurer la comtesse en affirmant que, de toutes les formes de la maladie, la forme inflammatoire était celle qui laissait le plus d'espérances : il se garda de lui dire que le mal était presque toujours incurable lorsqu'il était engendré par des causes morales. Mme Feraldi aurait voulu qu'on transportât sa fille, soigneusement enveloppée, jusqu'à son palais ; elle accusait l'air du couvent d'être malsain. Le docteur rapportait le mal à d'autres causes, telles que le chagrin, les privations et la nostalgie. Tolla avait souffert au delà de ses forces, elle avait vécu de jeûne et d'abstinence, et, depuis la veille du 1ᵉʳ mai, elle s'était exilée du printemps, du grand air et de la liberté.

Pendant sept jours entiers elle vécut sans sommeil, sans repos, agitée par des rêves pénibles, accablée par un mal de tête insupportable qui pesait sur toutes ses pensées. Lorsque le délire la quittait, elle consolait sa mère. Elle ne douta pas un instant que sa maladie ne fût mortelle. Dès le second jour elle voulut écrire une lettre pour Lello.

« Si j'attendais plus longtemps, dit-elle, je ne pourrais plus lui faire mes adieux. »

En l'absence de la comtesse, une jeune religieuse écrivit sous sa dictée la lettre suivante :

« Te souviens-tu, Lello, que nous sommes convenus autrefois de ne jamais nous mettre au lit sans avoir fait la paix ensemble? Réconcilions-nous, mon ami : je vais dormir longtemps. Je me suis couchée hier matin avec une grosse fièvre; il paraît que c'est la fièvre typhoïde. Le cher docteur assure qu'on n'en meurt presque jamais; moi, je sens bien que je n'en guérirai pas. C'est ma faute : j'ai passé trop de nuits en prière, j'ai jeûné trop souvent. J'aurais dû savoir qu'on ne joue pas impunément avec la santé. Ne cherche pas d'autres causes à ma mort : c'est le châtiment d'une longue imprudence. Ma mère s'imagine que l'air du couvent m'a fait mal, mais le docteur affirme que non : je te dis cela pour te prouver que tu n'as pas de reproches à te faire; tu auras assez de tes chagrins! Voilà tous nos projets bien changés! Nous n'irons ni à Venise, ni à l'Ariccia, ni à Capri. Quand je comparaîtrai en présence du bon Dieu, j'espère qu'il me pardonnera de t'avoir aimé plus que lui. Toi, tu vas vivre longtemps; je prierai mon ange gardien qu'il ajoute mes années aux tiennes. Sois heureux pour tout le bonheur que tu m'as donné. Quand tu me disais : *Tolla mia!* je voyais les cieux ouverts. Tu m'as promis de ne pas te marier si tu venais à me perdre : c'est une promesse qui était bonne autrefois, dans le temps où nous nous croyions éternels; maintenant je te commande de l'oublier. Tu ne désobéiras pas à ma volonté dernière. Choiais une femme douce et pieuse, qui ne te défende pas de prier pour moi. Si tu as une fille, tâche d'obtenir qu'on l'appelle Tolla : de cette façon, tu te souviendras de mon nom toute ta vie. Je crois que nous aurions eu de beaux enfants et que je les aurais bien élevés. Adieu. Quand tu recevras cette lettre, donne un baiser à mon pauvre petit portrait : c'est tout ce qui restera sur la terre de ta fidèle

« TOLLA. »

Cette lettre, signée de la propre main de Tolla, fut portée discrètement à la poste : elle partit le soir même par la voie de terre, à l'insu de la famille Feraldi. Le comte et Victor se désespéraient de ne pouvoir pénétrer dans le couvent. A la fin de septembre, M. Feraldi, poursuivi par l'idée qu'on réservait Lello pour un riche mariage, avait fait une démarche officielle tendant à enchaîner sa liberté. Sur sa réclamation, contrôlée par le cardinal-vicaire, le chef du bureau des mariages (*il deputato dei matrimoni*) avait mis l'*advertatur* au nom de Manuel. « Si nous ne pouvons pas le contraindre à épouser Tolla, dit le comte, au moins nous l'empêcherons d'en épouser une autre. » Mais la mort allait déjouer les calculs de cette prudence paternelle et rendre au jeune Coromila toute sa liberté.

Victor, las de verser des larmes inutiles et de rôder jour et nuit autour du couvent de Saint-Antoine, disparut dans la soirée du 4 octobre. On perdit sa trace à Civita-Vecchia, et sa mère devina en frémissant qu'il s'était embarqué pour la France. Rome entière s'associait aux douleurs de la famille Feraldi. Mille personnes attendaient à la porte du couvent la sortie du médecin. Toutes les communautés entreprirent des neuvaines ; les *Sepolte vive* se condamnèrent à la pénible pénitence de l'ascension du calvaire ; les *Capucines* envoyèrent en grande pompe la célèbre image de saint Joseph qui a sauvé tant de malades ; plusieurs églises offrirent des reliques miraculeuses ; la générale Fratief fit parvenir au docteur Ely son *Codex* de famille et la recette du lézard vert. La ville était en prière, comme si chaque famille avait eu un enfant en danger de mort.

Pour suppléer Amarella, qui ne se retrouvait point, quatre religieuses voilées se tenaient à toute heure dans la cellule de la malade ; autant de sœurs converses attendaient au dehors. Les pauvres sœurs embrassaient avec passion les fatigues et les dégoûts d'un état si nouveau pour elles. Condamnées par leurs vœux à la sainte oisiveté des prières perpétuelles, elles étaient trop heureuses de pouvoir mettre au jour ces trésors de charité active que toute femme porte dans son cœur : c'était à qui passerait les nuits. De temps en temps une des garde-malades s'échappait de la chambre pour pleurer librement : qui n'aurait pas pleuré en voyant mourir tant de jeunesse et de beauté ?

Le 8 octobre, la maladie entra dans une période nouvelle : les maux de tête se dissipèrent, la soif devint moins vive, les douleurs d'entrailles furent presque insensibles ; mais le pouls était misérable, la stupeur profonde, l'accablement extrême, la respiration étouffée : la pauvre créature râlait à faire peine. Le 10, on lui administra le saint viatique, et la foule suivit en longue procession le carrosse doré qui lui apportait Dieu. Le samedi 12, on signala un mieux sensible, et un rayon de joie éclaira la ville. Quelques hommes en veste vinrent crier sous les fenêtres du colonel : « Sauvez Tolla ! » Le colonel partit le soir même pour Albano. Tolla profita du répit que lui laissait la mort pour rompre les derniers liens qui l'attachaient à cette terre. Elle fit porter son anneau de fiançailles à la madone de Sant'Agostino, qui possède le plus riche écrin qui soit au monde ; elle renvoya au palais Coromila le portrait de Lello ; mais le porteur, qui était Menico, eut l'imprudence de le laisser voir, et le peuple le brûla, au milieu du Corso, sans respect pour le génie de l'artiste et la beauté de la peinture. Le lendemain, toute lueur d'espoir s'éteignit ; la mourante reçut l'extrême-onction, et la comtesse fut entraînée loin de sa fille, qu'elle ne devait plus revoir. Tolla, étendue sans mouvement, ne recevait plus aucune impression du monde extérieur. Étrangère à tout ce qui l'entourait, elle n'entendait ni les prières de la communauté, ni les bénédictions de l'abbé La Marmora, ni les sanglots du bon vieux docteur qui l'avait amenée à la vie et qui ne pouvait l'arracher à la mort. Elle avait demandé à saint Joseph qu'il daignât la recevoir un mercredi : son dernier vœu fut exaucé, et ce fut le mercredi 17 octobre, au premier coup de l'*Ave Maria*, qu'elle entra dans le repos des justes. Sa vie s'exhala dans un soupir si faible, qu'il fut à peine entendu des personnes qui entouraient son lit. La supérieure, en rendant compte de l'événement au cardinal-vicaire, disait :

« Ce n'est pas une mort, c'est le doux passage d'une âme pure dans le sein de Dieu. »

Le couvent qu'elle avait sanctifié par son martyre envoya jusqu'à trois ambassades chez le comte pour implorer la faveur de conserver ses reliques : déjà le peuple parlait d'elle comme d'une sainte. Mais le comte Feraldi crut qu'il était de son honneur et de sa vengeance de la conduire pompeusement au tombeau de sa famille. Il eut assez de crédit pour obtenir, ce qui ne s'accorde pas une fois en dix ans, le droit de la transporter découverte, sur un lit de velours blanc, et de lui épargner l'horreur du cercueil. On enveloppa cette chère dépouille dans le peignoir de mousseline qu'elle portait au jardin le jour où elle formait de si doux projets avec Lello. La marquise Trasimeni, malade et bien maigrie, vint elle-même arranger ses cheveux et lui faire la coiffure qu'elle aimait. Tous les jardins de Rome se dépouillèrent pour lui envoyer des fleurs : on eut de quoi choisir. Le convoi quitta l'église de Saint-Antoine-Abbé le jeudi soir, à sept heures et demie, pour se rendre aux Saints-Apôtres, où les Feraldi ont leur sépulture. Le corps était précédé d'une longue file de confréries blanches et noires, portant chacune sa bannière. La lumière rouge des torches se jouait sur le visage de la belle morte et semblait l'animer de nouveau. Un détachement de vingt-quatre grenadiers accompagnait le cortége pour rendre honneur à la famille Feraldi et protéger le palais Coromila. Lorsqu'on traversa le Corso, un sourd frémissement parcourut le peuple, et quelques torches vinrent tomber devant la porte du colonel ; les soldats se hâtèrent de les éteindre. La procession funèbre se replia vers l'arc des Carbognani, prit la rue des Vierges et entra dans l'église des Saints-Apôtres. La place était envahie par une foule épaisse, serrée et muette; pas un cri ne vint troubler la douleur des parents et des amis de Tolla, qui pleuraient ensemble au palais Feraldi.

Au moment où le convoi arrivait à la porte de l'église, une chaise de poste accourue au galop de quatre chevaux fut arrêtée par Dominique. Un jeune homme endormi dans la voiture s'éveilla, vit le cortége, poussa un cri, sauta par la portière, et s'enfuit en courant comme un fou : c'était Manuel Coromila.

Voici ce qui s'était passé à Paris. Le 11 octobre, Cornélie célébra avec tous ses amis le retour de la belle saison d'hiver. On rit un peu, on joua beaucoup, et l'on but énormément. Rouquette gagna cinq cents louis, et Manuel une migraine. Le lendemain à midi, Rouquette était sorti, Manuel couché; le garçon de l'hôtel apporta deux lettres. Manuel le renvoya à Rouquette, mais Rouquette était loin, et l'une des deux lettres était très-pressée. Manuel l'ouvrit sans prendre garde à l'adresse, et il lut :

« Mon seul vrai prince,

« Je me plais à croire que le fils des Coromila repose sur ses lauriers comme un jambon. Ça lui apprendra à boire plus que sa jauge. Arrange-toi pour qu'il dorme trente-six heures ; je le connais, c'est dans ses moyens. Je t'attendrai ce soir, ou plutôt demain à une demi-heure du matin, et je te prouverai que le proverbe est une vieille bête, et qu'on peut être heureux au jeu sans être malheureux en amour. Brûle ma lettre : s'il allait la trouver, il aboierait comme un *doge*.

« CORNÉLIE. »

La seconde lettre était le dernier adieu de Tolla. Manuel déposa la première chez Rouquette, après y avoir écrit de sa main : « En quelque lieu que je vous trouve, je vous tuerai comme un chien. » Il commanda qu'on fît ses paquets, puis courut faire viser ses passe-ports et assurer sa place. Il partit le soir même par la malle de Marseille. En traversant une des cours de l'hôtel des Postes, il entendit prononcer indistinctement le nom de Feraldi ; il avait des bourdonnements étranges dans les oreilles. Au même instant, il heurta, en courant, un jeune homme qui ressemblait à Toto ; il se crut en butte à la persécution des remords. A Marseille, il trouva un vapeur qui chauffait pour Civita-Vecchia ; à Civita, il se jeta dans la première voiture qu'on lui offrit ; il fit tout ce long voyage en six jours, pleurant, priant, et jurant d'épouser Tolla s'il la trouvait vivante. La fatigue et la douleur avaient altéré ses traits; cependant il fut reconnu et suivi par Menico.

Menico s'était laissé marier sans résistance; la prison l'aurait séparé de Tolla. Cinq minutes après la sortie du prêtre, il usa de ses nouveaux pouvoirs pour envoyer sa femme à Velletri, où elle avait des parents. Quand la santé de Tolla fut désespérée, il acheta un couteau et le fit bénir par le pape : c'était pour tuer Manuel. Les couteaux du petit peuple de Rome ont la forme des couteaux catalans; ils sont munis d'un anneau de fer pour qu'on puisse les suspendre à une ficelle; la lame est arrêtée solidement par un gros ressort; mais elle n'est pas plus pointue qu'un fleuret moucheté. La police enjoint aux couteliers, sous peine des galères, de laisser un morceau de fer arrondi à la pointe de chaque couteau. Dominique démoucheta le sien en le frottant sur une pierre. Il alla ensuite acheter une douzaine de chapelets : les marchands qui les vendent se chargent de les faire bénir. Ils les enferment dans une boîte et les envoient au Vatican. Dominique glissa subtilement son arme sous les chapelets, et deux jours après il la trouva sanctifiée par la main de Grégoire XVI. C'est en compagnie de ce couteau bénit qu'il se mit à la poursuite de Manuel. Il le joignit au milieu du pont Saint-Ange et arriva fort à point pour le voir sauter dans le Tibre. Il s'y lança après lui et le ramena sur le bord. « Puisque vous voulez mourir, lui dit-il, je vous condamne à vivre. Vous ne méritez pas d'aller la rejoindre. Je vous poursuivais pour vous tuer, mais je me garderai bien de le faire, maintenant que je sais que vous êtes capable de remords. Allez vous mettre au lit, et dormez si vous pouvez. Le service est pour demain à onze heures ; toute la société y sera : vous ne pouvez pas y manquer, c'est vous qui donnez la fête ! »

La messe des morts fut célébrée par le cardinal Pezzato. La ville entière accourut admirer pour la dernière fois cette fleur de vertu et de beauté. Son visage était calme et souriant ; la mort avait effacé tous les ravages de la maladie : Tolla fut encore un jour la plus jolie fille de Rome. Tous les poëtes de l'État romain publièrent des sonnets en son honneur ; vingt artistes demandèrent la permission de prendre son portrait, prévoyant qu'ils auraient à peindre des anges. Les pieuses femmes qui vinrent baiser ses pieds nus mirent en pièces le velours de la draperie. Les soldats qui gardaient le catafalque étaient aveuglés par les larmes ; aucun chrétien ne sortit de l'église sans s'essuyer les yeux ; Nadine Fratief pleura mieux que personne : elle s'était exercée le matin devant une glace.

Dix-huit ans se sont écoulés depuis le dénoûment de ce drame historique, qui commença au milieu d'un bal et finit autour d'une tombe.

Parmi les personnages que j'ai mis en scène, quelques-uns vivent encore. Lello ne s'est jamais marié; il habite son palais de Venise, en paix avec tout le monde, excepté avec lui-même. Philippe et Victor lui ont laissé la vie, comme Dominique, de peur de le délivrer de ses remords. Le colonel, dont nul regret n'interrompit jamais la digestion, est mort il y a deux ans d'une attaque d'apoplexie. Après son souper il glissa sous la table, comme à son ordinaire, et ne se releva plus. Tous les ivrognes conviennent qu'il a fait une fin digne de sa vie. Rouquette se porte bien : il s'était enfui de l'hôtel Meurice un quart d'heure avant l'arrivée de Victor Feraldi. On ne l'a jamais revu à Rome, et son ambition a renoncé aux dignités ecclésiastiques. La passion des aventures, qui ne s'éteindra jamais en lui, l'a jeté dans les affaires : il a été longtemps un des chevaliers errants de la spéculation. L'argent des Coromila a prospéré entre ses mains, et vous l'entendrez citer à la Bourse parmi les plus honnêtes gens, je veux dire parmi les plus riches. Depuis que sa fortune est faite, il a des principes. Il médit de Voltaire et entretient une danseuse.

La générale a reconnu avec surprise que Manuel

n'avait jamais songé à Nadine. La première fois qu'elle le fit sonder par la chanoinesse de Certeux, il répondit en haussant les épaules : « J'y penserai dans quelques années, quand j'aurai besoin d'une nourrice ! » Après cette découverte, la mère et la fille ont parcouru le monde entier, lanterne en main, à la recherche d'un homme : elles n'ont pas encore trouvé.

La marquise Trasimeni ne survécut pas longtemps à Tolla ; elle tomba avec les dernières feuilles. Philippe quitta le service : il prit Menico pour domestique et pour ami. Les malheurs de Tolla exercèrent une fâcheuse influence sur son esprit : il se mit à douter de bien des choses auxquelles il avait cru ; il fréquenta les étrangers, et devint en peu de temps un assez mauvais catholique. La proclamation de la république romaine ne le surprit pas : il l'espérait activement depuis plusieurs années. Il fut élu à l'assemblée constituante, et mourut le 3 juillet 1849 sur les remparts de Rome. Menico finit avec lui. Amarella, veuve sans avoir jamais été femme, prête à usure aux petites gens de Velletri : l'argent la console de tout. Cocomero est un des plus beaux fleurons de la police napolitaine. Lorsqu'il retourna dans son pays, il portait les marques du couteau de Menico.

Victor Feraldi a six enfants, dont quatre filles ;

l'aînée habite avec ses grands-parents; elle s'appelle Tolla. Le comte est la seule personne qui se soit vengée de la trahison de Manuel. En 1841, trois ans après la mort de sa fille, il réunit comme il put les lettres des deux amants et les fit imprimer à Paris, avec un court exposé des faits. Le récit, qui occupe environ vingt-cinq pages, se termine ainsi : « Puisse cette véridique histoire servir d'utile exemple aux parents, aux jeunes gens mal conseillés et aux jeunes filles sans expérience ! »

Le jour même où ce livre pénétra en Italie, le colonel Coromila fit acheter et détruire l'édition entière; mais la tradition, à défaut de l'histoire, a perpétué le souvenir des malheurs de Tolla. L'église des Saints-Apôtres et le tombeau de la pauvre amoureuse deviennent à certains jours de l'année un but de pèlerinage, et plus d'une jeune Romaine ajoute à ses litanies du soir : « Sainte Tolla, vierge et martyre, priez pour nous! »

FIN

LIBRAIRIE HACHETTE ET Cie
BOULEVARD SAINT-GERMAIN, 79, A PARIS.

ROMANS, NOUVELLES
ŒUVRES DIVERSES
Format in-16, broché.

BIBLIOTHÈQUE VARIÉE
1re SÉRIE, A 3 FR. 50 LE VOLUME

About (Edm.) : *Alsace* (1871-1872); 8e édition, 1 vol.
— *La Grèce contemporaine*; 11e édit. 1 vol.
— *Le turco. — Le bal des artistes. — Le poivre. — L'ouverture au château. — Tout Paris. — La chambre d'ami. — Chasse allemande. — L'inspection générale. — Les cinq perles*; 7e édit. 1 vol.
— *Madelon*; 11e édit. 1 vol.
— *Théâtre impossible*; 2e édit. 1 vol.
— *L'ABC du travailleur*; 5e édit. 1 vol.
— *Les mariages de province*; 9e édit. 1 vol.
— *La vieille roche* :
  1re partie: *Le mari imprévu*; 6e édit. 1 vol.
  2e partie: *Les vacances de la comtesse*; 5e édit. 1 vol.
  3e partie : *Le marquis de Lanrose*; 4e édit. 1 vol.
— *Le fellah*; 6e édit. 1 vol.
— *L'infâme*; 3e édit. 1 vol.
— *Le roman d'un brave homme*; 53e mille. 1 vol.

Barine (Arvède) : *Portraits de femmes* (Mme Carlyle. — George Eliot. — Une détraquée. — Un couvent de femmes en Italie au XVIe siècle. — Psychologie d'une sainte). 2e édit. 1 vol.
  Ouvrage couronné par l'Académie française.
— *Essais et fantaisies*. 1 vol.
— *Princesses et grandes dames*. 3e édit. 1 vol.
— *Bourgeois et gens de peu*. 1 vol.
— *Névrosés*. 1 vol.

Bertin : *La Société du Consulat et de l'Empire*. 1 vol.

Cherbuliez (V.), de l'Académie française : *Le comte Kostia*; 15e édit. 1 v.

Cherbuliez (V.) (suite) : *Prosper Randoce*; 5e édit. 1 vol.
— *Paule Méré*; 7e édit. 1 vol.
— *Le roman d'une honnête femme*; 13e édit. 1 vol.
— *Le grand œuvre*; 4e édit. 1 vol.
— *L'aventure de Ladislas Bolski*; 8e éd. 1 vol.
— *La revanche de Joseph Noirel*; 5e édit. 1 vol.
— *Meta Holdenis*; 7e édit. 1 vol.
— *Miss Rovell*; 10e édit. 1 vol.
— *Le fiancé de Mlle Saint-Maur*; 5e éd. 1 vol.
— *Samuel Brohl et Cie*; 8e édit. 1 vol.
— *L'idée de Jean Téterol*; 8e édit. 1 vol.
— *Amours fragiles*; 4e édit. 1 vol.
— *Noirs et Rouges*; 8e édit. 1 vol.
— *La ferme du Choquard*; 9e édit. 1 v.
— *Olivier Maugant*; 7e édit. 1 vol.
— *La bête*; 8e édit. 1 vol.
— *La vocation du comte Ghislain*; 6e édit. 1 vol.
— *Une gageure*; 7e édit. 1 vol.
— *Le secret du précepteur*; 6e éd. 1 vol.
— *Après fortune faite*; 2e édit. 1 vol.
— *Profils étrangers*; 2e édit. 1 vol.
— *L'Espagne politique* (1868-1873). 1 v.
— *L'art et la nature*. 1 vol.
— *Jacquine Vanesse*. 1 vol.

Cottin (P.) et M. Hénault : *Mémoires du sergent Bourgogne*. 3e édit. 1 vol.

Du Camp (M.), de l'Académie française : *Paris, ses organes, ses fonctions, sa vie*; 8e édit. 6 vol.
— *Les convulsions de Paris*; 7e édit. 4 vol.
— *La charité privée à Paris*; 5e édit. 1 vol.
— *La croix rouge de France*. 1 vol.
— *Souvenirs littéraires*. 2 vol.
— *Le crépuscule*; 2e édit. 1 vol.

COLLECTIONS A 3 FR., 2 FR. ET 1 FR. LE VOLUME

Dagard (M.). *La société américaine.* 3e édit. 1 vol.
Duruy (G.) : *André;* 9e mille. 1 vol.
— *Le garde du corps;* 9e mille. 1 vol.
— *L'unisson;* 12e mille. 1 vol.
— *Victoire d'âme;* 7e mille. 1 vol.
Énault (L.) : *Le rachat d'une âme.* 1 vol. Ouvrage couronné par l'Académie française.
— *Myrto.* 1 vol.
— *Un drame au Marais.* 1 vol.
Ferry (G.) : *Le coureur des bois;* 13e éd. 2 vol.
— *Costal l'Indien;* 6e édit. 1 vol.
Filon (A.) : *Violette Mérian;* 2e édit. 1 vol.
— *Mérimée et ses amis.* 1 vol.
Larchey (L.) : *Les cahiers du capitaine Coignet (1776-1850).* 1 vol.
— *Journal du canonnier Bricard (1792-1809).* 1 vol.
Liégeard (S.) : *Les grands cœurs,* poésies. 1 vol.
— *Au caprice de la plume.* 1 vol.
— *Rêves et combats.* 1 vol.

Maulde-la-Clavière (de) : *Les Mille et une Nuits d'une ambassadrice sous Louis XIV.* 1 vol.
Mézières (A.), de l'Académie française, *Hors de France;* 2e édit. 1 vol.
— *Morts et vivants.* 1 vol.
Michelet (J.) : *L'insecte;* 12e édit. 1 vol.
— *L'oiseau;* 17e édit. 1 vol.
Millet (P.) : *La France provinciale,* Vie sociale. — Mœurs administratives. 1 v.
— *Souvenirs des Balkans.* 1 vol.
Poradowska (Mme Marguerite) : *Marylka.* 1 vol.
Ralston : *Contes populaires de la Russie.* 1 vol.
Saintine (X.-B.) : *Le chemin des écoliers;* 4e édit. 1 vol.
— *Picciola;* 53e édit. 1 vol.
— *Seul!* 6e édit. 1 vol.
Valbert : *Hommes et choses d'Allemagne.* 1 vol.
— *Hommes et choses du temps présent.* 1 vol.
Verconsin : *Saynètes et comédies.* 2 vol.

2e SÉRIE, A 3 FR. LE VOLUME

Barnum : *Les millions de Barnum.* 1 vol.
Du Mesnil (A.) : *Souvenirs de lectures.* 1 vol.
Erckmann-Chatrian : *L'ami Fritz;* 14e édition. 1 vol.

Tolstoï (comte) : *La guerre et la paix (1805-1820).* Roman historique traduit par une Russe; 7e édit. 3 vol.
— *Anna Karénine.* Roman traduit du russe; 9e édit. 2 vol.
— *Souvenirs.* 3e édit. 1 vol.

3e SÉRIE, A 2 FR. LE VOLUME

About (Edm.) : *Germaine;* 65e mille. 1 vol.
— *Le roi des montagnes;* 83e mille. 1 v.
— *Les mariages de Paris;* 84e mille. 1 vol.
— *L'homme à l'oreille cassée;* 51e mille. 1 vol.
— *Maître Pierre;* 11e édit. 1 vol.
— *Tolla;* 55e mille. 1 vol.
— *Trente et quarante.* — *Sans dot.* — *Les parents de Bernard;* 46e mille. 1 vol.

Énault (L.) : *Histoire d'amour.* 1 vol.
Erckmann-Chatrian : *Contes fantastiques;* 7e édit. 1 vol.
Gérard (J.) : *Le tueur de lions;* 14e édit. 1 vol.
Joliet (Ch.) : *Mille jeux d'esprit;* 5e édit. 1 vol.
— *Nouveaux jeux d'esprit.* 1 vol.
Zaccone : *Nouveau langage des fleurs,* avec 12 gravures en couleur. 1 vol.

4e SÉRIE, A 1 FR. LE VOLUME

Arnould (A.) : *Les trois poètes.* 1 vol.
Bernardin de Saint-Pierre. *Paul et Virginie.* 1 vol.

Berthet (Élie) : *Les houilleurs de Polignies;* 7e édit. 1 vol.
Chapus (E.) : *Le turf;* 2e édit. 1 vol.

Charnay (D.) : *A travers les forêts vierges.* 1 vol.

Deschanel : *Physiologie des écrivains et des artistes, ou Essai de critique naturelle.* 1 vol.

Enault (L.) : *Christine*; 13ᵉ édit. 1 vol.
— *Pêle-Mêle*, nouvelles ; 2ᵉ édit. 1 vol.
— *Histoire d'une femme* ; 6ᵉ édit. 2 vol.
— *Alba*; 9ᵉ édit. 1 vol.
— *Hermine*; 8ᵉ édit. 1 vol.
— *La vierge du Liban*; 5ᵉ édit. 1 vol.
— *Cardeval.* 1 vol.
— *Les perles noires*; 3ᵉ édit. 2 vol.
— *La rose blanche*; 6ᵉ édit. 1 vol.
— *L'amour en voyage*; 7ᵉ édit. 1 vol.
— *Nadèje*; 9ᵉ édit. 1 vol.
— *Stella*; 6ᵉ édition. 1 vol.
— *Un amour en Laponie*; 2ᵉ édit. 1 vol.
— *La vie à deux*; 4ᵉ édit. 1 vol.
— *Irène*; 2ᵉ édit. 1 vol.
— *En province*; 2ᵉ édit. 1 vol.
— *Olya*; 3ᵉ édit. 1 vol.
— *Un drame intime*; 3ᵉ édit. 1 vol.
— *Le roman d'une veuve*; 4ᵉ édit. 1 vol.
— *La pupille de la Légion d'honneur*; 4ᵉ édit. 2 vol.
— *La destinée*; 3ᵉ édit. 1 vol.
— *Le baptême du sang*; 2ᵉ édit. 2 vol.
— *Le secret de la confession*; 3ᵉ édit. 2 v.
— *La veuve*; 2ᵉ édit. 1 vol.
— *L'amour et la guerre.* 2 vol.
— *Le châtiment*; 2ᵉ édit. 1 vol.
— *Valneige*; 2ᵉ édit. 1 vol.
— *Le château des anges.* 1 vol.
— *Le sacrifice.* 1 vol.
— *Tragiques amours.* 1 vol.
— *Le mirage.* 1 vol.
— *Jours d'épreuves.* 1 vol.
— *La tresse bleue.* 1 vol.
— *Pour un.* 1 vol.
— *Le rachat d'une âme.*

Féval (P.) : *Le mari embaumé.* 2 vol.

Filon (A.) : *Amours anglais.* 1 vol.
— *Contes du centenaire.* 1 vol.
— *Le chemin qui monte.* 1 vol.
— *Violette Mérian.* 1 vol.

Guizot (F.) : *L'amour dans le mariage*; 12ᵉ édit. 1 vol.
— *Édouard III et les Bourgeois de Calais*; 7ᵉ édit. 1 vol.

Houssaye (Arsène) : *Galerie de portraits du dix-huitième siècle* :
  Poètes. — *Romanciers.* — *Philosophes.* 1 vol.
  Sculpteurs. — *Peintres.* — *Musiciens.* 1 v.

Las Cases : *Souvenirs de l'Empereur Napoléon Iᵉʳ*; 6ᵉ édit. 1 vol.

La Vallée (J.) : *La chasse à courre en France*; 4ᵉ éd. 1 vol.

Marco de Saint-Hilaire (E.) : *Anecdotes du temps de Napoléon Iᵉʳ.* 1 vol.

Marmier (X.), de l'Académie française : *Les voyages de Nils à la recherche de l'idéal.* 1 vol.
— *A la maison.* 1 vol.
— *Passé et Présent.* 1 vol.
— *Voyages et littérature.* 1 vol.
— *Au Nord et au Sud.* 1 vol.

Mas (de) : *La Chine.* 2 vol.

Töpffer (R.) : *Nouvelles genevoises.* 1 vol.
— *Rosa et Gertrude.* 1 vol.
— *La presbytère.* 1 vol.
— *Réflexions et menus propos d'un peintre genevois, ou Essai sur le beau dans les arts.* 1 vol.

Trognon : *Histoire de France.* 5 vol.

Viennet : *Épîtres et satires.* 1 vol.

PETITE BIBLIOTHÈQUE DE LA FAMILLE

PREMIÈRE SÉRIE

Format in-16, illustré, à 3 fr. 50 le volume broché.
Relié en percaline, tranches dorées, 5 fr.

Armand-Blanc (May) : *Bibelot*. 1 vol. avec 41 gravures.
Beauregard : *Ordre du roi*. 1 vol. avec 55 gravures.
Bovet (Mlle de) : *Le beau Fernand*. 1 vol. avec 40 gravures.
Caro (Mme E.) : *Aimer c'est vaincre*. 1 vol. avec 40 grav.
Crawford (Marion) : *Insaisissable amour*. 1 vol. avec 64 gravures.
Deschamps (F.). *Au lys d'argent*. 1 v. avec 38 gravures.
Bourliac (A.). *Le supplice d'une mère*. 1 vol. avec 35 gravures.
Fogazzaro : *Un petit monde d'autrefois*. 1 vol. avec 56 gravures.
Lescot (Mlle) : *Un peu, beaucoup, passionnément*. 1 vol. avec 38 gravures.
— *Fêlure d'âme*. 1 vol. avec 36 grav.
Longard de Longgarde (Mme) : *Une reine des fromages à la crème*. 1 vol. avec 47 gravures.
Rosny (J.-H.), de l'Académie des Goncourt : *Les Retours du cœur*. 1 vol. illustré de 56 gravures.
Winter (J.-S.) : *Mademoiselle Mignon*. 1 vol. illustré de 56 gravures.

DEUXIÈME SÉRIE

Format petit in-16, à 3 fr. le volume broché.
Relié en percaline gris-perle, tranches rouges, 3 fr. 50.

Arthez (D. d') : *Une vendetta*. 1 vol.
Castella (Yan de) : *Le moulin du diable*, 1 vol.
Dombre (R.) : *La garçonnière*. 1 vol.
— *Un oncle à tout faire*. 1 vol.
Fleuriot (Mlle Z.) : *La vie en famille*; 11e édit. 1 vol.
— *Tombée du nid*; 5e édit. 1 vol.
— *Raoul Daubry, chef de famille*; 5e édit.
— *L'héritier de Kerguignon*; 4e édit. 1 v.
— *Réséda*; 12e édit. 1 vol.
— *Ces bons Rosaëc!* 5e édit. 1 vol.
— *Le cœur et la tête*; 3e édit. 1 vol.
— *Au Galadoc*; 2e édit. 1 vol.
— *Bengale*; 3e édit. 1 vol.
— *Sans beauté*; 19e édit. 1 vol.
— *De trop*; 2e édit. 1 vol.
— *La clef d'or*; 8e édit. 1 vol.
— *Loyauté*; 3e édit. 1 vol.
— *La glorieuse*. 1 vol.
— *Un fruit sec*. 1 vol.
— *Les Prévalonnais*. 1 vol.
Fleuriot (Mlle Z.) (suite) : *Sans nom*; 7e édit. 1 vol.
— *Souvenirs d'une Douairière*. 1 vol.
— *Le théâtre chez soi*. Comédies et proverbes; 2e édit. 1 vol.
Fleuriot-Kérinou : *De fil en aiguille*. 1 v.
— *Zénaïde Fleuriot, sa vie, ses œuvres, sa correspondance*. 1 vol.
Girardin (J.) : *Les théories du docteur Wurtz*. 1 vol.
— *Miss Sans-Cœur*; 5e édit. 1 vol.
— *Les braves gens*. 1 vol.
— *Mauviette*. 2e édit. 1 vol.
Giron (Aimé) : *Braconnette*. 1 vol.
Leo Dex : *Vers le Tchad*. Voyage aérien au long cours. 1 vol.
Maël (P.) : *Fleur de France*. 1 vol.
Verley : *Une perfection*. 1 vol.
Ouvrage couronné par l'Académie française.
— *Dernier rayon*. 1 vol.

D'autres volumes sont en préparation.

LIBRAIRIE HACHETTE ET Cie
BOULEVARD SAINT-GERMAIN, 79, A PARIS

ROMANS, NOUVELLES
ŒUVRES DIVERSES
Format in-16, broché.

BIBLIOTHÈQUE DES MEILLEURS ROMANS ÉTRANGERS
Traductions françaises à 1 fr. le volume broché.

Alarcon (A. de) : L'enfant à la boule, traduit de l'espagnol, 1 vol.
— Le scandale. 1 vol.
— La prodigue. 1 vol.

Alexander (Mrs) : L'épousera-t-il? traduit de l'anglais. 2 vol.
— Le choix de Mona. 1 vol.
— L'erreur de Catherine. 1 vol.

Anonymes : Portia, traduit de l'anglais. 1 vol.

Beecher-Stowe (Mrs) : La case de l'oncle Tom, traduit de l'anglais. 1 vol.
— La fiancée du ministre. 1 vol.

Blind (M.) : Tarantella, traduit de l'anglais. 1 vol.

Braddon (Miss) : Œuvres, traduites de l'anglais.
Le capitaine du Vautour. 1 vol.
Lady Lisle. 1 vol.
La chanteuse des rues. 2 vol.
Joshua Haggard. 2 vol.
Le chêne de Blatchmardean. 1 vol.

Bulwer Lytton (Sir Ed.) : Œuvres, traduites de l'anglais.
Ernest Maltravers. 1 vol.
Les derniers jours de Pompéi. 1 vol.
Mémoires de Pisistrate Caxton. 2 vol.
Mon roman. 2 vol.
Qu'en fera-t-il? 2 vol.
Zanoni. 2 vol.
Eugène Aram. 2 vol.
Alice, ou les Mystères. 1 vol.
Pelham, ou Aventures d'un gentleman. 2 vol.

Conan-Doyle (A.) : La marque des quatre, traduit de l'anglais. 1 vol.
— Un crime étrange. 1 vol.

Cummins (Miss) : L'allumeur de réverbères, traduit de l'anglais. 1 vol.
— Mabel Vaughan. 1 vol.
— La rose du Liban. 1 vol.

Currer-Bell (Miss Brontë) : Jane Eyre, traduit de l'anglais, 2 vol.
— Shirley. 2 vol.

Dickens (Ch.) : Œuvres, traduites de l'anglais, 25 volumes :
Aventures de M. Pickwick. 2 vol.
Bleak-House. 2 vol.
Contes de Noël. 1 vol.
David Copperfield. 2 vol.
Dombey et fils. 3 vol.
La petite Dorrit. 2 vol.
Le magasin d'antiquités. 2 vol.
Les temps difficiles. 1 vol.
Nicolas Nickleby. 2 vol.
Olivier Twist. 1 vol.
Vie et aventures de Martin Chuzzlewit. 2 vol.
Les grandes espérances. 2 vol.
L'ami commun. 2 vol.
Le mystère d'Edwin Drood. 1 vol.

Dickens et Collins : L'abîme, traduit de l'anglais. 1 vol.

Eliot (G.) : Adam Bede, traduit de l'anglais. 2 vol.
— La conversion de Jeanne. 1 vol.
— Le moulin sur la Floss. 2 vol.
— Silas Marner, le tisserand de Raveloe. 1 vol.

Fullerton (Lady) : L'oiseau du bon Dieu, traduit de l'anglais. 1 vol.

Gaskell (Mrs) : Autour du sofa, traduit de l'anglais. 1 vol.
— Ruth. 1 vol.

Gogol (N.) : Les âmes mortes, traduit du russe. 2 vol.

Goldsmith : Le vicaire de Wakefield, traduit de l'anglais. 1 vol.

Gray (M.) : Le silence du doyen, traduit de l'anglais. 1 vol.

Hall Caine : Jason, scènes d'Irlande, traduit de l'anglais. 2 vol.

Hamilton-Aïdé : Présentée, traduit de l'anglais. 1 vol.

Hauff : *Nouvelles*, traduites de l'allemand, 1 vol.
— *Lichtenstein*, 1 vol.

Heimbourg : *L'autre*, traduit de l'allemand, 1 vol.

Howells : *La passagère del'Aroostoock*, traduit de l'anglais, 1 vol.

Hume (F. G.). *Le mystère d'un hansom cab*, traduit de l'anglais, 1 vol.
— *Miss Méphistophélès*, 1 vol.

Hungerford (Mrs) : *Molly Bawn*, traduit de l'anglais, 1 vol.
— *La conquête d'une belle-mère*, 1 vol.
— *Premières joies et premières larmes*, 1 vol.

Manzoni : *Les fiancés*, traduit de l'italien. 2 vol.

Marchi (E. de) : *Démétrius Pianelli*, traduit de l'italien, 1 vol.

Mayne-Reid : *La piste de guerre*, traduit de l'anglais, 1 vol.
— *La quarteronne*, 1 vol.
— *Le doigt du destin*, 1 vol.
— *Le roi des Séminoles*, 1 vol.
— *Les partisans*, 1 vol.

Mügge (Th.) : *Afraja*, traduit de l'allemand, 1 vol.

Neera : *Thérèse*, traduit de l'italien. 1 vol.

Ouida : *Ariane*, traduit de l'anglais, 2 vol.
— *Pascarel*, 1 vol.
— *Amitié*, 1 vol.

Reade et Dion Boucicault : *L'île providentielle*, traduit de l'anglais, 1 vol.

Rider-Haggard : *Jess*, traduit de l'anglais, 1 vol.
— *Le colonel Quaritch*, 1 vol.

Savage : *Un mariage officiel*, traduit de l'anglais, 1 vol.

Smith (J.) : *L'héritage*, traduit de l'anglais, 3 vol.

Stinde (J.) : *La famille Buchholz*, traduit de l'allemand, 1 vol.

Thackeray : *La foire aux vanités*. 2 vol., traduit de l'anglais.

Tolstoï : *Les Cosaques*, traduit du russe.

Tourgueneff (I.) : *Mémoires d'un seigneur russe*, traduit du russe, 2 vol.
— *Scènes de la vie russe*, 1 vol.
— *Nouvelles Scènes de la vie russe*, 1 vol.

Trollope (A.) : *Le domaine de Belton*, traduit de l'anglais, 1 vol.
— *Les tours de Barchester*, 1 vol.

Trollope (Mrs) : *La pupille*, traduit de l'anglais, 1 vol.

Wilkie Collins : *Œuvres*, traduites de l'anglais, 11 volumes.
   Le secret, 1 vol.
   La pierre de lune, 2 vol.
   Mademoiselle ou Madame ? 1 vol.
   La morte vivante, 1 vol.
   La piste du crime, 2 vol.
   La fille de Jézabel, 1 vol.
   Je dis non, 2 vol.
   C'était écrit, 1 vol.

LIBRAIRIE HACHETTE ET C¹ᵉ
BOULEVARD SAINT-GERMAIN, 79, A PARIS.

Lectures pour Tous
Revue universelle
Populaire
Illustrée

Les *Lectures Pour Tous* s'adressent à tous ceux qui recherchent avec avidité dans la lecture le profit d'une passionnante et utile curiosité.

Travailleurs, lettrés, paysans, ouvriers, jeunes filles, mères de famille, enfants et jeunes gens, tous veulent, à notre époque, puiser aux sources fécondes des connaissances humaines les plus précieuses et les plus saines émotions.

Toutes les variétés de l'IMAGE capables de frapper l'imagination, de toucher la sensibilité, d'éveiller l'activité intellectuelle, reproductions des chefs-d'œuvre de l'art à travers les âges, scènes de dévouement et d'héroïsme, figures qui traduisent les grandes découvertes scientifiques, toutes les représentations gravées qui peuvent faire passer en notre âme le frisson du beau, développer des sentiments d'énergie et de bonté, seront répandues à profusion dans ces pages qui réaliseront ainsi la plus abondamment illustrée des Revues populaires.

Pas un des principaux articles ne sera conçu en dehors de ces règles qui font la force et la noblesse d'une nation, foi ardente dans les idées généreuses et amour invincible de la Patrie.

Sans doute, notre époque, dévorée d'activité, veut connaître sans retard les mille découvertes de la Science, les grandes

questions qui passionnent notre temps. Mais le lecteur exige aussi une grande distraction de l'esprit. Il aime les surprises de l'imagination, il se prend volontiers aux aventures, aux douleurs, aux remords et aux joies des héros et des héroïnes; les fictions de la poésie, du roman, du drame ou de la comédie l'émeuvent et le captivent. Nous donnerons satisfaction à ces aspirations légitimes.

Tous nos articles pourront être lus par des jeunes filles. Plusieurs seront destinés aux enfants qui aiment les récits d'aventures et les contes qui les transportent dans le monde d'imagination où ils se plaisent.

Le Livre du mois pour cinquante centimes.

Les *Lectures Pour Tous* paraissent le 1er de chaque mois depuis le mois d'Octobre 1898 et contiennent

96 pages de texte et 116 Gravures.

Chaque Numéro, format grand in-8º à deux colonnes, imprimé sur papier de luxe, renferme environ dix ou douze articles variés et se vend **50 centimes**, et franco par la poste **60 centimes**.

EN VENTE

LES DEUX
PREMIÈRES ANNÉES (1898-1900)

Deux magnifiques volumes grand in-8

ILLUSTRÉS CHACUN DE PLUS DE **1 200** GRAVURES

Chaque année, reliée, 9 fr.

ABONNEMENTS

UN AN. — Paris, 6 fr.; Départements, 7 fr.; Étranger, 9 fr.
SIX MOIS. — Paris, 3 fr. 50; Départements, 4 fr.; Étranger, 5 fr.

Original en couleur
NF Z 43-120-8

www.ingramcontent.com/pod-product-compliance
Lightning Source LLC
Chambersburg PA
CBHW070609160426
43194CB00009B/1233